C.F.U. Mittermaier

Über den gegenwärtigen Zustand der Civilprocess-Gesetzgebung

C.F.U. Mittermaier

Über den gegenwärtigen Zustand der Civilprocess-Gesetzgebung

ISBN/EAN: 9783744624206

Hergestellt in Europa, USA, Kanada, Australien, Japan

Cover: Foto ©Suzi / pixelio.de

Weitere Bücher finden Sie auf **www.hansebooks.com**

Ueber

den gegenwärtigen Zustand

der

Civilproceß = Gesetzgebung

in Deutschland

von

C. J. A. Mittermaier,

Geh. Rath und Professor in Heidelberg.

Besonderer Abdruck aus dem Archiv für civilistische Praxis, mit beigefügter Einleitung.

Heidelberg.

Akademische Verlagshandlung von J. C. B. Mohr.

1867.

Einleitung.

Rückblick auf die Entwicklung des Civilprozesses in Deutschland seit den letzten sechzig Jahren und Prüfung der Aussichten für das Zustandekommen einer gemeinsamen Gesetzgebung.

Verfolgt man den Gang der wissenschaftlichen und legislativen Bestrebungen zur Verbesserung der Civilprozeßgesetzgebung in Deutschland seit sechzig Jahren, so überzeugt man sich bald von dem Einflusse aller Eigenthümlichkeiten, welche den Charakter der deutschen Rechtsentwicklung überhaupt bilden. Die Sitte deutscher Gelehrten, den Blick nicht auf die Erfahrungen Deutschlands zu beschränken, ebenso den wissenschaftlichen Leistungen des Auslandes zu folgen und sie in den Kreis der Prüfung zu ziehen, bewirkte, daß deutsche Juristen auch in Bezug auf die Verbesserung der Civilprozeßgesetzgebung die Arbeiten des Auslandes beachteten, und daher insbesondere schon früh auch auf die französische Gesetzgebung die Aufmerksamkeit richteten. Auch die zweite Eigenthümlichkeit deutscher Juristen, wissenschaftlich jeden Gegenstand zu erforschen und Principien aufzustellen, zeigte sich in ihren Arbeiten für Civilprozeß. Während der englische Jurist an der Rechtsübung festhält, im weitgetriebenen conservativen Geiste den Gerichtsgebrauch sammelt und die darin aufgestellten Rechtssätze erörtert, der französische Jurist vorzugsweise die praktische Seite einzelner Streitfragen des Prozesses behandelt, stellt der deutsche Jurist allgemeine Grundsätze auf, und wendet auch auf den Civilprozeß die wissenschaftliche Methode an. Man darf behaupten, daß in keinem Land (mit Ausnahme von Holland, wo fortdauernd ein würdiger wissenschaftlicher Geist auch auf dem Gebiete der Rechtswissenschaft thätig ist) für wissenschaftliche Behandlung des Civilprozesses soviel geleistet wurde, als in Deutschland.

Während durch die oben bezeichneten Eigenthümlichkeiten in Deutschland Vorzüge für die Arbeiten in Bezug auf Civilprozeßgesetzgebung gewonnen wurden, darf nicht verkannt werden, daß andere Eigenthümlichkeiten der deutschen Rechtsentwickelung vielfach Hindernisse für die Ausbildung einer befriedigenden Verbesserung der Civilprozeßgesetzgebung wurden. Während die Naturwissenschaften ihre rastlosen Fortschritte und ihre praktische Bedeutung der Art der Forschung verdanken, Thatsachen und Erfahrungen zu sammeln und aus dem Ergebnisse der Beobachtungen als Schlußfolgerungen Sätze abzuleiten, beachten die meisten deutschen Juristen zu wenig Erfahrungen, die Verhältnisse und Forderungen des wirklichen Lebens und stellen durch häufig grundlose Abstraktion und eine willkürliche Construktion sogenannte Principien auf, aus denen sie die einzelnen Sätze ableiten. Insbesondere zeigt sich der Nachtheil, daß bei der Benutzung von Gesetzgebungen und Einrichtungen des Auslandes man häufig nur an trockene Vorschriften und an Bücher sich hält, statt sorgfältig die Erfahrungen über die Anwendung der Einrichtungen des Auslandes und die Voraussetzungen zu erforschen, welche wesentlich im Auslande die gute Wirksamkeit der Gesetzgebungen bedingen. Daraus erklärt sich die Einseitigkeit, mit welcher in Deutschland oft die Civilprozeßgesetzgebungen des Auslandes aufgefaßt und nachgeahmt werden.

Als der Verfasser des gegenwärtigen Aufsatzes 1810 auf der Universität Landshut aus Auftrag des Ministeriums die Vorlesungen über gemeinen und bairischen Civilprozeß übernehmen mußte, waren es vorzüglich die Schriften von Gönner (der genialste aber weniger tiefgehende), von Grolman (der gründlichste), Almenbingen (der geistreichste), welche auf die wissenschaftliche Bearbeitung und Aufstellung von Grundsätzen, auf die Behandlung des ganzen deutschen Civilprozesses Einfluß übten. Gönner war es, der vorzüglich als zwei mögliche Arten die Grundprinzipien der Verhandlungs= und Untersuchungsmaxime, wie er sie bezeichnete, hervorhob. Als Beispiel einer Gesetzgebung, welche auf der letztern beruhte, wurde die preußische Prozeßordnung bezeichnet, in welcher jene Maxime unter dem Einflusse der Vorstellung von nothwendiger Obervormundschaft des Staats und seiner

Einwirkung durch Beamte, so wie durch die Abneigung gegen die gefürchteten Advokaten (die man einige Zeit ganz von Civil= prozessen verbannen wollte) in der Gesetzgebung Aufnahme fand. Es wurde damals schon Sitte in Schriften und Vorträgen den preußischen Prozeß zu beachten.

Nicht weniger fand der französische Civilprozeß Berück= sichtigung, vorzüglich seit im Königreich Westphalen der fran= zösische Prozeß, jedoch mit wesentlichen Verbesserungen, ein= geführt wurde und später als die Rheinprovinzen, in welchen der französische Code de proced. galt, an deutsche Staaten gelangten und in den letztern die Aufmerksamkeit der Gesetzgebung auf die Bedeutung des französischen Civilprozesses gelenkt wurde, und vielfach bei Vergleichung des französischen Verfahrens mit dem gemeinrechtlichen die Vorzüge des Erstern anerkannt werden mußten. Damals hatte vorzüglich in Rheinpreußen, veranlaßt durch die Besorgniß, daß den Rheinländern die lieb= gewordene französische Gesetzgebung entzogen werden sollte, ein Verein tüchtiger rheinischer Juristen in der Zeitschrift: nieder= rheinisches Archiv einen Schatz wichtiger Abhandlungen nieder= gelegt, welche den Werth französischer Einrichtungen zeigten, aber auch einzelne Verbesserungen vorschlagen sollten. Diese Arbeiten, so wie die damals erschienenen trefflichen Berichte der rheini= schen Justizcommission brachten in Deutschland eine der fran= zösischen Civilprozeßgesetzgebung günstige Stimmung hervor.

Als der Verfasser dieses Aufsatzes den Ruf an die neugegrün= dete Universität Bonn erhielt, erkannte er bald die Nothwen= digkeit eines Vortrags über vergleichende Civilprozeßgesetz= gebung, indem vorzüglich der gemeine deutsche Prozeß mit dem preußischen und dem französischen prüfend dargestellt werden sollte [1]). So entstand 1820 das unter dem Titel: der gemeine deutsche Prozeß [2]) in 4 Heften erschienene Werk des Verfassers

---

1) Der Verfasser hatte damals das Glück, vorzüglich reiche Belehrung durch die Staatsräthe Daniels und Sethe, welche den gemeinen und den französischen Prozeß genau kannten, zu erhalten.

2) Der gemeine deutsche Prozeß in Vergleichung mit dem preußischen und französischen Civilverfahren von Mittermaier. Bonn 1820. Dritte Aufl. 1838. 4 Hefte.

mit der Richtung, die Grundlosigkeit des preußischen Untersuchungsprinzips, die Richtigkeit der Grundsätze, auf welchen
die französische Gesetzgebung, aber auch die Fehler derselben zu
zeigen, nachzuweisen, welche Versuche in den einzelnen deutschen
Staaten gemacht wurden, um den gemeinen Prozeß zu verbessern,
vorzüglich die leitenden Grundsätze zu entwickeln, auf welchen
eine gründliche Verbesserung des deutschen Verfahrens beruhen
sollte. Der Verfasser hatte durch die regelmäßige Benützung der
Ferien von 1813—1818 und den Aufenthalt in der bairischen
Rheinpfalz alle Einzelheiten der Rechtsübung nach dem französischen
Verfahren kennen zu lernen gesucht, und kam durch vielfache
Klagen über mangelhafte Zustände zur Ueberzeugung, daß der
künftige Civilprozeß Deutschlands auf die Grundlagen des
französischen gebaut, aber auch mancher Fehler der französischen
Rechtsübung verbessert werden müßte und dies am besten bewirkt werden könne, wenn ein schriftliches gesetzlich geregeltes
Vorverfahren als Grundlage der nachfolgenden mündlichen Verhandlung vorgeschrieben würde. Der Verfasser gesteht, daß er
damals noch unbewußt durch manche ihm zugekommenen Klagen
über das französische Vorverfahren irregeleitet wurde.

Die wichtigste Erscheinung war die 1820 verkündete Civilprozeßordnung für Genf[3]), deren Verfasser, Bellot, (seiner
persönlichen Bekanntschaft verdankt der Verfasser reiche Belehrung) im seltenen Grade Eigenschaften besaß, die dem Refor-
mator die Möglichkeit verbürgen, einen befriedigenden Gesetzesentwurf zu schaffen. Bellot verband mit reicher juristischer Kenntniß und einer Fülle von Erfahrungen, seltenen praktischen Sinn
und Kenntniß der Bedürfnisse des Lebens. Sein Streben ging
dahin, die richtigen Grundsätze der französischen Prozeßgesetzgebung consequent durchzuführen, das Verfahren aber von den
in Frankreich bemerkbaren Mängeln zu reinigen und zu vereinfachen, vorzüglich von den einfachen Fällen als Regel aus-
zugehen und ein für verwickeltere Fälle passendes Verfahren nur
ausnahmsweise möglich zu machen. Man begreift daher leicht,
daß die Arbeit von Bellot und die das kostbarste Material

---

3) Meine Schrift: Gemeiner deutscher Prozeß. 1 Bd. S. 83.

für Prozeßgesetzgebung enthaltenden Motive in Frankreich selbst die größte Aufmerksamkeit erwirkten[4]) und bewirkten, daß damals wie später französische Prozeßschriftsteller die Beachtung der Vorschläge von Bellot empfahlen. Auch auf die späteren Bestrebungen zur Verbesserung der Prozeßgesetzgebung in Deutschland übte das Genfer Gesetzbuch vielfach einen Einfluß, der aber, wie wir glauben, nicht tief genug ging, weil die Männer, welche in den deutschen Staaten mit diesen Arbeiten sich beschäftigten, in den Geist der Richtung, welche Bellot vorschreibt, nicht genug eindrangen.

Was von 1822 bis 1830 für die Civilprozeßgesetzgebung in Deutschlands Staaten geleistet wurde, war ungenügend, weil man entweder sich einbildete, mit Beibehaltung der Grundlagen des gemeinen, schriftlichen Verfahrens durch Beseitigung einzelner Mißbräuche und Entscheidung von Streitfragen den Klagen abhelfen zu können, oder z. B. in die badischen Gesetzesarbeiten von 1827 ein Geist der Halbheit kam und man da, wo am dringendsten Hülfe nöthig war, nämlich bei den Gerichten erster Instanz, das alte geheime Verfahren fortbestehen ließ. Das Schlimmste war, daß man überall die alte fehlerhafte Gerichtsverfassung der Einzelrichter in erster Instanz beibehielt, und nicht daran dachte, dem Uebel abzuhelfen, wo Hülfe am dringendsten war, nämlich dem Advokatenstande eine freie würdige Stellung zu geben, so daß selbst in manchen Ländern (leider auch in der badischen Prozeßordnung von 1831) die Gesetzgeber den Gebrauch der Advokaten beschränkten. In Baiern wurden zwar die Stimmen, welche mündliches öffentliches Verfahren auch im Civilprozeß forderten, immer lauter, und in den 1825—1831 veröffentlichten Gesetzesentwürfen[5]) war schon Mündlichkeit, jedoch auf sehr ungenügende Weise zum Grunde gelegt. Die Ansicht aller Verständigen (auch vielfach in der zweiten Kammer) sprach sich dafür aus, für ganz Baiern ein im wesentlichen der bereits in

---

4) Z. B. in der Zeitschrift Themis ou bibliothèque du jurisconsulte. Tom IV. Heft 16, p. 19.

5) Darüber Archiv für Civilpraxis VIII. Band, S. 413. Ein von Gönner 1815 für Baiern bearbeiteter Entwurf war noch auf den alten Grundlagen gebaut.

Rheinbaiern bestehenden französischen Gesetzgebung nachgebildetes Civilverfahren einzuführen; allein die Partei, welche an der Ansicht festhielt, daß durch Verbesserung des bisherigen (gemein- rechtlichen) Verfahrens genügend geholfen werden könne, siegte, und so kam 1837 ein auf der Grundlage des bisherigen schrift- lichen Verfahrens beruhendes, allerdings einige Verbesserun- gen enthaltendes Gesetz zu Stande [6]). — Eine andere Wendung nahm die Sache in Preußen. Die Schrift eines ausgezeich- neten Praktikers hatte durch die klare Darstellung der durch die preußischen Untersuchungsmaxime herbeigeführten Mängel den häufigen Klagen über preußische Prozeßführung Ausdruck gegeben und veranlaßte das Gesetz von 1833, welches durch die Anerkennung des Werths der Verhandlungsmaxime [7]), durch Einführung der Mündlichkeit und einfachen Verfahrungsarten, wesentliche Verbesserungen herbeiführte [8]), aber doch die gerechten Forderungen nicht befriedigen konnte, weil durch das Fortbe- stehen der Gerichtsordnung neben den neueren Verfahrungs- arten vielfache Streitigkeiten über die Vermengung der beiden heterogenen Prozeßgesetze veranlaßt wurde. Immer mehr überwog jedoch in Preußen die Forderung, daß ein öffentliches wahrhaft mündliches Verfahren, ähnlich dem französischen eingeführt werde, und veranlaßte die Gesetze von 1846 [9]), wo aber wieder der Grund, aus welchem auch das neue Verfahren nicht befrie- digte, in der Masse ergangener, oft mehr Rechtsverwirrung veranlassender Novellen und in der Referentenjustiz lag [10]).

---

6) Ueber die damaligen Ständeverhandlungen Archiv für Civilpraxis **XXII**. S. 296.

7) Die Schrift von G ä r t n e r, Kritik des Untersuchungsprinzips des preußischen Civilprozesses, Berlin 1832, hatte großen Einfluß auf den Umschlag der öffentlichen Meinung; s. noch Nachweisungen in meiner Schrift der gemeine deutsche Prozeß I. S. 49.

8) Günstige Zeugnisse der Praktiker für das Gesetz von 1833 im Archiv für Civilpraxis Band 28, S. 121.

9) Ueber Bedeutung des Gesetzes von 1816 und die darauf sich bezie- henden Werke von G ö t z e und S c h e l l e r Archiv für Civilpraxis Band 30, S. 266.

10) Ueber das Stückwerk, was in Preußen in der Civilprozeßgesetz- gebung herrscht, Aufsatz in der Zeitschrift: Unsere Zeit **VII** S. 67 und über Stellung des preußischen Anwaltstandes **VIII** S. 412.

In der Zwischenzeit erhielt die wissenschaftliche Behandlung des gemeinen deutschen Civilprozesses einen neuen Aufschwung. Viele einzelne Lehren dieses Prozesses wurden auf eine gründliche Weise erörtert, so daß auch die Rechtsübung eine bessere Richtung erhielt. Durch Hand- und Lehrbücher wurde das Studium des Prozesses gefördert, wozu die durch Klarheit, systematische Behandlung und gründliche Darstellung des Gangs des Verfahrens ausgezeichneten Lehrbücher von Martin, Bayer, Linde, Heffter, Wetzel wesentlich beitrugen. Nachdem die historische Behandlung des Rechts immer mehr Anhänger gewonnen hatte, war es begreiflich, daß diese Methode bald auf den Civilprozeß angewendet wurde. Die Arbeiten von Plank, Roßhirt trugen dazu bei, das richtige Verständniß mancher Lehren des Civilprozesses durch die Benutzung der Geschichte der Quellen zu erleichtern 11). Verfolgt man den Stand der Ansichten deutscher Juristen über Verbesserung des Civilprozesses in den Jahren 1840—1848, so kann man leicht zwei Parteien unterscheiden, von denen die Eine die Verbesserung des Rechtszustandes davon erwartete, daß man dem deutschen Prozesse treu bliebe, aber die Mißbräuche und Ungewißheiten des gemeinen Verfahrens durch Gesetze beseitigte, während durch sorgfältig bearbeitete Schriften und gute richterliche Prozeßleitung die Gründlichkeit und Gerechtigkeit der Entscheidungen gesichert würde. Anderseits fand eine weit größere Partei nur in der Einführung der auf Mündlichkeit gebauten, der französischen Gesetzgebung nachgebildeten Civilprozeßordnung, die Aufgabe für die künftige Gesetzgebung für Deutschland, da man sich überzeugte, daß durch Beibehaltung des gemeinen Prozesses wenn auch mit noch so viel auf Verbesserung berechneten Vorschriften nicht geholfen werden könne, da die Grundlage des bisherigen Verfahrens eine mangelhafte ist. Die Stimme dieser zweiten Partei gewann 1848 in der gewaltigen

---

11) Noch in neuester Zeit lehren die Arbeiten von Bar, das Beweisurtheil des german. Prozesses Hannover 1866 und von Groß, die Beweistheorie im canon. Prozeß Wien 1867, wie viel durch historische Behandlung des Prozesses die Klarheit der Erkenntniß des Civilprozesses gewonnen kann.

Bewegung der Geister, in der man sich nicht mehr mit halben
Maßregeln begnügen wollte, eine große Macht. Es lag nahe,
daß wie die allgemeine Forderung auf Einführung des öffentlichen mündlichen Strafverfahrens ging, man auch für den
Civilprozeß ein mündliches Verfahren verlangte. Dabei schwebte
mehr oder minder klar die Vorstellung vor, daß das in den
Rheinprovinzen geltende (also das französische) Verfahren eingeführt werden sollte. Ueberall aber machten sich mehr oder
minder Eigenthümlichkeiten geltend, welche Hindernisse der Verständigung wurden. Die nöthige Unbefangenheit in der Auffassung der wünschenswerthen Verbesserungen litt schon wesentlich durch die erfahrungsgemäß häufig vorkommende Anhänglichkeit an bisher gewohnte Formen des Verfahrens. Gerade
vorzügliche Juristen, welche sich das Zeugniß geben konnten,
daß sie als Anwälte oder Richter durch würdige Auffassung
ihrer Stellung und durch ihre Geschäftsbehandlung in dem bisherigen schriftlichen Prozesse zur gerechten Entscheidung von
Prozessen beigetragen hatten, konnten leicht dazu kommen, an
den Grundformen des gemeinen deutschen Verfahrens festzuhal-
ten und nur einige Verbesserungen zu wünschen, um so mehr,
als man vielfach von Vorurtheilen gegen den französischen
Prozeß, in dessen Geist man nicht eingedrungen war, insbesondere das angebliche gefährliche Uebergewicht der Advokaten[12]
beherrscht war und glaubte, daß durch bloße Anhörung der
Vorträge der Anwälte die Gründlichkeit der Urtheilsfällung nicht
gesichert sei. Auf diese Art erklärt es sich, daß in den Gesetzgebungsarbeiten von 1848 an vielfach ein Transaktionssystem
mit Mischung von französischen und gemeinrechtlichen Bestimmungen vorgeschlagen wurde. In dieser Weise ergingen in
mehreren sächsischen Ländern Gesetze, in welchen man (wohl
ohne klare Vorstellung des Wesens des mündlichen Verfahrens)
schon der Forderung der Einführung der Mündlichkeit genug
gethan zu haben meinte, wenn man anordnete, daß nach geschlossenem Schriftenwechsel eine sogenannte mündliche Schluß-

---

12) Man begreift es schwer, wie ein so ehrenwerther Jurist, wie
Krämel in seiner Schrift S. 43 sagen konnte, daß der französische
Prozeß die Bequemlichkeit der Richter befördern will.

verhandlung Statt finden sollte, oder zur Sicherung der Gründlichkeit einen Referenten aufstellte, dessen Vortrag die Grundlage der Urtheilsfällung werden sollte [13]). Nur in einigen
deutschen Staaten erkannte man richtiger die Bedeutung des
Prinzips der Mündlichkeit, freilich wieder mit manchen Beschränkungen, welche insbesondere eine genauere Firirung des
Vorverfahrens und eine größere Intervention des Gerichts mit
einer Art von Prozeßleitung bezweckten. In Preußen hatte
1848 der von einem vorzüglichen Juristen, Koch, bearbeitete
Entwurf [14]) einer Prozeßordnung dies beabsichtigt. In Bayern
war am entschiedensten im Grundlagengesetz von 1848 [15])
ausgesprochen, daß in der künftigen Prozeßordnung haupt-
sächlich von den auf dem linken Rheinufer bestehenden Einrichtungen, soweit sie sich durch Erfahrung erprobt haben, aus-
gegangen werden soll. In Braunschweig zeigten die Motive zur Prozeßordnung von 1848, daß man ernstlich das Prinzip
der Mündlichkeit durchführen wollte, freilich mit Beschränkungen,
die aus dem Transaktionssystem sich erklärten [16]). In Hannover
war der richtige Weg gewählt, durch Beobachtung der Rechtsübung in Genf Erfahrungen über die Wirksamkeit der von
Bellot bearbeiteten Prozeßordnung und über die Art, wie
man in Genf die Fehler des französ. Code zu verbessern
suchte [17]), zu sammeln, und dadurch eine sichere Grundlage für
die Bearbeitung einer Civilprozeßordnung für Hannover [17a]) zu
erhalten. Die dort seit 1850 in Uebung befindliche Gesetzgebung bewährte sich auch, obwohl (wie dies durch vielfache
kritische Mittheilungen in diesem Archive nachgewiesen ist [18]),

13) Nachweisungen im Archiv, Band 36, S. 131.
14) Darüber Archiv für Civilpraxis, Band 32, S. 271.
15) Darüber Archiv, Band 32, S. 252 und von dem von Molitor
bearbeiteten Entwurf, Archiv, Band 32, S. 272.
16) Ueber braunschweigische Prozeß-O., Archiv für Civilpraxis, Band
32, S. 260, Band 33, S. 268, Band 38, S. 299.
17) Ueber die in Genf gemachten Erfahrungen, Präsident Gitl im
Archiv für Civilpraxis, Band 34, S. 123.
17a) Ueber Hannov. Gesetzgebung, Archiv, Band 32, S. 257, Band 33,
S. 120, Band 34, S. 406.
18) Oppermann im Archiv, Band 37, S. 442, Band 38, S. 14
und 238. Breitling im Archiv, Band 45, S. 27, S. 108.

nicht verkannt werden konnte, daß durch manche Vorschriften, die aus Anhänglichkeit an die bisher gewöhnten Prozeßeinrichtungen in das neue Verfahren aufgenommen wurden, in die Rechtsübung nicht selten eine Unklarheit gebracht und die folgerichtige Durchführung des Prinzips der Mündlichkeit gefährdet wurde.

Eine der wichtigsten Erscheinungen auf dem Gebiete der Civilprozeßgesetzgebung bilden in den letzten Jahren 1) die Oldenburgische Prozeßordnung von 1857 [19]) mit redlicher Absicht, das Prinzip der Mündlichkeit durchzuführen, vielfach der hannover'schen Prozeßordnung sich anschließend, aber Verbesserungen, jedoch auch manche Vorschriften enthaltend, welche die Intervention der Gerichte zu sehr ausdehnten. 2) Die badische Prozeßordnung von 1864, gleichfalls auf das Prinzip der Mündlichkeit gebaut, dadurch aber weniger allen gerechten Forderungen entsprechend, daß bei den Berathungen zu sehr der Wille hervorleuchtete, an die Prozeßordnung von 1832 sich anzuschließen, daß man der richterlichen Prozeßleitung zu viel Einfluß gab, und nicht genug den Anwälten Vertrauen zeigte [20]). 3) Am erfreulichsten war die legislative Thätigkeit, eine allen deutschen Staaten gemeinsame Civilprozeßordnung zu Stande zu bringen, indem eine aus Praktikern aller Staaten bestehende Commission zur Bearbeitung eines Entwurfs niedergesetzt wurde. Das von ihr zu Stande gebrachte Werk macht der deutschen Gesetzgebungskunst alle Ehre [21]). Eine beklagenswerthe Erscheinung war es aber, daß durch die Isolirungspolitik von Preußen, welches keinen Theil an den Commissionsberathungen nehmen

---

19) Darüber Archiv Band 38, S. 291, Band 39, S. 386, Band 40, S. 245, Band 41, S. 72. 215. Erfahrungen über die Oldenb. Gesetzgebung von Buttel im Archiv Band 43, S. 86, von Tenge im Archiv Band 49, S. 60.

20) Ueber die badische Prozeßgesetzgebung v. 1864, Archiv Band 45, S. 227—254, Band 46, S. 109, Band 47, S. 413. Stempf Com. zur bad. Prozeß-O. Mannheim 1864, von Freydorff Prozeß-O. mit Erläuterungen. Heidelberg 1865.

21) Ueber den Gang der Berathungen in Bezug auf die deutsche Civilprozeß-O. Archiv für Civilpraxis Band 44, S. 77, Band 45, S. 387, Band 46, S. 96, Band 47, S. 50.

wollte, auf jeden Fall die Aussicht gestört schien, daß für ganz Deutschland eine gemeinsame Civilprozeßordnung zu Stande kommen würde. Die Berathungen der Commission lieferten zwar ein reiches Material für die Gesetzgebung, allein sie lehrten, daß in Bezug auf wesentliche Grundlagen der Prozeßordnung die Mitglieder der Commission von höchst verschiedenen Ansichten ausgingen, und ein Theil im wesentlichen den französischen Prozeß zum Grunde legen, Andere das schriftliche Vorverfahren so vorschreiben wollten, daß das Ergebniß desselben die Grundlage der mündlichen Verhandlung bilden sollte. Die Ansichten der Einen wünschten, daß der deutsche Entwurf mehr der hannover'schen Prozeßordnung, insbesondere in Bezug auf Intervention des Gerichts schon im Vorverfahren folgen möchte [22]), während Andere oft unwillkürlich die Ansichten des gemeinen Prozesses hereinzogen. Die Folge davon war, daß häufig in den wichtigsten Punkten ein Beschluß nur durch eine Mehrheit e i n e r Stimme, oft selbst durch die Stimme des Präsidenten zu Stande kam. 4) Eine Quelle wichtiger legislativer Erörterungen eröffnete der in B a i e r n vorgelegte Entwurf der Prozeßordnung und die darüber vorkommenden Verhandlungen des Ausschusses der zweiten Kammer, mit dem von einem ausgezeichneten Praktiker bearbeiteten Referate [23]), allein auch hier lehrten bald die Berathungen, daß im nämlichen Staate die Ansichten der Ausschußmitglieder über die Grundlagen des Entwurfs oft weit auseinander gingen. Während die Juristen aus der Rheinprovinz möglichst die Annahme der ihnen liebgewordenen französischen Prozeßordnung zu bezwecken suchten, unter ihnen selbst wieder über manche Punkte der rheinischen Rechtsübung Verschiedenheit der Ansichten Statt fand, namentlich in Bezug auf das Verhältniß der Conclusions motivées,

---

22) Eine sehr empfehlungswerthe Schrift ist die von M e y e r s b u r g , Gutachten über den Entwurf einer allgemeinen deutschen Civilprozeß-O. in Vergleichung mit der hannoverschen Civilprozeß-O. Celle 1866. Es liegt hier das Gutachten des Ausschusses der Anwaltskammer in Celle zum Grunde.

23) Darüber Nachweisungen im Archiv Band 47, S. 422, Band 48, S. 281, Band 49, S. 268.

kämpften die Mitglieder aus den alten Provinzen Baierns gegen eine unbedingte Annahme französischer Ansichten, mit dem Streben, mehr deutsche Ansichten geltend zu machen, so weit sie dies für Erlangung größerer Einfachheit und Gründlichkeit für nöthig hielten. 5) Eine völlig verschiedene Richtung entfaltete der preußische Entwurf, als die Arbeit eines Juristen, der wie Wenige ebenso gründlich den gemeinen Prozeß kannte, als er mit den Erfahrungen des preußischen Prozesses, aber auch mit dem Geiste des französischen Verfahrens vertraut war und in der Annahme des letztern jedoch überall mit Beachtung richtiger deutscher Ansichten, den besten Weg fand. Eigenthümlich ist es, daß während im Auslande die Bedeutung des Entwurfs zwar mit dem Ausspruch, daß bedeutende Mängel Verbesserungen nöthig machten, anerkannt wurde [24], in Preußen selbst eine große Zahl preußischer Juristen und nach dem Zeugniß von Koch [25] eine geschlossene Opposition aus den Reihen des preußischen Richterstandes sich erhob, und selbst v. Krämel (ein geachteter preußischer Jurist) über den französischen Civilprozeß im Ganzen den Stab bricht [26].

Bei dieser Lage der Dinge ist als Ergebniß aller seit einer Reihe von Jahren gemachten Versuche die Aussicht auf Verständigung über die künftige Civilprozeßgesetzgebung Deutschlands sehr gering; nur über einen Punkt scheint die gemeinsame Ansicht gewonnen zu sein, nämlich daß das Verfahren auf Mündlichkeit beruhen und der französische Prozeß berücksichtigt werden soll, allein sobald es auf die Einzelnheiten der Durchführung ankommt, überzeugt man sich, daß die größte Verschiedenheit der Ansichten hervortritt, insbesondere über die Auffassung des Wesens der Mündlichkeit, über das Ver-

---

24) Meine Anzeige im Archiv Band 49, S. 121; vorzüglich Endemann im Archiv Band 49, S. 1, S. 145. Ein strenges Urtheil spricht Leonhardt in der Schrift: Zur Reform des Civilprozesses in Deutschland. 2. Beitrag. Hannover 1865.

25) In Schletters Jahrbüchern der deutschen Rechtswissenschaft XII. Band, S. 134.

26) Bedenken über das französische Wesen der für Preußen, Baiern bearbeiteten Entwürfe der bürgerl. Prozeß D. von Krämel, Leipzig 1865, s. dagegen meine Erörterung im Archiv Band 49, S. 124 bis 133.

hältniß von Mündlichkeit und Unmittelbarkeit ²⁷), über den Cha=
rakter des schriftlichen Vorverfahrens Streitigkeiten herrschen, wobei
mehr oder minder die Anhänglichkeit an die schriftliche Grundlage
als angeblich die Gründlichkeit der Entscheidung sicherndes Mittel
und die Vorstellung von dem Werthe der richterlichen Prozeß=
leitung ²⁸) zu Vorschlägen über Regelung des Vorverfahrens
auf eine Art führt, bei welcher die mündliche Verhandlung
wesentlich ihre wahre Bedeutung verliert. Die Aussichten auf
das Zustandekommen einer gemeinsamen befriedigenden Civil=
prozeßgesetzgebung sind aber noch mehr geschwunden, weil durch
die 1866 bewirkte Zersplitterung Deutschlands eine Möglichkeit
eines Vereinigungspunktes für die Berathung zum Zwecke einer
gemeinsamen Civilprozeßordnung für Deutschland in weite Ferne
gerückt ist. Darnach wird für die nächste Zeit nur die legis=
lative Thätigkeit in einzelnen Staaten übrig bleiben. Ob das
Ergebniß einer solchen zu einer gemeinsamen deutschen Civil=
prozeßgesetzgebung führen kann, wird davon abhängen, ob die
sogleich näher anzudeutenden Hindernisse der Verständigung be=
seitigt werden, ob die deutschen Juristen von dem Einflusse
politischer Antipathieen bei den Berathungen sich ebenso wie
von der Gefahr freizuhalten wissen, vor welcher schon Livius
mit dem Worte: Eventus stultorum magister warnt. Bei
gemeinsamen Berathungen werden die bisherigen Verhandlun=
gen der deutschen Commission in Hannover, die Berathungen
des baierischen Ausschusses und die Eröffnungen über den
neuen preußischen Entwurf treffliche Materialien liefern und die
in Hannover, Braunschweig, Oldenburg und Baden gemachten
Erfahrungen über den Werth ihrer legislativen Arbeiten ebenso
benützt werden müssen ²⁹) wie die Verhandlungen über den

---

27) Darüber Nachweisungen im Archiv Band 48, S. 123—29, Band
49, S. 81. 421.

28) Gute Bemerkungen über Prozeßleitung macht Koch in Schlet=
ters Jahrbüchern XII. Bd. S. 138.

29) Empfehlungswerth ist die Beachtung der trefflichen Erfahrungen
und Vorschläge von Heineken (Präsidenten des bremischen Handelsge=
richts) im Archiv Band 35, S. 1, vorzüglich wegen des schriftlichen Vor=
verfahrens, ebenso die Verhandlungen des schweizerischen Juristentags,
(mitgetheilt im Archiv Band 40, S. 401).

niederländischen Entwurf [31]), über das italienische Gesetzbuch [32]), über die neue Prozeßordnung für Zürich [33]) und den neuen österreichischen Entwurf [34]).

Es dürfte nicht ohne Werth sein, auf die Erfahrungen und Zustände aufmerksam zu machen, welche als Hindernisse der Verständigung über die Grundlagen und Voraussetzungen einer den gerechten Forderungen entsprechenden gemeinsamen deutschen Civilprozeßgesetzgebung erscheinen. I. Dahin gehört vorzüglich die Vernachlässigung einer festen wissenschaftlichen Grundlage. Bei der Vergleichung der neuesten legislativen Verhandlungen über Civilprozeß, selbst bei den Berathungen der hannover'schen Commission und des baierischen Ausschusses überzeugt man sich leicht, daß in den Motiven wie in den Reden der einzelnen Mitglieder vorzugsweise Gründe der Zweckmäßigkeit, angebliche günstige Erfahrungen mit Berufung auf andere Länder zur Rechtfertigung einer vorgeschlagenen Vorschrift angeführt werden, fast nie eine Berufung auf leitende Prinzipien, als Ergebnisse wissenschaftlicher Forschungen vorkömmt. Wir halten dies für einen großen Mangel und mit Recht hat ein neuerer Schriftsteller [35]) diesen Mangel gerügt. Unfehlbar würden viele willkürliche Erörterungen vermieden werden, wenn man klar von dem Grundsatze ausgehen würde, daß der Civilprozeß Eigenthum der streitenden Parteien ist; daß diejenige Gesetzgebung die beste ist, welche sich dem berechtigten Willen der Parteien anschließt, daher die Verhandlungsmaxime leiten muß; daß der Richter, welcher zur Entscheidung aufgefordert ist, nur berechtigt ist, von den Parteien zu verlangen, daß sie ihm ein vollständiges und klar geordnetes Streitmaterial vorlegen, und hierzu ihm ein Fragerecht zusteht; daß der Anwaltszwang schon dadurch gerechtfertigt wird,

31) Mittheilungen über die Gesetzgebungsarbeiten in den Niederlanden im Archiv Band 44, S. 67, Band 48, S. 295. 413.

32) Nachweisungen im Archiv Band 36, S. 158, 270, Band 38, S. 271, Band 48, S. 439, Band 50, S. 89.

33) Archiv Band 49, S. 426.

34) Archiv Band 50, S. 101.

35) Mittelstädt (Justizrath) in der Zeitschrift für Gesetzgebung und Rechtspflege in Preußen von Hinschius. Berlin 1867. I. Band, S. 58.

daß der Richter verlangen kann, daß ihm der Sachverhalt durch rechtsverständige Personen vorgelegt werde. Der Richter kann verlangen, daß die in der Verhandlung Erscheinenden gehörig vorbereitet erscheinen, um über den ganzen Streitsfall vortragen zu können. Wie sie die Vorbereitung erlangen, ist Sache der Parteien. Eine richterliche Prozeßleitung ist überflüssig und selbst nachtheilig (wegen Verzögerung und Kosten). Würde auf solche Art der Grundsatz über Zweck des Vorverfahrens, über Wesen der Mündlichkeit festgestellt, so würde die Berathung eine bessere Grundlage erhalten. Zu bedauern ist, daß, so werthvoll in Bezug auf Prozeßpolitik die Forschungen französischer Schriftsteller sind, für Aufstellung richtiger Prinzipien des Prozesses in Frankreich fast keine wissenschaftlichen Arbeiten vorliegen, und daß der in Frankreich beliebte Geist des Formalismus selbst ein Hinderniß gründlicher Forschungen ist. So liegen auch, wie dieß die Verhandlungen der deutschen Commissionen zeigen, z. B. über die wahre Bedeutung der Conclusions motivées keine klaren Forschungen vor, und bei Entscheidung mancher Fragen, z. B. wegen Versäumungserkenntnisse, begnügt man sich mit formalistischen französischen Vorstellungen, statt Prozeßprinzipien zu folgen. Beklagen muß man es, daß auch bei den neuen Verhandlungen zu wenig die in Bezug auf den gemeinen deutschen Prozeß geleisteten wissenschaftlichen Arbeiten über wichtige Prozeßgrundsätze und Rechtslehren [37] beachtet werden, und viele Juristen in den Rheingegenden oder in Preußen von dem Irrthum befangen sind, daß für sie, da sie eine besondere Gesetzgebung anzuwenden haben, das Studium des gemeinen Prozesses keinen Vortheil habe, so daß sie von den reichhaltigen Forschungen der Schriftsteller des gemeinen Prozesses keine oder mangelhafte Kenntniß haben [38]).

36) Wir bitten, die im baierischen Ausschusse vorkommenden Verhandlungen (s. Archiv 1849 S. 275—79) über die Natur eines contradiktorischen Urtheils zu beachten und sich zu überzeugen, wie der französische Formalismus und Mangel richtiger Prinzipien wirkte.

37) Z. B. über Streitgenossenschaft, Intervention, Verhältniß der Einreden zur Streiteinlassung, über Widerklagen, über Legitimation zur Sache.

38) Mit Recht bemerkt Renaud, dessen Werk: Lehrbuch des gemeinen

*

II. Nicht weniger muß als Hinderniß des Zustandekommens
einer guten Civilprozeßgesetzgebung der Mangel thatsächlicher
Erhebungen und sorgfältig gesammelter Erfahrungen in
zweifacher Hinsicht erklärt werden und zwar A) in so fern es an
einer guten Civiljustizstatistik, B) an Anstalten fehlt,
um Erfahrungen über die Wirksamkeit der verschiedenen Gesetzgebungen zu machen. In Bezug auf den ersten Punkt hat der
Verfasser der vorliegenden Abhandlung schon im Jahr 1831
auf die Nothwendigkeit einer Civiljustizstatistik aufmerksam gemacht [39]. Man verdankt zwar den veröffentlichten statistischen
Nachrichten in Frankreich, Belgien, England werthvolle Mittheilungen [40], allein sie sind ungenügend, da zwar allerdings
Nachrichten über Zahl der Prozesse, über Verhältniß der Fälle,
in denen der Kläger oder Beklagte siegt, über Wirkungen er-
griffener Rechtsmittel eine Grundlage geben, Schlußfolgerungen
abzuleiten; ebenso ist die französische Statistik mangelhaft, da
sie die präparatorischen und interlokutorischen Urtheile unter
eine Rubrik zusammenfaßt. Die Mittheilungen genügen auf
keinen Fall, da es wichtig sein würde, genauere Tabellen zu
erhalten über die Dauer der Prozesse, vorzüglich über die Dauer
des Vorverfahrens — also von der Mittheilung der Klage bis
zur Zeit, wo sie auf die Rolle kömmt, und wo sie in der
Sitzung verhandelt wird, über die Vertagungen, über die Fälle,
wo sogleich über den entscheidenden Rechtspunkt in der ersten
Sitzung entschieden werden kann, oder wo Beweis aufzulegen
war. — Der Verfasser, der während seines Aufenthalts in
Bonn es versuchte, sich statistische Nachrichten dieser Art zu
verschaffen, hat die Wichtigkeit derselben für die Gesetzgebung
kennen gelernt. Noch wichtiger würde in Bezug auf den oben
bezeichneten zweiten Punkt die Nachahmung der Sitte der Eng-

---

deutschen Civilprozesses, Leipzig 1867, allgemeine Beachtung verdient, in
der Vorrede S. V, daß das gemeine Recht (wenn es auch in den Formen
des Verfahrens dem Bedürfnisse nicht genügt) nach wie vor die Grundlage des Prozeßrechtsstudium ist und bleiben wird.

39) In Pölitz Jahrbüchern der Geschichte und Staatskunst 1831,
Februarheft S. 97.

40) Wir haben in dem Archiv, Band 42, S. 114, Band 43, S. 109,
Ergebnisse der statistischen Tabellen dargestellt.

länder sein, bei welchen, ehe in Ansehung einer wichtigen Einrich=
tung Beschlüsse gefaßt werden, theils von einzelnen sachver=
ständigen Personen ihre Ansichten über gewisse Vorschläge er=
hoben werden, theils eine Commission tüchtiger Männer er=
nannt wird, welche die Befugniß haben, beliebig Personen, die
ihnen nach ihrer Stellung geeignet scheinen, Erfahrungen mit=
zutheilen, vorzurufen und als Zeugen zu vernehmen. Niemand
kann bezweifeln, daß durch Anwendung dieser Sitte, ehe der
Entwurf der Civilprozeßordnung auf dem Grund der gesam=
melten Zeugnisse und Vorschläge der Commission bearbeitet
wird, daher durch Vernehmung von Richtern, Anwälten (und
zwar sehr beschäftigter und anderer minder beschäftigter) vor=
züglich durch Vernehmung von Bürgern verschiedener Klassen,
welche in Streitfällen richterliche Hülfe anrufen mußten und
daher Erfahrungen über den Gang der Justiz machen konnten,
wichtige Zeugnisse über die Prozeßführung, Beschwerden über
einzelne Mängel des Gesetzes und die Praxis, sowie Ansichten
über den Werth der einzelnen Verbesserungsvorschläge gewonnen
werden könnten. Die von einzelnen Commissionsmitgliedern
in der Berathung aufgestellten Behauptungen von Meinungen
können dem Werthe solcher Vernehmungen vor der Commission
nicht gleichgestellt werden. Wir werden an einem andern Orte
in die Einzelnheiten dieses Vorschlags eingehen [41]).

III. Wer es weiß, wie insbesondere im französischen Civilpro=
zesse in Bezug auf die Behandlung einzelner prozessualischer Fragen
in der Rechtsübung nicht blos in verschiedenen Staaten, in wel=
chen der französische Code gilt, z. B. Frankreich, Belgien, deutsche
Rheinlande, sondern selbst im nämlichen Lande bei verschiedenen
Gerichten die Prozeßführung eine verschiedene ist [42]), z. B. in
Bezug auf die Schriften im Vorverfahren, oder die motivirten
Conclusionen, oder die Vertagungen, findet ein Hinderniß der
wünschenswerthen Gleichförmigkeit darin, daß die Civilprozeß=
gesetzgebung, z. B. der Code de procedure sich für einzelne

---

41) Schon Savigny macht aufmerksam, daß bei Abfassung der
Gesetze politische und technische Elemente entscheiden; über Anwendung auf
Prozeß, mein Aufsatz im Archiv Band 44, S. 94.

42) Nachweisungen im Archiv Band 49, S. 265.

Handlungen nur auf unmittelbare Gebote enthaltende Vorschriften beschränkt und das Benehmen der Anwälte und Richter,
die weit größere Zahl der Prozeßhandlungen nur dem Gerichtsgebrauche überläßt, was den Nachtheil hat, daß das Verfahren vielfach sehr ungleichförmig ist, und da Alles von Willkür
abhängt oft ein unzweckmäßiges wird. Dies zeigt sich insbesondere in Bezug auf das Vorverfahren, ehe die Sache in
die Sitzung kömmt, aber auch oft wegen der Behandlung einzelner Anträge und Handlungen in der Sitzung. In Nord-
amerika[45]) wird hier neben dem Gesetzbuch von den obersten Gerichten eine Anzahl zweckmäßiger Regeln (rules) gegeben; in
England wo das Gesetz über das Verfahren bei Grafschaftsgerichten
sehr kurz ist, werden by-laws erlassen (Verordnungen oder
Instruktionen), in Italien wird (als Verordnung) ein regole-
mento bekannt gemacht. Dadurch wird der große Vortheil
der Gleichförmigkeit des Verfahrens[44]) erreicht. Unfehlbar
würde die Nachahmung dieser Sitte, z. B. eben in Bezug auf
das Vorverfahren wohlthätig wirken.

IV. Als ein Hinderniß einer Verständigung über die zweckmäßigste Weise der Durchführung einer auf das Prinzip der Mündlichkeit gebauten Civilprozeßordnung muß noch der Umstand erkannt
werden, daß man zu wenig die Voraussetzungen sich klar macht,
von deren Dasein und Einrichtung die gute oder mehr mangelhafte
Wirksamkeit des auf Mündlichkeit gebauten Verfahrens abhängt.
Wir rechnen dahin den Geist, in welchem die Anwälte thätig
sind und die Stellung der Gerichtspräsidenten. Das
bisherige schriftliche Verfahren im Verhältniß zu dem Gerichte,
welches eine Art Obervormundschaft über Advokaten ausübte,
der Hochmuth vieler Richter, welche die Anwälte gering achteten,
war nicht geeignet, eine würdige Stellung der Anwälte zu begründen, während die nur in Prozeßschriften sich äußernde

---

43) Ein Vorbild dieser Art ist die Sammlung der in America zum
Code of procedure of Newyork erlassenen rules. The Code of procedure of Newyork with Notes of Townshend Newyork 1857 von p.
611 an.

44) Ueber die verschiedenen Charactere der prozessualischen Vorschriften
Archiv Band 45, S. 96.

Thätigkeit dieselben zu leicht verleitete, durch ausgedehnte
Schriften viel Geld zu gewinnen, durch Abläugnen und eine
Masse von Einreden, Repliken, den Prozeß in die Länge zu
ziehen. Sucht der Anwalt, gewöhnt an solche Kunstgriffe, der
Sache seines Clienten zu nützen, so wird er weder die Achtung
der Richter, noch das Vertrauen verständiger Rechtsuchenden
gewinnen, und seine mündlichen Vorträge werden nicht bei=
tragen die Richter aufzuklären. Weit größere und schwieriger
zu erfüllende Forderungen ergehen im mündlichen Verfahren
an den Anwalt, dessen wohlthätiger Einfluß nur gesichert ist,
wenn die Gesetzgebung eine unabhängige würdige Stellung dem
Anwalt einräumt. Klar ist es, daß dann aber auch die bis=
herigen Advokatenordnungen nicht mehr bestehen können. Als
die Seele des mündlichen Verfahrens muß aber vorzüglich der
Präsident angesehen werden. Bei der unendlichen Verschiedenheit
der Fälle und der durch keinen Gesetzgeber vorauszusehenden Ver=
wicklungen kann nur auf richtige Behandlung gerechnet werden,
wenn der Präsident Energie, seines Rechtsgefühl verbunden mit
weise begränzter Billigkeit, Takt, Geistesgegenwart, Gewandtheit
und gründliche Rechtskenntniß besitzt. Von dem Grade seiner
Energie hängt häufig die Dauer der Prozesse ab [46]); seine Ach=
tung des Rechts und der Gleichheit der Rechte der Parteien
lehrt ihn die Redefreiheit zu schätzen; von seinem richtigen Takt hängt
die Entscheidung der gestellten Anträge ab, und seine Rechts=
kenntniß belehrt ihn in Bezug auf die Behandlung mancher
Incidenzpunkte und über die Gränzen des Fragerechts. Es ist
klar, daß solche Eigenschaften nicht immer auch bei Richtern sich
finden, die bei dem bisherigen schriftlichen Verfahren gute Prä=
sidenten sein konnten.

Ob und wann unter den bezeichneten Verhältnissen eine
allen gerechten Forderungen entsprechende gemeinsame deutsche

---

45) Ueber die Rücksichten, die bei Regelung der Stellung der Anwälte
entscheiden sollen. Archiv Band 46, S. 275—316.

46) Dies zeigt sich vorzüglich in Bezug auf die Behandlung der An=
träge eines Anwalts, der wenn er nur dilatorische Einrede vortrug und
diese verworfen wird, Vertagung wünscht, weil er auf den Vortrag anderer
Einreden nicht vorbereitet zu sein behauptet.

Civilprozeßordnung zu Stande kommen wird, hängt davon ab, ob die Staatsmänner, welche auf die Bearbeitung der Gesetze und auf die Anordnung der Verhandlungen Einfluß haben, für die von uns bezeichneten Vorarbeiten sorgen und die Juristen, welche an den Berathungen Theil nehmen, durch politische Verstim= mungen nicht irregeleitet, ebenso durch gründliches Studium der Prozeßgrundsätze, als durch die Benützung der Erfahrun= gen zu ihren Berathungen vorbereitet sind. Ein Hinderniß der Verständigung wird es sein, wenn der norddeutsche Bund, dessen Verfassung auch eine deutsche Civilprozeßordnung verspricht, bei der Bildung der Commission, welche den Entwurf eines solchen Gesetzbuchs zu bearbeiten hat, dabei vorzugsweise nur Mit= glieder aus den Staaten beruft, die dem norddeutschen Bunde angehören, und daher die Besorgniß begründen, daß, weil jene Mitglieder die Rechtsanschauungen und Erfahrungen der süd= deutschen Staaten und Oesterreichs nicht kennen oder beachten, der bearbeitete Entwurf auf Billigung und Annahme von Seite der legislativen Faktoren der zuletzt genannten Staaten nicht rechnen kann. Als neues wichtiges Material für die Benützung bei den auf eine gemeinsame Civilprozeßgesetzgebung sich be= ziehenden Arbeiten, erscheinen die jüngsten Verhandlungen des Gesetzgebungsausschusses der baierischen Kammer der Reichs= räthe [47]). Ihr Werth liegt vorzüglich auch darin, daß an die= sen Berathungen Juristen Theil nehmen, welche mit dem fran= zösischen Verfahren genau vertraut waren, wie der Referent im Ausschusse, Präsident v. Heintz, der lange in der Pfalz in verschiedenen Stellungen thätig, Erfahrungen sammeln konnte, sowie die beiden Ministerialcommissäre, während andere mit dem gemeinen baierischen Prozesse vertraute Juristen, insbesondere der als Prozessualist mit den wissenschaftlichen Fortschritten ver= traute Reichsrath v. Bayer ihre von den französischen An= sichten oft abweichenden Erfahrungen und Anschauungen geltend machen konnten, was zu einer umsichtigen Berathung führte [48]).

---

47) Die Berathungen liegen vor in Protokollen des Gesetzgebungs= ausschusses der Kammern der Reichsräthe 1867 bis jetzt 10 Nummern.

48) Z. B. über die wichtige Frage, ob nach französischem Codo die Verbindung der Gewährschaftsklage mit der Hauptklage gestattet werden

Ein dringender Wunsch ist noch der, daß diejenigen, welche berufen werden, an Berathungen über gemeinsame deutsche Prozeßordnung Theil zu nehmen, sich besser als es bisher häufig geschah, wenn sie auf Annahme ausländischer Einrichtungen antragen, mit den in den Ländern, in welchen die Einrichtung gesetzlich besteht, vorliegenden Erfahrungen genau bekannt machen, insbesondere auch sorgfältig erforschen, ob, wenn man sich auf die gute Wirksamkeit im fremden Lande beruft, diese Erfahrungen mit den in jenem Lande eigenthümlichen Zuständen, Gewohnheiten und Anschauungen, oft selbst mit politischen Verhältnissen zusammenhängen. Würden auf diese Weise fremde Erfahrungen sorgfältiger gesammelt und benützt, so würde über manche in neuester Zeit bei vorgekommenen Berathungen beantragte Institute, z. B. über Stellung der Staatsanwaltschaft [49]) schon eine Verständigung gewonnen worden sein.

---

soll (was der Referent beantragt) oder nach dem deutschen Rechte (wofür v. Bayer und Schrenk sich aussprachen) beide Klagen zu trennen sind. Protokoll Nr. 5 S. 170 bis 175.

[49] Es ist auffallend, daß man in Deutschland die bedeutendsten Gründe, die ein tüchtiger belgischer Praktiker Gislain in la Belgique Judiciaire 1867 nro. 22 entwickelte, nicht beachtete. Auch die über den Gegenstand in dem Ausschusse der baierischen Kammer der Reichsräthe (Protokoll Nr. 9 S. 302–319) vorkommende Berathung beachtet zu wenig die wirklichen französischen Erfahrungen.

Eine Vergleichung der neuesten legislativen Leistungen auf dem Gebiete des bürgerlichen Verfahrens und die Erscheinung, daß alle neueren Arbeiten auf den Grundlagen der Oeffentlichkeit und Münblichkeit gebaut sind, scheint die Ueberzeugung zu begründen, daß eine Verständigung über die nothwendige Richtung einer den gerechten Forderungen entsprechenden Civilprozeßordnung gewonnen ist, und zu dem Glauben zu führen, daß die Ansicht feststeht, nach welcher jede neue Gesetzgebung im Wesentlichen, freilich mit vielen Verbesserungen, die französische Prozeßordnung und Rechtsübung zum Vorbilde zu nehmen hat. Prüft man aber genauer die Einzelnheiten der neuesten Gesetzgebungsarbeiten der verschiedenen Staaten, so überzeugt man sich bald, daß die Verständigung noch nicht so nahe und eine Gleichförmigkeit der Leistungen der Gesetzgebung noch nicht gesichert ist. Wir verweilen bei den neuesten Arbeiten und zwar 1) bei der k. russischen Civilprozeßordnung vom 20. November 1864. Sie ist durch die zur Bearbeitung neuer Gesetzbücher für Rußland am 29. September 1862 niedergesetzte Commission bearbeitet, für deren Arbeit gewisse Grundzüge bezeichnet wurden, nach welchen die verschiedenen Gesetzbücher entworfen werden mußten. Die Gerichtsverfassung sollte

1

Friedensgerichte, Bezirksgerichte, Gerichtshöfe und als oberstes
Gericht den Senat anordnen. Das Verfahren vor den ordent=
lichen Bezirksgerichten (der Friedensrichter als Einzelrichter
ist nur zuständig für geringere Streitfälle) soll contradictorisch
und öffentlich sein. Es sollen zwei Verfahrungsarten, die
ordentliche und summarische, angeordnet werden. Das schriftliche
Vorverfahren geschieht mittelst Denkschriften, die jede Partei
der Andern durch den Gerichtsvollzieher mittheilen läßt. Jede
Partei kann zwei solcher Schriften einreichen. Neue Ansprüche
sollen im Laufe der Instruktion nicht zulässig sein. Wir wollen
nun die wesentlichen Bestimmungen der 1864 veröffentlichten
Civilprozeßordnung unsern Lesern mittheilen. Aus den allge=
meinen Bestimmungen heben wir nachfolgende Sätze hervor:

Art. 1. Alle bürgerlichen Rechtsstreitigkeiten unterliegen
der Entscheidung der Gerichte. 2. Privatpersonen und Gesell=
schaften, deren Rechte durch Verwaltungsbehörden verletzt wor=
den sind, können vom bürgerlichen Gericht die Wiederherstellung
der verletzten Rechte verlangen; doch kann eine solche Klage
die Verfügungen der Verwaltungsbehörden bis zur Entscheidung
des Gerichts nicht aufheben. 3. Verwaltungsbehörden und Ver=
waltungspersonen sind nicht berechtigt, eine den Gerichten zu=
ständige Streitigkeit selbst zu entscheiden. Art. 4. Die Ge=
richte haben in bürgerlichen Rechtsstreitigkeiten nur auf Klage
der Betheiligten einzuschreiten. 13. Alle Verhandlungen der
Gerichte sind öffentlich mit Ausnahme einiger vom Gesetze be=
stimmter Fälle. 14. Die Parteien haben das Recht, statt ihrer,
Bevollmächtigte in das Gericht zu senden. Das Verfahren
in den Friedensgerichten. 44. Die Vertreter der Par=
teien in den Friedensgerichten können geschworene Bevollmäch=
tigte (unter diesem Ausdruck begreift das Gesetz die Advocaten)
oder auch Privatpersonen sein. 48. Der Advocat, dem die Be=
treibung einer Sache beim Friedensgericht anvertraut ist, kann
sie durch Vergleich beendigen. 51. Die bei Gericht eingereichte
Klage kann schriftlich oder mündlich sein. 52. Die mündliche
Klage wird vom Friedensrichter in das Gerichtsbuch einge=
tragen und vom Kläger unterzeichnet. 68. Die Verhandlungen
vor den Friedensrichtern sind öffentlich und mündlich; die

Sitzung kann jedoch eine geschlossene sein, wenn die Parteien dies beantragen und der Friedensrichter den Wunsch begründet findet. 70. Nach vorläufigen Erklärungen der Parteien schlägt ihnen der Friedensrichter vor, die Sache mit einem Vergleiche zu beendigen. Auch während des Verfahrens ist der Friedens= richter befugt, einen Vergleich zu versuchen. 71. Der geschlossene Vergleich der Parteien wird schriftlich aufgesetzt und von den Parteien oder deren Bevollmächtigten unterzeichnet. Eine Sache, die durch Vergleich geschlichtet worden, kann nicht erneuert wer= den. 81. Der Kläger muß seine Klage beweisen. Dem Be= klagten, der gegen die Forderungen des Klägers auftritt, liegt der Beweis seiner Einwendungen ob. 82. Der Friedensrichter sammelt weder Beweise noch Erkundigungen, sondern begründet sein Urtheil lediglich auf Beweise, die die Parteien vorbringen. 93. Kranke Zeugen werden vom Friedensrichter auf ihrer Woh= nung und in Gegenwart der Parteien verhört. 97. Jeder Zeuge wird besonders verhört in Gegenwart der Parteien. 98. Zeugen, die noch nicht verhört worden sind, dürfen nicht dem Verhör beiwohnen. 99. Nach dem Verhör dürfen die Par= teien den Zeugen Fragen stellen. 100. Zur Beseitigung von Widersprüchen in den Aussagen der Zeugen bestimmt der Friedensrichter eine Confrontation. 101. Der wesentliche In= halt der Zeugenaussagen wird im Protokoll aufgesetzt und von den Parteien sowie auch vom Friedensrichter unterzeichnet. 102. Die Kraft der Zeugenaussagen wird vom Friedensrichter bestimmt nach der Glaubwürdigkeit der Zeugen. 105. Dem Gerichte vorgelegte Urkunden werden vom Friedensrichter bei Entscheidung der Sache in Betracht genommen. 115. Die Parteien können den Friedensrichter ersuchen, die Sache auf Grund des Eides zu entscheiden; doch darf der Friedensrichter weder die Parteien zum Eide zwingen, noch es ihnen rathen. 117. Der Eid wird als Beweis dessen angenommen, wofür er geleistet wurde, und kann durch keinen andern Beweis aufge= hoben werden. 129. Nachdem der Friedensrichter die Parteien gehört, erwägt er alle in der Verhandlung vorgebrachten Um= stände und fällt das Urtheil, welches dem Gesetze nicht wider= sprechen darf, nach Ueberzeugung seines Gewissens. 130. Bei

Fällung des Urtheils kann der Friedensrichter örtliche Gewohn=
heiten in Betracht nehmen, wenn eine Partei sich darauf be=
zieht. 132. Der Friedensrichter erhebt nicht die Frage über
Verjährung, wenn die Parteien sich darauf nicht beziehen.
162—184. Appellation gegen Urtheile des Friedensrichters
werden in die Assisen der Friedensrichter eingereicht. In die=
sen Assisen wird öffentlich und mündlich verhandelt. Stimmen=
mehrheit entscheidet. Das Verfahren in den Kreisge=
richten. 229. Jedes Gericht entscheidet selbst, ob es für die
eingereichte Klage zuständig ist, und kann sich in keinem Fall
an ein höheres Gericht wenden, um den Zweifel entscheiden zu
lassen. 230. Streitigkeiten über Zuständigkeit zwischen Kreis=
gerichten werden von dem Appellationshof entschieden, in dessen
Bereich die Gerichte stehen. 232. 234. Streitigkeiten über Zuständig=
keit, welche nur auf den Grund einer Klage der Parteien entstehen
können, werden in der allgemeinen Sitzung des Appellations=
hofs entschieden, nachdem der Staatsanwalt seinen Schlußvor=
trag gehalten. 237. Jeder Streit, ob eine im Gericht ange=
brachte Sache der Entscheidung der Verwaltungsbehörden oder
der Gerichte unterliegt, wird vom Gericht selbst entschieden. —
245. Wo keine genügende Zahl geschworener Bevollmächtigter
vorhanden ist, können auch Privatpersonen die Anwaltschaft
übernehmen. 286. Das Gericht schreitet zur Entscheidung der
Sache nur auf Grund einer Klage, welche nach bestimmter
Form aufgesetzt ist. 312. Zur vorläufigen schriftlichen Vorbe=
reitung sind von Seiten der streitenden Parteien vier Schriften
einzureichen, und zwar zwei von jeder. Diese Schriften sind: die
Klage, die Antwort, die Einwendung und die Widerlegung. 324.
Der Vortrag der Sache und die mündlichen Anführungen der Par=
teien werden in öffentlicher Sitzung verhandelt. 325. Wenn nach
der Beschaffenheit der Sache die Oeffentlichkeit Anstößiges gegen
Religion, Sittlichkeit und öffentliche Ordnung enthält, so kann
das Gericht nach eigenem Ermessen oder auf Antrag des
Staatsanwalts eine geschlossene Sitzung bestimmen. 326. Die
Sitzung kann auch dann bei geschlossenen Thüren vor sich gehen,
wenn beide Parteien es beantragen und das Gericht ihren An=
trag begründet findet. 327. Der Vortrag der Sache wird von

einem Mitglied des Gerichts auf Grund der von den Parteien gelieferten Schriften und Documente gemacht. 328. 329. Der Vortrag ist nach dem Gutdünken des Präsidenten mündlich, oder er wird vorgelesen. — Darauf folgen die Verhandlungen der Parteien. 330. Die mündliche Verhandlung der Parteien besteht in Erörterungen, zuerst von Seiten des Klägers, dann von Seiten des Beklagten, ihrer Forderungen und der Umstände, auf denen diese Forderungen beruhen. 331. 337. Während des mündlichen Streites können die Parteien neue Beweise zur Erläuterung der Umstände der Sache anführen. — Der Präsident versucht, die Parteien zu versöhnen. 338. Der Präsident leitet das mündliche Verfahren; sobald er findet, daß die Sache genügend erläutert ist, kann er die mündliche Verhandlung schließen, doch nicht eher, als bis beide Parteien eine gleiche Zahl mündlicher Erklärungen gegeben haben. 339. Die Entscheidung des Gerichts muß auf Documenten und andern Urkunden, die von den Parteien vorgelegt werden, begründet sein, sowie auch auf Beweise, die im mündlichen Verfahren vorgebracht werden. 348. Das Verfahren kann ein abgekürztes sein, wenn die Parteien damit einverstanden sind und das Gericht seiner Seits nichts dagegen hat. 350. Beim abgekürzten Verfahren bestimmt der Präsident des Gerichts den Parteien zum Erscheinen einen Termin, der höchstens einen Monat betragen darf. 361. 363. Der Präsident leitet die mündliche Verhandlung, nach Beendigung des Streites gibt er ein kurzes Résumé der Sache, sowie der Forderungen der Parteien, sodann entscheidet das Gericht. Ueber die Beweise und das Zeugenverhör gelten dieselben Bestimmungen wie bei den Friedensgerichten. 385. Das Zeugenverhör wird in öffentlicher Sitzung des Gerichts vorgenommen. 399. Der Präsident kann den Zeugen untersagen, sich über die die Sache nicht angehenden Umstände zu erklären. — Wie in der Strafprozeßordnung ist für gewisse Fälle eine Vernehmung der Nachbarn bestimmt. 412. Bei einem Streit über Lage, Gegend und Umfang eines Grundstücks kann das Gericht eine besondere Vernehmung der Nachbarn anordnen, wenn die Parteien sich darauf berufen. 422. Die Parteien dürfen bei der Wahl der Nachbarn bestim=

men, daß der entstandene Streit über Besitz ausschließlich auf
Grund der Aussagen der gewählten Nachbarn entschieden werde.
436. Die Nachbarn werden beeidigt. 437. Die Bestimmung,
Glaubwürdigkeit und Beweiskraft wird dem Gutachten des
Gerichts überlassen.

Hier liegt ein Gesetzbuch vor, das allerdings auf Münd=
lichkeit und Oeffentlichkeit gebaut ist, aber durchaus nicht dem
Verfahren gleichgestellt werden kann, das der französischen Ge=
setzgebung zum Grunde liegt. Man begreift leicht, daß der
Gesetzgeber Rußlands es nicht wagen wollte, schon ein Ver=
fahren einzuführen, zu dessen Wirksamkeit ein tüchtig gebildeter,
von der Würde seines Berufs durchdrungener, die Anwendung
jedes nur auf Verlängerung des Prozesses berechneten Mittels
verschmähender Advokatenstand und eine hinreichende Zahl von
Richtern gehört, welche ebenso selbstständig und unabhängig
gestellt mit gründlichen Rechtskenntnissen praktische Gewandt=
heit besitzen, aus dem Chaos widerstreitender mündlicher Vor=
träge schnell die entscheidenden Punkte aufzufassen und das
Verfahren nach dem Bedürfniß des Falles einzurichten. Vor=
züglich konnte dem Gesetzgeber nicht entgehen, daß die Wirk=
samkeit einer auf Mündlichkeit gebauten Gesetzgebung über das
Verfahren davon abhängt, ob auf Präsidenten gerechnet werden
kann, die außer der nothwendigen Eigenschaft eines guten Rich=
ters noch Gewandtheit besitzen, schnell die Vorträge aufzufassen,
die Tragweite jedes Antrags, die rechtliche Bedeutung der Vor=
träge schnell zu erkennen, und den Gang der Verhandlungen
mit jener Gemüthsruhe, die vor Eilfertigkeit sich hütet, und
mit richtiger Erkenntniß des Bedürfnisses zu leiten. Es ist
begreiflich, daß der Gesetzgeber Rußlands vorerst den Weg
wählen wollte, durch ein schriftliches Vorverfahren eine Grund=
lage der mündlichen Verhandlungen zu sichern und die Ge=
fahren zu vermeiden, welche die Gründlichkeit und Gerechtigkeit
der Entscheidung bedrohen, wenn die Richter nur an die ge=
hörten mündlichen Verhandlungen angewiesen sind. Der Ge=
setzgeber wollte die Gefahren der Uebereilung noch mehr dadurch
sichern, daß er als Grundlage der mündlichen Verhandlungen
den Vortrag vorschreibt, in welchem ein Gerichtsmitglied den

Inhalt der im Vorverfahren eingereichten vier Denkschriften vor-
trägt, worauf erst die mündlichen Verhandlungen mit den Vorträgen der Parteien beginnen. Um den Richtern ihre Abstimmung zu erleichtern, soll (nach § 361) der Präsident nach beendigten mündlichen Verhandlungen ein Résumé der Sache
vortragen. Man kann in Bezug auf diese Anordnungen, die
zwar in manchen Fällen vielleicht die größere Gründlichkeit der
Entscheidungen sichern können, nicht die Besorgniß unterdrücken,
daß das Prinzip der Mündlichkeit durch sie vielfach erschüttert
werden wird. Die einzureichenden Denkschriften im Vorverfahren werden häufig in Advokatenschriften ausarten, welche
nach der Erfahrung, die in allen Ländern gemacht werden, in
welchen das rein schriftliche Verfahren bestand, statt Klarheit
und Einfachheit der Darstellung der Thatsachen, sie entstellen,
die Schriften möglichst ausdehnen und nicht geeignet sind, ein
klares Bild von dem Stande der Sache zu geben. Der ein-
leitende Vortrag des Gerichtsmitglieds wird häufig nach einer
unwillkürlich sich dem Richter nach dem Lesen der Schriften
aufdrängenden Ansicht über die Sache mehr oder minder schon
durch seine Darstellung auf die Richter wirken, welche dann
nicht mehr unbefangen den mündlichen Verhandlungen folgen
und nur darauf ihre Ueberzeugung gründen, vielmehr durch
den Vortrag ihres Kollegen bestimmt mit vorgefaßter Meinung
darüber, wer von den Parteien Recht hat, zuhören. Auch das
vorgeschriebene Résumé des Präsidenten ist sehr bedenklich, kann
vorzüglich, wenn der Vorsitzende ein gewisses Uebergewicht hat
und es versteht, es die Richter fühlen zu lassen, auf die Abstimmung der Richter wirken, und einen minder kräftigen Richter bestimmen, auch wenn er nicht aufmerksam den Verhandlungen folgte, die Abstimmung auf die Darstellung des Präsidenten zu bauen. Eine merkwürdige Einrichtung ist die in
der russischen Prozeßordnung vorkommende Beiziehung der
Nachbarn (§ 421), wobei der Gesetzgeber sich an ein früheres
in Rußland bekanntes Institut [1] anschloß und das volksthüm-

---

1) Wer erinnert sich nicht an die Beiziehung der Geschwornen aus der
Nachbarschaft in Grundeigenthumsprozessen in England und an die in der

liche Element ähnlich wie in der Strafprozeßordnung [2]) zur
Rechtsprechung benützte. Es kann nicht verkannt werden, daß
in manchen Streitigkeiten, wo es auf Gränzberichtigung, auf
Wasserlauf und Dienstbarkeiten ankommt, die mit den ört=
lichen Gewohnheiten und Bedürfnissen vertrauten Gemeinde=
genossen oft besser als Staatsrichter, die häufig dem Leben fremd
sind, die Verhältnisse beurtheilen, und entweder Gutachten aus=
sprechen oder, wenn die Parteien das volle Vertrauen zu ihnen
haben, selbst die Entscheidung der Sache geben. Nach dem Ge=
setze steht den Parteien das Recht zu, gegen den gewählten Nach=
barn ihren Ablehnungsgrund anzugeben.

Vergleicht man mit der russischen Civilprozeßordnung die üb=
rigen neuen Gesetzgebungsarbeiten, so stimmen alle darin überein,
daß sie das Prinzip der Mündlichkeit folgerichtiger durchführen und
sich an den französischen Prozeß anschließen; allein man überzeugt
sich bald, daß jeder Entwurf wieder einen andern Character an
sich trägt. Am meisten sind die italienische Gesetzgebung, der
niederländische Entwurf und von den deutschen Arbeiten der
k. preußische Entwurf auf die Grundlagen des französischen
Verfahrens gebaut, während der baierische Entwurf zwar noch
im Wesentlichen dem französischen (rheinischen) Verfahren sich
anschließt, in dem vorbereitenden Verfahren aber mehr daran
festhält, daß eine schriftliche Grundlage gegeben wird, und dieser
eine Kraft beigelegt wird, welche vielfach das Mündlichkeits=
prinzip beschränkt. Man würde aber sehr irren, wenn man
glaubte, daß die öffentliche Stimme in Preußen und in Baiern
das Anschließen an das französische Verfahren allgemein billigt.
Auch in Italien, wo der Code von 1859 im Wesentlichen das
französische Verfahren zum Grunde legte, beginnt immer mehr
in neuester Zeit ein Widerstreben gegen diese Nachahmung sich
zu zeigen, und in den Niederlanden, wo schon bei der Aufnahme
des französischen Verfahrens die öffentliche Stimme nicht allge=
mein geneigt war, französische Einrichtungen unbedingt nachzu=

Schweiz in den einzelnen Cantonen in Uebung befindlichen Nachbarge=
richte?

2) Die Bestimmungen über Strafprozesse sind mitgetheilt in meinem
Werke: Erfahrungen über Wirksamkeit der Schwurgerichte S. 632.

ahmen, hatte schon das Gesetzbuch von 1838 bedeutende Modifikationen des französischen Code eingeführt. Seit dieser Zeit
ist in den Generalstaaten vielfach die Verbesserung des bürgerlichen Verfahrens Gegenstand von Verhandlungen geworden;
das 1861 verkündete Gesetz über Gerichtsorganisation hat eine
bedeutende Vorarbeit geliefert. Der neue Entwurf von 1865
verdient die größte Aufmerksamkeit Aller, welche sich mit Civilprozeßgesetzgebung beschäftigen, weil darin die reichhaltigen, seit
langer Reihe von Jahren gesammelten Erfahrungen benützt
wurden, aber auch überall eine sorgfältige Vergleichung der
französischen Erfahrungen mit allen Gesetzgebungsarbeiten des
Auslands und die Prüfung der wissenschaftlichen Arbeiten
Frankreichs und Deutschlands über Prozeßgesetzgebung zu einer
richtigen Erkenntniß der Fehler des französischen Verfahrens
führte, während in den Motiven zu dem Entwurfe ein Schatz
von trefflichen Ausführungen sich findet.

Wir sind überzeugt, daß eine richtige Würdigung der Frage,
wie weit das französische Verfahren Nachahmung verdient, am
besten erleichtert wird, wenn wir die neuesten Verhandlungen
über den baierischen Entwurf, die in Preußen in Bezug auf
den neuen Entwurf laut gewordenen Stimmen, die in Italien
in Bezug auf die von der Regierung beabsichtigte Revision des
Civilprozeßgesetzbuchs veröffentlichten Erörterungen und die tief
eingehenden Vorschläge in den niederländischen und Zürcher-
schen Entwürfen unsern Lesern vorlegen.

Eine reiche Quelle von wichtigen Entwickelungen über die
Hauptfragen, die bei Abfassung einer Civilprozeßordnung zur
Sprache kommen, liegt vor uns in den Berathungen des Gesetzgebungsausschusses der zweiten Kammer über den baierischen
Entwurf.[3] Wir haben bereits in dieser Zeitschrift[4] den von
dem Präsidenten des Appellationsgerichts H. v. Neumayr erstatteten Bericht mitgetheilt. Daran schließen sich nun die mit den Re-
gierungscommissären gepflogenen Verhandlungen und die in

---

3) Sie sind abgedruckt in den Verhandlungen der Kammer der Abgeordneten des bair. Landtags von 1863—65. Beilageband III. Verhandlungen des Gesetzgebungsausschusses Sitzungsprotokoll 1865.

4) Darüber dies Archiv Band 47, S. 409 ff.

Folge derselben gefaßten Beschlüsse an. Die Bedeutung dieser
Verhandlungen ergibt sich, wenn man weiß, daß an den Berathungen Männer Theil nahmen, welche reiche Erfahrungen
in den verschiedenen Berufskreisen, in denen sie wirkten, sammeln konnten. Da in Deutschland bei vielen Juristen ein Mißtrauen gegen das französische Verfahren herrscht, dessen Nachahmung man bei Abfassung der neuen Civilprozeßgesetzbücher
fürchtet, so ist es wichtig, daß in dem baierischen Ausschuß die
Ansichten und Erfahrungen von Männern mitgetheilt wurden,
welche mit dem französischen Verfahren genau vertraut sind.
Man beachtet in Deutschland nicht genug, daß das französische
Civilverfahren in den deutschen Rheingegenden weit besser durchgeführt wird als in Frankreich, weil der deutsche National-
charakter wohlthätig auf den Ernst und die Gründlichkeit der
Behandlung der Streitsachen vor Gericht einwirkt, weil auch
die bessere wissenschaftliche juristische Bildung in Deutschland
geeignet ist, Bürgschaften zu geben, daß Richter, Staatsanwälte
und Anwälte tüchtiger und gründlicher vorbereitet sind. Auch
der Einrichtung, daß in den Rheingegenden die im französischen
Rechte vorkommende Trennung des **avoué** und **avocat** nicht vorkommt, trägt erfahrungsgemäß zur Beschleunigung der Prozesse
bei. Unter solchen Umständen hat vielfach die Rechtsübung in den
Rheingegenden einen würdigern Charakter als in Frankreich.
Die Erfahrungen, welche die mit der Rechtsprechung der baierischen Rheinpfalz vertrauten Mitglieder des Ausschusses zu den
Berathungen über den neuen Entwurf mitbrachten, sind von
Bedeutung, weil sie über Einzelheiten der Rechtsprechung in
der Pfalz Aufklärung geben, die man vergebens in andern
Schriften sucht, und weil man daraus erfährt, welche Verschie-
denheiten in der Behandlung einzelner Fragen in der Rechtsübung die französische Prozeßordnung zuläßt. Es ist belehrend,
die Entwickelungen der drei Kenner und Verehrer des französischen Verfahrens, des Justizministers Bomhard, der als
Schriftsteller seine Erfahrungen veröffentlichte, die er als Staatsanwalt in der Pfalz machte und als thätiges Mitglied der
Commission in Hannover in Bezug auf das deutsche Prozeßgesetzbuch die Schwierigkeiten der Gesetzgebung kennen lernte,

sowie des Ministerialcommissärs Weis, der lange in der Pfalz
sehr beschäftigter Advokatanwalt war, und des früheren Ju=
stizbeamten in der Pfalz Umbscheiden⁶) kennen zu lernen,
und mit ihren Bemerkungen die Anträge und Erfahrungen der
Mitglieder zu vergleichen, welche entweder als Richter (v. Neu=
mayr, Franz) oder Anwälte (Barth, Völk) die baierische
Rechtsübung gründlich kennen lernten, oder als Rechtslehrer
und langjährige thätige Mitglieder der Kammer (Pözl, Edel)
von dem wissenschaftlichen Standpunkte aus den Entwurf prüf=
ten. Auf diese Art liegt ein Schatz von Erfahrungen und für
den Juristen eines jeden Landes werthvollen praktischen Be=
merkungen über Civilprozeßgesetzgebung vor. Es war begreif=
lich, daß bei dem Beginnen der Berathungen das Verhältniß
des baierischen Entwurfs zu dem in Hannover bearbeiteten
Entwurfe des Prozeßgesetzbuchs für Deutschland zur Sprache
kommen mußte. Der Justizminister erklärte, daß die baierische
Regierung hoffe, daß eine gemeinsame deutsche Civilprozeßord=
nung zu Stande kommen werde, dabei von der Hoffnung und dem
Bestreben ausgehe, daß dem, was in der baierischen Gesetzesarbeit
für gut erachtet werde und die baierischen legislativen Faktoren
für annehmbar und wünschenswerth erachteten, auch in Hannover
im möglichst größten Umfang Geltung verschafft werde. Der
Ausschuß hatte den richtigen Takt, sich durch eine Vorfrage,
deren Beantwortung in weiter Ferne liegt, durch trügliche
Hoffnungen auf ein künftiges allgemeines deutsches Prozeßgesetz=
buch nicht von der Erledigung der wichtigsten Aufgabe, bald
für Baiern ein befriedigendes Prozeßgesetzbuch zu schaffen, irre
machen zu lassen, vielmehr sogleich die Einzelberathungen zu
beginnen. Nach dem Zwecke des gegenwärtigen Aufsatzes kann
es nicht darauf ankommen, alle einzelnen Verhandlungen und
Beschlüsse des Ausschusses hervorzuheben, jedoch anzuerkennen,
daß in den fast in alle Einzelnheiten eingehenden und mit prak=

---

5) Verhandlungen des Gesetzgebungsausschusses vom 10. Sept. 1864.
6) Nur der Abg. Umbscheiden (Verhandlungen S. 4) macht auf
die Prüfung der Frage aufmerksam, ob nach dem Ergebniß der Berathun=
gen über den Entwurf nicht Gründe vorliegen später für die Rheinpfalz
die Erfahrung des neuen Gesetzbuchs zu suspendiren.

tischem Sinn geführte Berathungen koftbares Material in Bezug
auf wichtige prozessualische Fragen, z. B. über Regelung der Gerichts-
ftände [7]), enthalten ift, und nur bei den Verhandlungen über
einzelne Punkte zu verweilen, durch deren Beachtung am Beften
der Geift der neuen Gesetzgebung erkannt werden kann, während sie auf Fragen sich beziehen, die für alle Länder ein In-
tereffe haben. Hier verdient schon die Verhandlung über die
Regelung des Verhältniffes der Zuständigkeit der Einzelrichter
zu den Kollegialgerichten Berücksichtigung. Nach dem Entwurf
§ 21 sollten die Einzelrichter über Klagen entscheiden, die in
der Hauptsache an Geld oder Geldeswerth nicht über 150 Gulden betreffen. Hier veranlaßte nun der Antrag, nur perſön-
liche und Mobiliarklagen, und nur bis zum Betrage von 100
Gulden den Einzelrichtern zuzuweisen, eine lange Verhandlung. [8])
Ein (mehr mit der pfälzischen Rechtspflege vertrautes) Mitglied
machte dafür, die Immobiliarklagen von der einzelrichterlichen
Competenz auszuschließen, geltend, daß die Beziehungen des
Menschen zu Gegenständen beweglicher Art leichter zu regeln
seien, als zu Gegenständen unbeweglicher Art, daß die Entscheidung der bei den letztern vorkommenden Streitigkeiten sehr
schwierig und nicht einem Einzelrichter zuzumuthen sei, daß,
wenn man Immobiliarklagen an Einzelrichter weise, die Zu-
laſſung von Advokaten nothwendig, dies aber nicht wünschenswerth wäre, und es verhütet werden müſſe, daß der Landmann,
der gerne die nächstliegende Hülfe sucht, auch bei Immobiliarklagen an Einzelrichter sich wende, wo keine so große Rechts-
sicherheit zu erwarten wäre. Andere Mitglieder führten noch
an, daß insbesondere bei Servitutsklagen die glückliche Behandlung durch Einzelrichter nicht erwartet werden dürfe, indem
überhaupt die Entscheidung von Immobiliarklagen schwieriger
sei. [9]) Dagegen wurde die Richtigkeit der Behauptung, daß Immo-
biliarprozeſſe schwieriger zu entscheiden seien als andere Prozeſſe, in

7) Verhandlungen S. 6 bis 29.
8) Protokoll über die Sitzung vom 15. Nov. S. 34—41.
9) Der Sitzungscommiſſär Weis (Protokoll S. 37) bezeugte nach
seiner Erfahrung in der Pfalz, daß dort die Hinweisung der Immobiliarklagen an Kollegialgerichte sich gut bewähre.

Abrede gestellt, indem im Obligationsrecht die schwierigsten
Rechtsfragen vorkämen; daß bei Immobiliarprozessen in der
Regel Augenscheinseinnahme nothwendig werde und diese leichter
und besser von dem Einzelrichter vorgenommen werden könne. [10])
Bei der Abstimmung wurde mit 6 Stimmen gegen 3 die Zuständigkeit der Bezirksgerichte für alle Immobiliarklagen angenommen. Man bemerkt leicht, daß hier die französische (pfäl-
zische) Ansicht gegen die deutsche gesiegt hat. Man muß bedauern, daß der Ausschuß die Entstehung des Unterschieds der
beweglichen und unbeweglichen Sachen mit ihrer politischen Bedeutung im germanischen Rechte, sowie den Uebergang aus dem
französischen Gewohnheitsrechte in den Code und die Anwendung auf Klagen, auf eheliche Gütergemeinschaft, auf Schulden,
Erbrecht nicht besser beachtet [11]) und berücksichtigt hat, daß in
Deutschland durch den Sieg des römischen Rechts die ältere
Unterscheidung ihre Bedeutung verloren hat und der deutschen
Gesetzgebung und Praxis, sowie dem deutschen Rechtsbewußt-
sein die französische (vielfache Streitigkeiten herbeiführende)
Unterscheidung fremd ist. Der einst vorhandene überwie-
gende Werth der Immobilien ist durch die völlig veränderten
Lebens- und Verkehrsverhältnisse so umgestaltet, daß darauf
keine gesetzliche, nur von trüglichen Vermuthungen abhängige
Regelung der Zuständigkeit der Gerichte gebaut werden kann.
Die Annahme, daß alle Streitigkeiten über Immobilien schwieriger zu entscheiden sind, und Einzelrichter zur Erhebung des
Thatbestandes weniger geeignet sind, widerstreitet der Erfahrung. Billigung dagegen verdient der Beschluß des Ausschusses,
durch welchen die Summe der Zuständigkeit der Einzelrichter
auf 100 Gulden gesetzt wurde. Merkwürdig ist in dieser Be-

---

10) Der Abg. F r a n z (Richter) hebt noch hervor, daß in den fränkischen
Provinzen die Preise der Aecker häufig so niedrig seien, daß nur ein Werth
von 50 fl. Gegenstand des Prozesses wird. Der H. Justizminister (S 39)
bemerkte in Bezug auf Augenscheinseinnahme, daß auch das Bezirksgericht
durch Absendung eines Gerichtsmitglieds eine fast unmittelbare Anschauung sich verschaffen könne. Wir bezweifeln dies.

11) Eine sehr belehrende Abhandlung darüber liefert Renaud in
der Zeitschrift für ausländ. Gesetzgebung XXIII. Band Nr. V u. XI.

ziehung die Erklärung des Justizministers (Protokolle S. 39),
worin er bemerkt, daß er wegen der Competenzsumme der Einzelrichter mit angesehenen Juristen aus vielen deutschen Staaten
gesprochen und erfahren habe, daß die praktische und wissenschaftliche Auffassung zur möglichsten Beschränkung der einzelrichterlichen Competenz drängt; und daß da, wo diese Anschauung keine praktische Geltung erhielt, wohl nur financielle Gründe,
indem man die Opfer nicht bringen wollte, abgehalten hätten.
In Bezug auf die Prorogation kamen gute Verhandlungen
(Prot. S. 70) vor. Der Art. 33 erkennt als Regel die Zulässigkeit der Prorogation an, beschränkt sie aber in 6 Fällen,
gestattet auch stillschweigende, jedoch wurde die französische Praxis
sanktionirt, daß die Erweiterung der Zuständigkeit des Einzelrichters nur zulässig ist, wenn die Parteien ausdrücklich zu
Protokoll sich darüber erklärten, nachdem der Richter sie über
seine Zuständigkeit belehrt hat. Eine Berathung von allgemeinem Interesse fand Statt in Bezug auf das Verhältniß
der Advokaten [12]). Das Ergebniß der Berathung war: (Hauptstück III) vor den Einzeln- und den Handelsgerichten können
die Parteien allein oder mit einem Beistand auftreten, oder
sich durch Bevollmächtigte vertreten lassen. Die Parteien müssen
bei den Bezirks-, Appellations- und dem Oberappellationsge-
richte, soweit nicht das Gesetz Ausnahmen zuläßt, durch Anwälte aus der Zahl der am Sitze des Prozeßgerichts angestellten
Advokaten sich vertreten lassen. In eigner Sache sind Advokaten zur Prozeßführung bei den genannten Gerichten dann
befugt, wenn sie an deren Sitze angestellt sind. Die mündliche
Rechtsvertheidigung kann in den im vorigen Art. genannten
Gerichten unter Beistand des aufgestellten Anwalts auch von
andern in Baiern aufgestellten Advokaten geführt werden.
Außerdem sind zu mündlichen Verhandlungen unter Beistand
des aufgestellten Anwalts die Parteien und nach Verordnungen die
geprüften Rechtspraktikanten zuzulassen, wo jedoch das Gericht
befugt ist, ihnen das Wort zu entziehen, wenn sie sich unfähig
zeigen. — Die Verhältnisse der Advokaten in Bezug auf dienst-

---

12) Protokoll S. 95 bis 118.

liche Stellung und Disciplin regelt die im Gesetzeswege zu erlassende Advokatenordnung. Eine lange Berathung fand Statt über die Frage, ob vor Einzelrichtern Advokaten zuzulassen und, wenn sie erscheinen, den bloßen Privatproceßbevollmächtigten gleichzustellen seien. Die Mehrheit war dem Auftreten der Advokaten vor Einzelnrichtern abgeneigt; ein Mitglied (selbst vorzüglicher Advokat) sprach aus, daß es Ehrensache für Advokaten sein müsse, nur ausnahmsweise vor Einzelnrichtern zu practiciren. Wir halten diese Anschauung für grundlos und für eine Verletzung des Volksrechtsbewußtseins, da es den Bürger verletzen muß, wenn er im Gefühle seiner Unfähigkeit, einen schwierigen Streitfall allein zu behandeln, und mit der Besorgniß, daß der Richter die schwierige Frage nicht richtig auffaßt, einem tüchtigen Advokaten die Prozeßführung überträgt und dann, wenn er durch die Hülfe dieses Vertreters den Prozeß gewinnt, sobald er die Kostenerstattung von dem Gegner verlangt, erst erfahren muß, daß man seinen Anwalt nur wie einen andern Bevollmächtigten behandelt und dafür nicht sorgt, daß der unterliegende Gegner das Honorar des Advokaten vergüten muß. Wenn baierische Advokaten es als eine Ehrensache betrachten, nicht bei Einzelnrichtern zu praktiziren, so steht diese Ansicht im Widerspruch mit der Anschauungsweise der Advokaten anderer Länder. Eine irrige Voraussetzung aber ist es, daß in den vor dem Einzelnrichter verhandelten Sachen nicht ebenso schwierige Fragen vorkommen können. Will man ehrlich sein, so muß man gestehen, daß die gesetzliche Regelung der Competenz der Einzelnrichter und Kollegialgerichte ziemlich willkürlich und principlos ist. Ein Gegenstand längerer Verhandlungen war die Frage über Lokalisirung der Advokaten. Es wurde behauptet, daß durch das neue Verfahren, das nothwendig geboten sei, die Frage war: ob die Partei nur aus den bei dem Prozeßgerichte angestellten Advokaten einen wählen müsse, oder nur aus den am Sitze des Gerichts angestellten (wichtig, wenn an einem Orte mehrere Gerichte sich befinden) wählen kann. Glücklicherweise nahm die Mehrheit die letzte Ansicht an. Es läßt sich nicht verkennen, daß die französischen (pfälzischen) Auffassungen einen großen Einfluß auf mehrere Mitglieder des baierischen Ausschusses ausübten [13]). Wir können nicht glauben, daß es einen guten Eindruck auf die Rechtsuchenden machen wird, wenn sie erfahren, daß nach dem neuen Gesetze der von einer Partei vermöge langjährigen Vertrauens zur mündlichen Rechtsvertheidigung gewählte Advokat von München nicht in Nürnberg plädiren kann, wenn er nicht den Beistand eines Nürnberger Advokaten hat [14]). Eine der bedeutendsten Verhandlungen kam vor in Bezug auf das Fragerecht. Das in Frankreich vorkommende interrogatoire sur faits et articles wurde mit Recht getadelt, weil man wegen der Artikulirung der Fragen und der vorzeitigen Bekanntwerbung der zu befragenden Partei nur studirte Antworten erhalte. Gefordert wurde vielfach, daß nicht nothwendig blos durch das Organ des Vorsitzenden Fragen gestellt werden, sondern auch Gerichtsmitglieder, Parteien und ihre Gewalthaber mit Erlaubniß des Vorsitzenden Fragen unmittelbar stellen können; dies wurde auch durch Beschluß der Mehrheit anerkannt. Dem Vorsitzenden gibt darnach Art. 7, Hauptstück VI die Befugniß, durch sachgemäße Fragen von den Parteien und ihren Gewalthabern alle Aufklärungen zu erholen, welche zum Verständnisse der geltend gemachten Thatsachen und gestellten Anträge, zur Ergänzung und Erläuterung unbestimmter, undeutlicher, unvollständiger Erklärungen und zur Feststellung des Sachverhalts erforderlich erscheinen. Eine wichtige Verhandlung wurde durch Art. 132 über den Schluß der Verhandlungen veranlaßt. Es entstand die Frage, ob das Gericht beliebig zu jeder Zeit auch während der Vorträge die Sache als hinreichend aufgeklärt erklären und die Verhandlung schließen kann. Man erfährt (Protokoll S. 199), daß in der

---

13) Wir haben in dieser Zeitschrift Band 47 S. 429—30 uns näher erklärt. Die in Frankreich, wo avoué und avocat getrennt sind, geltenden Rechtsansichten können keine Anwendung finden, wo diese Trennung nicht begründet ist. Eine bedenkliche Erklärung findet sich im Protokoll S. 118. Gute Abhandlung von Costi im Monitore dei tribunali 1865 Nr. 15.

14) Beachtungswürdige Berathungen des Ausschusses kommen vor über Vollmachtsbestellung (Protokoll S. 119), über Kostenersatz (S. 141) und Cautionsleistung (S. 157).

Pfalz die schlimme Praxis vorkömmt, daß ein Gericht noch
während der Parteivorträge in Berathung tritt (und zwar
selbst während des klägerischen Vortrags, ehe noch der Beklagte
sprach). Dies wurde mit Recht allgemein getadelt. Die Mit=
theilungen darüber (auch von Seiten der Ministerialcommissäre)
sind wichtig und zeigen, wie die Kürze des Code manche be=
denkliche Praxis begünstigt. Es ist weise, daß der Art. 11
daher der Vorschrift wegen des Schlusses beifügt: doch darf,
wenn die Partei, die zuletzt das Wort hatte, neue That=
sachen oder Rechtsgründe vorgebracht hat, der Gegenpartei zur
Erwiederung das Wort nicht versagt werden. Die wichtigste
Verhandlung fand Statt über die Frage: ob auch in Civil=
prozessen die Staatsanwaltschaft Conclusionen abgeben soll (Pro=
tokoll S. 200—227). Der Streit mußte um so lebhafter werden,
als die Vertheidigung der französischen Einrichtung in dem
Ausschusse von dem Manne ausging, welcher als Justizminister
thätig ist, nachdem er als geachteter Staatsanwalt in der Pfalz
lange gewirkt und in der Commission in Hannover für die
Staatsanwaltschaft gekämpft hatte. Seine Erklärung ging da=
hin, daß die vorgeschlagene Einrichtung nothwendig sei, daß
die nach ihren Funktionen getrennten Zweige der Gewalten in
einer gewissen Vermittelung zusammen bleiben müßten, und die Re=
gierung die Staatsanwaltschaft für das Organ betrachte, wel=
ches die Vermittelung herbeizuführen geeignet sei. Der Staats=
anwalt sei das verkörperte Gewissen und gebe dem öffentlichen
Rechtsbewußtsein Ausdruck. Der Vortrag des Staatsanwalts
sei das sittliche Element. Wenn die neue Schöpfung sich nicht
bewähre, so werde die Schuld in dem Umstande liegen, daß
das System nicht in seiner Gesammtheit und Reinheit aufge=
nommen wurde. Die Gegner der Staatsanwaltschaft seien mit
wenigen Ausnahmen solche, welche die Wirksamkeit der Staats=
anwaltschaft im Leben nicht gesehen haben. Diesen Ansichten
gegenüber wurde von tüchtigen Juristen (dem Referenten Neu=
mayr, Völk, Franz, Schmitt, Edel, der selbst 1848
als Referent über die damalige Stimmung über das Grund=
lagengesetz den besten Aufschluß geben konnte) geltend gemacht,
daß die französische Einrichtung auf irriger Auffassung des

Richteramts und der Aufstellung des Staatsanwalts als par=
teiloses Organ des Gesetzes, auf politischen Zuständen beruhe,
daß sie der deutschen Rechtsauffassung widerstrebe und im Ver=
hältnisse zu den vermehrten Kosten und Zeitaufwand entbehr=
lich sei. Mit Recht wurde die allerdings schön klingende Phrase
vom sittlichen Element und dem verkörperten Gewissen bekämpft.
Treffend ist die Aeußerung eines Redners, daß, wenn wirklich
die französische Mitwirkung der Staatsanwaltschaft in Civil=
prozessen ein so nothwendiges oder doch zweckmäßiges Institut
für die Rechtspflege wäre, man nicht begreifen könne, daß bei
keinem andern Volke in langer Reihe von Jahrhunderten das
Institut eingeführt wurde. Den größten Eindruck [15]) mußte
es aber machen, als der Redner (Umbscheiden), der bei
jeder Gelegenheit die Vorzüge der pfälzischen Justiz hervorhob,
sich entschieden gegen den von der Regierung gemachten Vor=
schlag erklärte, und eine große Zahl von Briefen tüchtiger prak=
tischer Juristen der Pfalz [16]) vorbrachte, welche nach ihren Er=
fahrungen die für die Staatsanwaltschaft vorgebrachten Gründe
widerlegten (Protokoll S. 215—18). Auch der Vorschlag, daß
der Staatsanwalt in allen Sitzungen gegenwärtig sein soll,
wurde vielfach bestritten und bei der Abstimmung (Protokoll
S. 227) ebenso wie der Art. 133 des Entwurfs abgelehnt.
Die weitere Berathung bezog sich auf den Antrag, im Gesetze
auszusprechen, daß in gewissen gesetzlich bezeichneten Streitig=
keiten die Staatsanwaltschaft ihre Conclusionen abgebe. Man
überzeugt sich leicht, daß die Ansichten des französischen Rechts
großen (wie wir glauben, einen zu ausgedehnten) Einfluß auf

---

15) Wenn der Hr. Justizminister sich darauf beruft, daß das Institut
in Frankreich in allen Stürmen der Revolution sich bewährt habe, so darf
nicht unbeachtet bleiben, daß die Machthaber in jenem Zeitabschnitte die
Staatsanwaltschaft als ein treffliches Werkzeug zur Ausführung ihrer
Plane und als Mittel auf die Justiz zu wirken, betrachteten.

16) Eine freie, die Ansichten pfälzischer Juristen über die Staatsan=
waltschaft schildernde Stimme enthält die Beilage zu Nr. 55 des pfäl=
zischen Kuriers vom 5. März 1865. Eine gute praktische Entwickelung der
Gründe, welche gegen die französische Einrichtung sprechen, in Maltini
studi intorno alla Riforma del processo civile p. 43—56, und Rosmini
im Monitore dei tribunali 1805 Nr. 3.

die Annahme der Fälle, in welchen der Staatsanwalt mitzuwirken hat,[17]) ausübt. Der Verfasser des gegenwärtigen Aufsatzes hat seit der Anregung der Frage über Stellung der
Staatsanwaltschaft in dieser Zeitschrift[18]) vielfach bei bedeutenden Juristen verschiedener Staaten sich erkundigt, und erfahren,
daß die Mehrzahl in der französischen Einrichtung ein Mißtrauen gegen den Richterstand, eine irrige Voraussetzung erblicken, daß der Staatsanwalt gründlicher und unparteiischer
als der Richter die Anwendung des Gesetzes in jedem Falle
zu erkennen geeignet sei. Unparteiische Juristen geben zu, daß
auch erfahrene Richter gerne die Conclusionen älterer, durch
lange Rechtsübung und Characterfestigkeit ausgezeichneter Staatsanwälte anhören, daß aber in den meisten Fällen die Conclusionen der Staatsanwälte unnütz und zeitraubend sind, daß
regelmäßig in Prozessen, in denen die Regierung (oder besser die
herrschende Partei) ein Interesse hat, daß eine gewisse Rechtsansicht
durch Urtheil ausgesprochen wird, die Staatsanwälte mit aller
Kraft dahin zu wirken suchen, daß die Richter ihre Ansicht anneh-

---

17) Der durch den Ausschuß angenommene Art. 13 bestimmt: Im
Verfahren vor den Bezirks- und Appellationsgerichten ist der Staatsanwalt in folgenden Fällen befugt, den öffentlichen Sitzungen beizuwohnen
und, wenn er es im öffentlichen Interesse oder zur Aufrechthaltung der
Gesetze für dienlich erachtet, nach dem Schlusse der Verhandlung dem Gerichte seine Ansicht vorzutragen: 1) bei Rechtsstreitigkeiten über den Per-
sonenstand; 2) bei Verhandlungen über die Bestellung von Vormündern
und Pflegern; 3) bei Rechtsstreitigkeiten der unter Vormundschaft oder
Vermögens-Curatel stehenden physischen Personen, dann wenn die Curatel
einer vacanten Erbschaft betheiligt ist; 4) bei Verhandlungen, welche Ab-
wesende betreffen; 5) bei Verhandlungen über Syndikatsklagen; 6) bei
Verhandlungen über Klagen gegen Anwälte, Notare oder Gerichtsvollzieher
wegen Entschädigungsansprüchen aus Amtshandlungen dieser Personen;
7) bei Streitigkeiten über Giltigkeit oder Trennung von Ehen; 8) bei
Klagen auf Aufhebung der ehelichen Gütergemeinschaft oder Aenderung
der ehelichen Güterverhältnisse, wenn das betreffende Civilrecht den Ehe-
leuten nicht gestattet, diese Aufhebung oder Aenderung durch Vertrag vorzunehmen; 9) in Gantsachen. Nachdem der Staatsanwalt gesprochen hat,
soll den Parteien das Wort nur gegeben werden, um Thatsachen zu be-
richtigen oder auf neue Rechtsgründe zu antworten.

18) Archiv Band 46, Note 18.

men, während es einen schlechten Eindruck macht, wenn manche junge, noch wenig erfahrene Staatsanwälte langjährige, gründlich gebildete Richter mit einem gewissen Hochmuth zu belehren versuchen [19]).

Der baierische Entwurf unterscheidet sich von dem französischen Code auch dadurch, daß in Bezug auf den vorbereitenden Schriftenwechsel zwischen den Anwälten der Code Alles der Rechtsübung überläßt, im Gesetze den Inhalt der Schriften nicht näher regelt, keine Bestimmung über Klageänderung enthält, wogegen der baierische Entwurf diesen vorbereitenden Schriftenwechsel regeln und den Inhalt der Schriften bestimmen will. Man bemerkt, daß bei der Berathung dieser Punkte zwei Ansichten oft unwillkürlich im Widerstreit waren, die, daß man dem Mündlichkeitsprincip treu nur die mündliche Hauptverhandlung als entscheidend und den Schriftenwechsel nur als vorbereitend betrachtet, während die vorschwebende Ansicht des deutschen Prozesses dazu führt, schon genauer den Inhalt des Schriftenwechsels zu regeln, so daß man schon eine feste Grundlage für die mündliche Verhandlung gewinnen wollte. Daraus erklärt sich die längere Berathung (Protokoll S. 236) darüber, ob in den Schriftsätzen Rechtsausführungen vorkommen dürfen [20]). Es ist erfreulich, daß der Ausschuß durch häufig vorkommende Ansichten, nach welchen die Schriften nur Thatsächliches ohne eine Andeutung von Rechtsregeln enthalten dürfen, sich nicht irre machen ließ und in § 18 bestimmte: das Thatsächliche und, wo eine solche nöthig [21]), auch die rechtliche Begründung soll in den Schriftsätzen nur in bündiger Kürze vorgetragen werden. Einer der wichtigsten Punkte ist die Klage-

---

19) Es ist eine allgemeine Erfahrung, daß jüngere Beamte leicht leidenschaftlich werden und, wenn die von ihnen lebhaft vertheidigte Ansicht nicht angenommen wird, empfindlich werden und Nichtunterwerfung unter ihre Ansicht als eine Beleidigung betrachten.

20) In Frankreich ist die Praxis sehr verschieden; in Paris machen vielfach die avoués, um viel Geld zu verdienen, aus den einfachen Schriften, die das Gesetz vorschreibt, gegen die Absicht des Gesetzes lange mit vielen Auszügen angefüllte Denkschriften.

21) Man fragt, wer entscheiden soll, ob dieser Vortrag nöthig war?

änderung. Wir haben in dieser Zeitschrift bereits ausge=
sprochen, daß der Gesetzgeber, welcher wahrhaft das Mündlich=
keitsprincip durchführen will, consequent auch in der münd=
lichen Verhandlung die Klageänderung zulassen muß. Die
Berathung des Ausschusses (Protokoll S. 251) zeigt wieder,
wie die Gewöhnung an die bisherigen deutschen Ansichten
manche Mitglieder dazu brachte, die Aenderung zu beschränken.
Alles kommt nur darauf an, ob durch die Aenderung die
Rechtsvertheidigung des Beklagten leiden würde. Umbscheiden
(mehr von der französischen Praxis geleitet) hob dies besonders
hervor[22]. Mit Recht wurde ein im Entwurf vorkommender §,
nach welchem der Richter einige Einreden von Amtswegen er=
gänzen darf, gestrichen. In Bezug auf die Vorschrift, schon im
Vorverfahren alle bilatorischen Einreden auf einmal vorzutragen
und mit eventueller Einlassung zu verbinden, siegte (wohl nicht in
Consequenz, daß das schriftliche Vorverfahren nur vorberei=
tender Natur sei) die deutsche Gewöhnung[23], und § 37 ent=

---

22) Das Ergebniß der Beschlüsse des Ausschusses war: Art. 33. Der
Beklagte kann sich Aenderungen widersetzen, welche nach der Vernehm=
lassung in dem Gegenstande der Klage, in ihrer thatsächlichen Begründung
oder durch Erweiterung des Gesuches vorgenommen werden. Art. 34.
Nachträge, welche nur die Erläuterung undeutlicher oder die Ergänzung
unvollständiger Anführungen oder die Berichtigung offenbarer Irrthümer
in einzelnen Ausdrücken, Bezeichnungen, Namen oder Zahlen zum Gegen=
stande haben, sind als Aenderungen der Klage nicht zu betrachten. Gleiches
gilt, wenn die Erhöhung der Forderung sich nur als eine richtigere Be=
rechnung aus den Ansätzen der Klage darstellt. Art. 35. Die Bestimmung
des Art. 33 findet keine Anwendung, wenn die Forderung eines Mehr=
betrages keinen Anlaß zu einer neuen, von dem Inhalte der Klagbeant=
wortung wesentlich abweichenden Vertheidigung enthält, oder statt der
ursprünglich geforderten Sache wegen der Veräußerung oder wegen des
Untergangs derselben die Leistung der Entschädigung gefordert wird.
Ebenso kann in jedem Stande der Sache die Klage durch Zusätze vervoll=
ständigt werden, welche Punkte betreffen, die mit dem Gegenstande der
Klage zusammenhängen und von der Entscheidung über dieselbe abhängig
sind, wie Nebenansprüche an Früchten, Zinsen und Entschädigungen, oder
weitere Ansprüche, welche seit Anstellung der Klage aus dem nämlichen
Klaggrunde erwachsen sind.

23) Umbscheiden bezeugt S. 254, daß in der Pfalz (wo kein Gesetz

hält die erwähnte Vorschrift. Auch in so ferne siegte die deutsche Ansicht, als nach § 38, 39 der Beklagte berechtigt erklärt wird, auf den Grund gewisser Einreden [24]) die Einlassung zu verweigern. — Wir werden, wenn der Ausschuß, dessen Arbeiten durch den Landtag unterbrochen wurden, seine Berathungen fortsetzt, auch mit unserer Mittheilung fortfahren.

Wenn wir oben behaupteten, daß der neue Entwurf einer Civilprozeßordnung für die Niederlande einer besonderen Aufmerksamkeit würdig ist, so gründet sich unsere Behauptung darauf, daß kein anderes Land in der Lage ist, für die Frage der Verbesserung der Prozeßgesetzgebung ein so bedeutendes Material mit den reichsten Erfahrungen zu liefern. In den Niederlanden lernte man den bis 1838 geltenden französischen Code kennen; seit 1838 gilt das manche Verbesserung enthaltende Wetboek van burgerliske regirt vordering.[25]) In den Generalstaaten kam 1853 auf den Grund eines von der Regierung vorgelegten Entwurfs die Verbesserung der Prozeßordnung zur Sprache, und die Denkschrift der Regierung und der Bericht der Kommission der Kammer enthalten belehrende Mittheilungen.[26]) Auch bei Gelegenheit der Verhandlungen über das Gesetz über die gerichtliche Organisation von 1861 kommen viele wichtige Angaben über prozessualische Fragen vor.[27]) Alle diese Vorarbeiten und die Masse der Erfahrungen wurden bei dem vor-

---

es vorschreibt) die Eventualmaxime in dieser Hinsicht befolgt wird. In Frankreich geschieht es bei den meisten Gerichten nicht.

24) Daher gehören nach § 38 1) die Einrede der mangelnden Sicherheitsleistung, 2) daß Beklagter als Erbe oder wegen bestandener Gütergemeinschaft belangt wird, und die Bedenkzeit nach dem Gesetze noch läuft, 3) wenn er die Zulässigkeit der Klage bestreitet, weil der Kläger dem in einem früheren Prozesse gegen ihn ergangenen Urtheil noch nicht Genüge leistete.

25) Ueber die damaligen niederländischen Verhandlungen: Asser in meiner Zeitschrift für Rechtswissenschaft des Auslands XI Band Nr. XI. XVI.

26) In den Motiven zum Entwurf von 1865 wird überall auf die Verhandlungen über den Entwurf von 1855 Rücksicht genommen.

27) Das Gesetz (aus 97 §§) ist dem neuen Entwurf zu Grunde gelegt.

liegenden Entwurf [28]) benützt. Günstige Umstände liegen noch
in der Eigenthümlichkeit der Bildung der holländischen Juristen,
bei denen seit langer Zeit der Geist der Gründlichkeit, ernster
Prüfung und Achtung der Wissenschaft, vorzüglich auch in der
Beziehung bemerkbar ist, daß, wie in andern Zweigen des
Wissens, so auch in der Rechtswissenschaft sorgfältig jede neue
wissenschaftliche und legislative Leistung von Deutschland, Frank=
reich, England, Italien beachtet und geprüft wird. Die in
den Niederlanden erscheinenden juristischen Zeitschriften, Themis,
und nieuwe bydragen voor regtsgelerdheid beweisen durch die
in ihnen enthaltenen Aufsätze, daß die Verfasser mit allen neuen
Forschungen des Auslands vertraut sind. Dies wirkte auch
günstig auf die Abfassung der niederländischen Gesetze und der
Motive dazu. Man bemerkt leicht, daß die Bearbeiter des vor=
liegenden Entwurfs nicht blos die einheimischen Erfahrungen
gewissenhaft geprüft, sondern auch die Erfahrungen des Aus=
lands, die wissenschaftlichen Forschungen und die Gesetzgebungs=
arbeiten desselben benützt und geprüft haben. Während die
meisten neuern Motive zu Prozeßgesetzentwürfen nur mit kurzer
Angabe oder Andeutung der Gründe sich begnügen, enthalten die
Motive zum niederländischen Entwurfe bei jedem Punkte die ge=
machten Erfahrungen, eine Anführung der Mittheilung der franzö=
sischen und deutschen Schriftsteller und eine Vergleichung der
neuen ausländischen Entwürfe, insbesondere des deutschen von der
in Hannover berathenden Commission beschlossenen, sowie auch
des baierischen Entwurfs. Ueberall findet man eine tiefeingehende
Begründung der gemachten Vorschläge und Angabe der Gründe,
aus welchen man andern neuen Vorschlägen nicht zustimmte.
Der niederländische Entwurf unterscheidet sich wesentlich von
dem französischen Code, welcher gegen den Vorschlag des Cassa=
tionshofs Alles wegläßt, was sich auf Gerichtsverhältnisse, Ge=
richtsstände, Stellung der Anwälte und allgemeine Rechtssätze
der Prozeßführung bezog, und die Regelung der wichtigsten

---

28) Uns liegen vor drei Bücher des Entwurfs, der keine fortlaufende
Zahl der §§ enthält, indem jeder Titel nur die darin enthaltenen §§ zählt.
Sehr ausführlich sind die Motive (memorie van toelichting), sie ent=
halten 150 eng gedruckte Folioseiten.

Lehren, z. B. über Widerklage, Interventionen ꝛc., nur dem
(schwankenden) Ermessen und Gerichtsgebrauch überließ; er
unterscheidet sich auch von dem niederländischen Code von 1838,
welcher zu sehr dem französischen Code folgte, eine fehlerhafte,
leicht irreleitende Anordnung der einzelnen Lehren hatte, ebenso
über wichtige Rechtsfragen schwieg. Der neue Entwurf wollte
die Gefahr vermeiden, daß, weil bei der Behandlung oft vorkom=
mender Punkte Alles nur dem Ermessen des Gerichts über=
lassen war, z. B. welche Befugnisse das Gericht in Bezug auf
Fragestellung hat, und bisher nur durch reglements nach=
geholfen wurde, vielfach Streit darüber, ob der Richter so weit
gehen dürfe, entstand, ein verschiedener Gerichtsgebrauch bei den
einzelnen Gerichten sich bildete, und auf Gleichförmigkeit der
gerichtlichen Verhandlung nicht zu rechnen war. Der neue nie=
derländische Entwurf ist daher weit umfassender als der fran=
zösische Code, gleicht mehr deutschen Prozeßordnungen, enthält
Gerichts= und Prozeßordnung[29]) und hat 140 neue (im Ge=
setzbuch von 1838 fehlende) Bestimmungen.

Wir wollen nun bei einzelnen Lehren und den Vorschrif=
ten verweilen, die ein allgemeines Interesse haben und deren
Kenntniß am besten den Geist der neuen Prozeßgesetzgebung
zeigt. Unsere Mittheilung bezieht sich zuerst auf Buch I Tit. X

---

29) Der Entwurf handelt im ersten Buche von dem Richter und
seinen Befugnissen in XII Titeln, von der Zuständigkeit überhaupt (Nr. I),
von den Gerichtsständen (II), von der Ablehnung der Richter (III), von
Rechtswegen (IV), von Handhabung der Ordnung in den Sitzungen (V),
von den Entscheidungen (VI), von Schiedsrichtern (VII), von Vorladun=
gen (exploiten) (VIII), von der Nichtigkeit (IX), von dem Erscheinen
der Parteien vor dem Richter (X), von den Prozeßkosten (XI), und
Armenrecht (XII). Das II. Buch handelt in IV Titeln von der Rechts=
pflege in der ersten Instanz und zwar I. von Rechtspflege vor Kollegialge=
richten 1) hier von allgemeinen Grundsätzen, 2) vom ordentlichen Verfahren,
3) vom Verfahren in abgekürzter Form, 4) vom Nichterscheinen der
Parteien, 5) von den Einreden, 6) der Widerklage, 7) Sühnversuche.
Der 2. Titel handelt von Incidenzpunkten und im Abschnitt III vom
Verfahren bei den einzelnen Beweismitteln. Am Schluße Titel III von
dem Verfahren vor dem Kantonsrichter. Das Buch III handelt von den
Rechtsmitteln, IV von besonderen Arten des Verfahrens, V von der
Vollstreckung.

von dem Erscheinen der Parteien vor Gericht. An der Spitze
steht der Satz, daß in den vor Kollegialgerichten geführten
Rechtsstreitigkeiten die Parteien durch einen Advokaten vertreten
werden müssen, und daß als Vertreter nur solche Advokaten zugelassen werden, welche bei dem Gerichte, vor welchem der
Rechtsstreit geführt wird, eingeschrieben sind. Man bemerkt,
daß dadurch die oben besprochene Lokalisirung der Advokaten
vorgeschrieben ist; dann sollte aber auch die in Baiern (oben
S. 287) beschlossene Vorschrift aufgenommen sein, daß aus den am
Sitze des Gerichts inskribirten Advokaten Einer gewählt werden
kann. Warum soll der Kläger nicht am Orte A, wo sich ein Be-
rufungsgericht und ein Bezirksgericht befinden, für seinen
Prozeß vor dem Bezirksgericht einen Advokaten wählen, der bei
dem Appellationsgericht inskribirt ist? — Die Motive S. 44 enthalten eine interessante Erörterung über die Stellung der Advokaten und sprechen sich entschieden gegen die französische Ansicht der Trennung des **avoué** und **avocat** aus, indem sie
zeigen, daß kein genügender Grund vorliege, die Parteien zu
zwingen, auf kostspielige Weise zwei Vertreter aufzustellen, daß
die Vorstellung, nach welcher man Wesen und Form des Prozesses trennen wollte, eine irrige sei, weil beide zusammenge-
hören und der nämliche Jurist seine Thätigkeit im Prozesse
auf beide richten kann, aus dem aber, was in Frankreich nach
dortigen Anschauungen in Bezug auf die Trennung von **avoué**
und **avocat** vorkommt, kein Schluß auf den Werth der Einrichtung gezogen werden kann, da dies vielmehr nach der Erfahrung Nachtheile für die Parteien, für die Rechtsprechung
und selbst für die Stellung der Advokaten hat. Zuweilen wird
für die französische Trennung des **avoué** und **avocat** der
Grund angeführt, daß der **avocat** befugt sein muß, die Vertheidigung einer Sache ohne Angabe von Gründen abzulehnen,
während dem **avoué** diese Befugniß nicht zusteht. Man führt
an, daß durch die Aufhebung der Trennung der Advokat einer
wichtigen Befugniß beraubt würde.[30] In Bezug auf die

---

30) Die Motive widerlegen sehr gut S. 48 diesen Grund; noch gut
gegen die französische Scheidung von **avoué** und **avocat** **Maltini studi
intorno alla Riforma** p. 57—69.

Stellung der Advokaten warnen die Motive (S. 45) vor der Auf=
fassung, die Advokaten als Beamte oder officiers ministeriels zu
betrachten; Freiheit des Advokatenstands müsse der Grundsatz sein.
Nach Art. 3 muß jeder Advokat, wenn er für eine Partei auftreten
will, eine schriftliche Vollmacht vorlegen (was diese enthalten
muß, wie die Vorlegung zu geschehen hat, bestimmen Art. 4 bis
12). Die Motive 46 rechtfertigen diese Vorschriften, weil nach
der Erfahrung die entgegengesetzte Ansicht leicht Mißbräuche,
neue Streitigkeiten, insbesondere durch das Verfahren bei
désaveu herbeiführt. In Bezug auf die Lokalisirung der Ad=
vokaten bemerken die Motive (S. 47), daß daneben der Grund=
satz besteht, daß der Advokat bei allen Gerichten im Reiche
auftreten und plädiren kann (nur vor dem Cassationshof soll
der dort inskribirte Advokat auftreten können). Für den Fall,
wenn eine Partei keinen Advokaten findet, der ihre Sache
führen will, sorgt Art. 14, indem der Präsident dann einen
Advokaten für sie bestellt.[31]) Nach Art. 16 können die Par=
teien auch durch andere im Königreich inskribirte Advokaten
die mündlichen Verhandlungen vortragen lassen, ohne daß die
dadurch verursachten Kosten dem Gegner aufgebürdet werden
können.[32]) In Ansehung der Vertretung vor den Einzeln=
richtern bestimmt Art. 19, daß die Parteien ihre Sache allein
führen und Schriften einreichen können, daß sie, wenn sie sich
durch einen Andern vertreten lassen wollen, die Vollmacht münd=
lich bei Gericht abgeben können. Aus Art. 22 ergibt sich,
daß für eine Partei vom Kantonsrichter ein Advokat bestellt
werden kann. Die Motive p. 50 bemerken, daß mancherlei
Vorschläge gemacht wurden, um den angeblichen Mißbräuchen,
wenn andere Personen für die Parteien vor Einzelrichtern auf=

---

31) Nach Artikel 19 kann der bezeichnete Advokat, wenn die Partei
vermöglich ist, als Bedingung seiner Uebernahme fordern, daß die Partei
die vermuthlichen Kosten und Honorare voraus bezahlt.

32) Die letzte Bestimmung kann zu einer großen Härte führen, wenn
in einem sehr schwierigen Falle, wenn es auf eine wichtige Frage z. B. des
internationalen Rechts ankommt, oder bei erforderlichen schwierigen technischen
Kenntnissen die Partei genöthigt ist, einen fremden Advokaten, der aber
in der fraglichen Lehre Meister ist, beizuziehen, und nur durch seine
Vertheidigung siegt.

treten, vorzubeugen, daß insbesondere auch der Vorschlag ge=
macht wurde, dafür sogenannte **agrées** (wie in Frankreich die
Handelsgerichte) zu bestellen, daß aber die Regierung keine
solche Mittel für nöthig halte. Ueber Prozeßkosten enthalten
die Motive p. 54, über Zulassung zum Armenrecht und den
Bureaux de consultation p. 55 gute Bemerkungen.

Wir wollen unsere Leser vorzüglich mit den Bestimmungen
des Entwurfs bekannt machen, welche sich auf die Anordnung
des Verfahrens in erster Instanz vor den Kollegialgerichten
beziehen. Zur richtigen Auffassung derselben dient die in den
Motiven S. 63 angegebene Nachweisung der Grundsätze, von
welchen der Gesetzgeber ausging, der, indem er an der Münd=
lichkeit als leitendem Prinzip festhält, durch Erfahrungen ge=
drängt, wesentlich von dem Gange des französischen Verfahrens
abzuweichen vorschlägt.[33]) Die Motive beginnen mit der Schil=
derung des jetzt geltenden Verfahrens, bei welchem 4 Arten
unterschieden werden können, nämlich 1) das ordentliche, 2) das
summarische Verfahren, 3) Verhandlung in den auf abgekürz=
ten Termin angebrachten Sachen, 4) das schriftliche Verfahren.
In Bezug auf das letzte wird bemerkt, daß dies in der Wirk=
lichkeit nur auf dem Papier stand, daß nach der Erfahrung
(auch in Frankreich) kein Bedürfniß darauf führt, während
dadurch der Nachtheil entsteht, daß das Prinzip der Mündlich=
keit schwer verletzt wird, und erfahrungsgemäß die dabei noth=
wendige Aufstellung eines Referenten leicht bewirkt, daß die
Richter zu sehr an das von dem Referenten Vorgetragene sich
halten. Die mündliche Verhandlung, ohne welche keine
wahre Oeffentlichkeit besteht, muß das Hauptprinzip sein. Ent=
schieden erklären sich die Motive S. 64 (auch mit Beziehung
auf Zeugnisse französischer Juristen und auf deutsche Forschun=
gen) gegen die französische prinziplose Unterscheidung von ordent=
licher und summarischer Procedur.[34]) Es wird anerkannt, daß

---

33) Eine beachtungswürdige Arbeit, auf die wir unten zurückkommen
werden, ist in dieser Beziehung die Schrift: Bedenken über das französische
Wesen, die für Preußen, Baiern und von der Commission in Hannover aus=
gearbeiteten Entwürfe einer bürgerlichen Prozeßordnung von J. von
Kräwel, Appellationsgerichtsrath, Leipzig 1865.

34) Darüber gut: **Maltini studi** p. 87.

die mündliche Verhandlung die wichtigsten Vortheile hat, daß
aber das französische Vorverfahren, welches der mündlichen
Verhandlung vorhergeht, und durch die unter den Advokaten
gewechselten Schriften ohne Intervention des Gerichts geführt
wird, keine Beibehaltung verdient, weil dabei eine nachtheilige
Verzögerung der Sache durch die unbegränzte Macht der Advokaten, die nicht selten einander nicht wehe thun wollen, herbeigeführt wird, und häufig auf eine gründliche Vorbereitung
der mündlichen Verhandlung nicht gerechnet werden kann. Eine
schriftliche Instruktion mittelst Conclusionen zum Zwecke des
sogenannten poursuivre l'audience ist nutzlos und Kosten
vermehrend; von Bedeutung ist dabei nach den Motiven die Erfahrung, daß auf eine gründliche Vorbereitung der mündlichen Verhandlung nur gerechnet werden kann, wenn dem Kläger möglich gemacht wird, schriftlich über die von dem Beklagten vorgebrachten Vertheidigungsmittel sich zu erklären, und der Beklagte die Grundlosigkeit des Vorbringens des Klägers zeigen
darf. Es muß daher gesorgt werden, daß den Parteien das
Einbringen der Replik- und Duplikschrift möglich gemacht ist.
Eine wesentliche Verbesserung muß (Motive S. 66) darauf gerichtet sein, in Bezug auf die Beantwortungsschrift des Beklagten im Verfahren durch Erfahrung nachgewiesene Nachtheile
wegen der Termine zu vermeiden, daher dem Richter möglich
zu machen, die Frist zur Beantwortung nach dem Bedürfniß
des Falles kürzer oder länger zu setzen, und, um der richterlichen Willkür vorzubeugen, im Gesetze ein Minimum für die
Dauer der Frist zu setzen. Für zweckmäßig erscheint nach den
Motiven S. 67 die Abschaffung mancher unnöthiger im bestehenden Rechte vorkommender Conclusionen, z. B. der Schrift, in
welcher der Beklagte den Anwalt bestellt. In Bezug auf die
mündliche Verhandlung tadeln die Motive S. 67 das bestehende
(dem französischen ähnliche) niederländische Gesetzbuch, welches
eine Lücke in Bezug auf die Anordnung des Verfahrens in
den Sitzungen hat. Die Motive betrachten die schriftliche Instruktion als die Grundlage der mündlichen Verhandlung. Die
eigentliche Litiscontestation, die Mittel der Vertheidigung sollen
durch die Schrift festgestellt und die Gränzen des Streits, der

vor dem Richter mündlich durchgeführt wird, sollen darin ge=
zogen werden. Nur dadurch wird in schwierigen Sachen eine
Bürgschaft für die Ehrlichkeit der Prozeßführung und die Ge=
rechtigkeit der Entscheidung gegeben werden. Das gesprochene
Wort ist die mächtigste Waffe gegen unehrliche Mittel, um durch
sie den Sieg zu erlangen; während das Papier alle Unwahr=
heiten und Entstellungen geduldig trägt, kann das lebendige
Wort sie leichter zerstören, allein nach den Motiven p. 68 ist
das Recht, des Worts sich zu bedienen, keine Verpflichtung, so
daß den Parteien das Recht zuerkannt werden muß, da wo sie
die mündliche Verhandlung nicht für nöthig oder wünschens=
werth ansehen, ohne mündliche Verhandlung die Schriftstücke
dem Gericht vorzulegen und zu verlangen, daß auf den Grund
derselben das Urtheil gefällt wird. Die Motive erklären sich
gegen die Ueberschätzung des Werths der Mündlichkeit und zei=
gen mit Hinweisung auf deutsche Gesetzesarbeiten die Nothwen=
digkeit im Gesetze, das Fragerecht des Richters in ausgedehntem
Sinne zu regeln. Wir wollen nun unseren Lesern darstellen,
wie der Entwurf den eben bemerkten Ansichten gemäß den Gang
des Verfahrens (Buch II.) vor dem Kollegialgericht in erster
Instanz ordnet. Jede Rechtsforderung muß durch ein Vor=
ladungsexploit eingeleitet werden mit Vorlage der Urkunden, wor=
auf sich der Anspruch gründet, in so ferne die Urkunden nicht ge=
meinschaftlich beiden Parteien sind.[35] Die Conclusion muß
von dem Advokaten der Partei unterzeichnet werden. Nach
Art. 6 kann der Gegenstand der Forderung nicht verändert,
und der zuerst geforderte Betrag nicht erhöht, wohl aber ver=
mindert werden. Nach Art. 7 können in der mündlichen Ver=
handlung keine neueren Begründungen (middel) vorgebracht wer=
den. Welche Aufzeichnungen im Sitzungsprotokoll zu machen
sind, bestimmt Art. 8. Nach 9 sollen, wenn die Richter der
Ansicht sind, daß die Sache genugsam aufgeklärt ist, die münd=
lichen Vorträge geschlossen werden.[36] Nach 10 kann der Vor=

---

35) Nach Art. 4 soll der Richter auf Urkunden keine Rücksicht nehmen,
die nicht in der Vorladung oder wenigstens 2 Tage vor der mündlichen
Verhandlung der Gegenpartei mitgetheilt wurden.

36) Diese allgemeine Fassung kann bedenklich werden, weil dann, wie

sitzende und jeder Richter an die Parteien oder ihre Vertreter
nach Beendigung der mündlichen Vorträge Fragen in Bezug
auf thatsächliche Verhältnisse richten. Der Vorsitzende kann
auch auf Antrag einer Partei solche Fragen stellen,[37] wenn
er dies verweigert, entscheidet das Gericht darüber. Die Ant=
worten werden im Sitzungsprotokoll (mit dem Rechte der
Parteien, ihre Bemerkungen über die Aufzeichnung vorzu=
tragen) aufgezeichnet und nach geschehener Vorlesung vom
Vorsitzenden und Gerichtsschreiber unterzeichnet. Auf Antwor=
ten, die nicht auf diese Art aufgezeichnet sind, wird keine
Rücksicht genommen. Im Kapitel von der ordentlichen Ver=
handlung kommen folgende Bestimmungen vor: Der Advokat
des Klägers sorgt für die Eintragung der Sache in die Ge=
richtsrolle spätestens an dem Tage, der dem in der Vorladung
bestimmten Rechtstag vorhergeht (12). Der Beklagte kann den
Termin zur Verhandlung abkürzen, wenn er durch Vorladung
an den Kläger diesen früher zur Verhandlung aufrufen will (13).
Der Advokat des Beklagten constituirt sich als solchen in dem
Rechttage bei Aufrufung der Sache in der Sitzung, was dann
im Sitzungsprotokoll bemerkt wird. Der Richter bestimmt dann
den Termin zur Antwort des Beklagten (mindestens 8, in Han=
delssachen 4 Tage), wenn nicht der Beklagte es vorzieht, in
kürzerer Frist zu antworten (15). Nach Mittheilung der Ant=
wort erhält der Kläger auf sein Verlangen die Befugniß einer
Replik, auch der Beklagte das Recht eine Duplik einzubringen.
Jede Partei muß der anderen eine Abschrift mittheilen. Nach
Art. 18 werden die Parteien zur mündlichen Verhandlung zu=
gelassen; sie können aber auch durch Vorlegung der Schriften
und Beweisstücke sogleich darauf antragen, daß das Gericht
auf den Grund derselben Recht spreche. In der Abtheilung:
Verhandlung der im abgekürzten Termin einge=

---

wir oben die Aeußerung über die Praxis in der Pfalz anführten, der
Präsident voreilig die Verhandlung schließen kann; ein Zusatz wie im
Art. 11 oben der baierische Ausschuß aufzunehmen beschloß, sollte auf jeden
Fall beigefügt werden.

37) Ueber die Befragung der Parteien als Beweismittel enthält
Titel II von Art. 103 an ausführliche Vorschriften.

brachten Sachen schreibt Art. 19 vor, daß der Advokat des
Klägers die Sache in der Rolle vor dem Anfang der in der
Vorladung bezeichneten Sitzung einschreiben läßt, Replik= und
Duplikschriften werden in diesem Verfahren nur zugelassen,
wenn beide Parteien übereinstimmen. Außer dieser Zustim=
mung kann keine längere Frist als bis zur nächsten Gerichts=
sitzung Statt haben. Die mündlichen Verhandlungen beginnen
möglichst unmittelbar nach dem Einbringen der letzten Schrift
und können ohne Zustimmung der beiden Parteien nicht länger
als 8 Tage hinausgeschoben werden. Die Leser werden sich
überzeugen, daß der niederländische Entwurf sehr vielfach ein
von dem französischen abweichendes Verfahren vorschreibt und
zwar, indem 1) die principlose Unterscheidung vom ordentlichen
und summarischen Verfahren aufgehoben ist. 2) Daß das in
Frankreich im Code zulässige schriftliche Verfahren beseitigt wird
und, da nach der Erfahrung von diesem Verfahren (instruction par écrit. Code 95) fast kein Gebrauch gemacht wor=
den [38]), und da, wo es angewendet wird, das Princip der Münd=
lichkeit leicht gefährdet werden kann. 3) Das schriftliche Vor=
verfahren ist nach dem Entwurf darauf berechnet, die Grund=
lage für die mündliche Verhandlung zu gewähren, so daß durch
die Litiscontestation Alles sowohl in Bezug auf das Thatsächliche des
Streits, als auch der Rechtsbegründung festgestellt werden soll.
Daher schreibt der Art. 8, Buch 1, Abtheilung 2 vor, daß die
Vorladung die kurze Auseinandersetzung der Thatsachen und
der Rechtsgründe, worauf die Forderung beruht, und die deut=
liche und bestimmte Angabe des Gesuchs enthalten muß. Die
mündlichen Vorträge müssen sich an diese Grundlage halten,
und Klageänderung ist darnach ausgeschlossen, in so ferne nicht
eine Verminderung der Forderung eintritt. Wie weit auch
eine Veränderung der rechtlichen Begründung erlaubt ist, erhellt
nicht klar aus Art. 7, nach welchem neue regtsmiddelen nicht
vorgetragen werden dürfen. Wir wissen nicht, ob damit die
in Frankreich mit moyens de droit bezeichneten und in
Deutschland Rechtsklagegrund genannten Anführungen gemeint

---

38) Nach der Statistik der französischen Civiljustiz von 1863 kamen
in ganz Frankreich nur 17 Fälle instruction par écrit vor.

sind. Nach den Motiven S. 67. V. und S. 71 sollte man
glauben, daß neue Rechtsausführungen (motifs) gestattet sind.
4) Da das schriftliche Vorverfahren eine vollständige Grundlage
gewähren und jeder Partei ihre Vertheidigung möglich machen
soll, so ist Replik= und Duplikschrift gestattet. 5) Das Vor=
verfahren ist nicht wie in Frankreich nur unter den Anwälten
geführt, so daß erst, wenn dies Verfahren beendigt ist, eine Partei
die Einschreibung auf der Rolle nachsucht, vielmehr muß der
Advokat des Klägers sogleich die Sache auf die Rolle setzen
lassen; und dies Vorverfahren findet unter Intervention des
Gerichts statt, zwar nicht in dem Sinne, daß dem Gerichte ein
Prüfungsrecht über die Zulässigkeit der Klage zusteht, darüber
vielmehr nur nach beendigtem Vorverfahren das Gericht ent=
scheidet. Die Intervention des Gerichts äußert sich aber darin,
daß die Schriften dem Gericht eingereicht werden (jede Partei
muß aber der andern die Abschrift mittheilen), und der Richter
den Termin zur Antwort bestimmt nach seinem Ermessen, wobei
jedoch das Gesetz, um richterliche Willkür zu beseitigen, ein
Minimum der Frist (Art. 15. Buch II. Tit. 1) festsetzt. 6) Durch
die Gestattung eines Verfahrens mit abgekürzter Frist ist für die
Möglichkeit rascher Erledigung einer Sache (Art. 19), und durch
die Befugniß des Beklagten (Art. 13), den zur Verhandlung
gesetzten Termin abzukürzen, ist für das Interesse des Beklagten
gesorgt. 7) Die Parteien können statt mündlicher Verhandlung
auf Entscheidung nur auf den Grund der eingereichten Schriften
antragen. 8) In Bezug auf das Fragerecht der Richter und
Parteien bestimmt der Entwurf, daß erst nach Beendigung
des mündlichen Vortrags solche Fragen gestellt werden
dürfen, weil (wie die Motive S. 71 mit Recht bemerken) sonst
leicht die Gefahr entstehen könnte, daß die Verhandlung zum
Nachtheil ununterbrochener Entwickelung und Klarheit der
Auffassung in ein Gespräch zwischen dem Vorsitzenden und den
Advokaten ausarten könnte.

Unfehlbar enthält der niederländische Entwurf wichtige
Vorschriften, welche eine wesentliche Verbesserung des jetzigen
(überhaupt des französischen) Verfahrens begründen werden.
Wir wollen jedoch auf einige Bedenklichkeiten aufmerksam machen.

1) Es verdient eine wiederholte Prüfung, ob nicht die im franz. Prozesse durchgeführte Ansicht, daß das schriftliche Vorverfahren nur vorbereitend ist, das eigentliche Material der Entscheidung für den Richter in den mündlichen Vorträgen liegt, den Vorzug verdient vor der Auffassung (wie sie der niederländische Entwurf annimmt), daß das Vorverfahren die Grundlage der nachfolgenden mündlichen Verhandlung in der Art sein soll, daß die mündlichen Vorträge nur innerhalb der Gränze sich bewegen dürfen, die durch die thatsächlichen und rechtlichen Erklärungen der Parteien im Vorverfahren gezogen sind. Wenn man die Mündlichkeit als Prinzip des Verfahrens aufstellt, so ist es zwar richtig, daß dies Prinzip sehr elastisch ist und es darauf ankommt, welche Bedeutung und welchen Umfang man ihm beilegt. Die Auffassung nach der obigen zweiten Ansicht hebt das Prinzip nicht auf und begränzt nur seine Anwendung, hat allerdings auch den Vortheil, größere Gründlichkeit der Verhandlungen (da die Advokaten besser vorbereitet in die Sitzung kommen) herbeizuführen, die Rechtsvertheidigung zu sichern, manchen Chikanen und Ueberraschungen vorzubeugen und durch Vermeidung von Vertagungen die Prozeßführung zu beschleunigen. Es darf aber auch nicht unbeachtet bleiben, daß für die folgerichtige Durchführung der Mündlichkeit in dem Sinne, wie sie im französischen Prozesse vorkommt, schon die Analogie des Strafprozesses spricht, in welchem die Voruntersuchung nur vorbereitend ist, und die mündliche Hauptverhandlung den eigentlichen Strafprozeß bildet. Am wichtigsten wird die Frage in ihrer Wirkung auf die Befugniß der Vertreter der Parteien, in der mündlichen Verhandlung Aenderungen in Bezug auf ihr Vorbringen im Vorverfahren zu machen.[39] Darüber, ob der Beklagte neue, früher nicht vorgebrachte Einreden in der Sitzung vorbringen darf, soll unten bei der Darstellung, wie der Entwurf in Buch II. Tit. 1. Abth: 5 auf sehr beachtungswürdige Weise Vorschriften über

---

39) Planck hat in Pözl Vierteljahrsschrift Band IV S. 239 mit Recht darauf aufmerksam gemacht, daß durch die Strenge, mit welcher man im Gesetze die Klagänderung beschränkt, das Prinzip der Mündlichkeit verletzt wird.

Vorbringung der Einreden gab, gehandelt werden. Wir wollen hier nur bei den Vorschriften über Klageänderung verweilen.[40] Nach der obigen Mittheilung darf der Kläger im Laufe des Verfahrens (geding) den Gegenstand der Forderung nicht än= dern, den Betrag nicht erhöhen und darf bei dem mündlichen Vortrag nicht neue regtemiddeln vorbringen. Die Zweck= mäßigkeit dieser Vorschriften unterliegt erheblichen Bedenklich= keiten. Jeder Praktiker weiß, wie häufig wegen mangelhafter Informationen, welche der Advokat von seinen Klienten em= pfängt, die Anstellung der Klage diesen Mittheilungen gemäß eingerichtet wird, aber in der Folge, wenn der Anwalt durch die Antwort auf die Klage erfährt, daß die Sache sich anders verhält, als der Kläger sie darstellte, oder durch neue Mittheilun= gen des Klienten, der jetzt erst, bei genauerer Durchsicht der Papiere oder durch Zeugen, die wahren Verhältnisse er= fährt, veranlaßt, die ursprüngliche Klage zu ändern genöthigt wird. Jeder erfahrene Advokat wird sich der Fälle erinnern, in welchen er unmittelbar vor der mündlichen Verhandlung neue Mittheilungen des Klienten erhält, welche zeigen, daß er die ursprüngliche Klage modificiren, erweitern oder doch eventuell einen andern rechtlichen Gesichtspunkt machen muß. Durch die allgemeine Vorschrift des niederländischen Entwurfs wird dies gehindert, häufig mit Verletzung des materiellen Rechts. Warum soll der Anwalt, der seine Klage auf Entschädigung auf die ge= setzliche Verpflichtung baute, wenn er spätere Beweise erhält, daß der Beklagte bereits sich durch eine Erklärung dazu verpflichtete, nicht nachträglich die Klage auch auf Vertrag bauen? Wenn der Anwalt, der in der Klage seine Forderung auf Mandat baute, später erkennte, daß die Durchführung dieses Klagegrundes schwierig sein wird, warum soll er nicht dem Mangel abhelfen?

---

40) Der neueste Entwurf der Civilprozeßordnung für Zürich führt § 109 am consequentesten das Prinzip der Mündlichkeit durch, indem er bestimmt: Mit den bis zum Schluße des letztern Vortrags in der Haupt= verhandlung nicht vorgebrachten materiellen Gesuchen, thatsächlichen Be= hauptungen, Einreden, Bestreitungen, sowie mit den nach § 106 nicht vorgelegten Beweismitteln ist die säumige Partei ausgeschlossen. § 110 läßt aber selbst noch 3 Ausnahmen zu.

Warum soll er später nicht negotiorum gestio, die er leichter nachweisen kann, in der Verhandlung geltend machen? Wie häufig ergibt sich, daß der in der ursprünglichen Klage nach den vorliegenden Berechnungen angenommene Betrag von 500 Gulden irrig ist und der richtigen, dem Anwalte erst kurz vor der Sitzung bekannt gewordenen Abrechnung gemäß 50 Gulden mehr ausmacht. Soll es nicht gestattet sein, die 50 Gulden in der mündlichen Verhandlung noch nachzufordern?[41]) Nach dem niederländischen Entwurf ist jedoch diese Aenderung als unzulässig erklärt. Es leuchtet ein, daß dadurch oft große Härten veranlaßt werden, wenn der Kläger der Wahrheit gemäß in der mündlichen Verhandlung die Abänderung vorbringen kann, während nach der Erfahrung französischer Gerichte in vielen Fällen die Verhandlung leicht ohne alle Härte für den Beklagten auf die Abänderung ausgedehnt, in anderen Fällen durch Vertagung der Sitzung geholfen werden kann. Die Verhandlungen und Beschlüsse der in Hannover berathenden Commission über eine gesetzliche Bestimmung über Klageänderung lehren,[42]) wie wenig es gelingt, im Gesetze einen sicher leitenden Grundsatz über Klageänderung aufzustellen. Der baierische Entwurf § 156, 157 verbietet wenigstens nicht absolut die Aenderung, sondern erklärt nur, daß sich der Beklagte einer solchen widersetzen kann, und beschränkt die Fälle, um zu hindern, daß nicht zu oft Aenderung angenommen wird. Auf welche Weise im Ausschuß die Lehre geregelt wurde, ist oben[43]) nachgewiesen worden.

2) Große Bedenklichkeiten erheben sich auch gegen die im Entwurfe vorkommende Bestimmung: 1) daß die Parteien, statt auf mündliche Verhandlung anzutragen, den Antrag stellen

---

41) Der Verfasser hat in diesem Archive Band 39 S. 415, Band 41 S. 217, Band 45 S. 136 erläuternde Fälle angegeben.

42) Nachweisung in diesem Archiv Band 47 Seite 71.

43) S. oben Note 22. Es ergibt sich aus den Verhandlungen des Ausschusses (Prot. S. 25), daß man anerkennen wollte, daß Klageänderung erlaubt ist, wenn sich der Beklagte darauf einläßt, ebenso wenn durch die Zulassung keine Verwirrung des Prozesses zu besorgen ist, daß es auch Fälle geben kann, wo durch Klageänderung Vereinfachung des Prozesses eintritt.

können, daß das Gericht sogleich auf den Grund der eingereich=
ten Schriften das Urtheil fälle. Es leuchtet ein, daß dadurch
das Mündlichkeitsprinzip schwer verletzt wird, dies Prinzip aber
im Interesse der Erforschung der Wahrheit gewahrt werden soll.
Läßt man ohne mündliche Verhandlung Urtheilsfällung auf
Grund der Streitschriften zu, so muß ein Referent aufgestellt
werden, wodurch aber, wie die Motive selbst bei Rechtfertigung
der instruction par écrit anerkennen, manche Nachtheile ein=
treten können. Dem Gericht ist aber auch das richtige Mittel
entzogen, durch Fragen an die Parteien die nothwendige Auf=
klärung zu erhalten.

Ehe wir die übrigen Bestimmungen des niederländischen
Entwurfs mittheilen und prüfen, ist es Pflicht, noch bei ein=
zelnen Vorschriften zu verweilen, welche bereits Gegenstand von
Erörterungen waren, wo aber eine wiederholte Prüfung zweck=
mäßig scheint, indem nach der Veröffentlichung unseres Auf=
satzes niederländische Juristen sich über den Werth mancher von
uns besprochenen Vorschläge des Entwurfs erklärten. Wir
berücksichtigen hier die in einer Uebersetzung unseres Aufsatzes
in der niederländischen Zeitschrift Themis [1]) enthaltenen Be=
merkungen, ferner den sehr beachtungswerthen Aufsatz eines
der gründlichsten niederländischen Juristen, Godefroi, der in
der Themis [2]) eine Anzeige der neuen Schrift von Lavielle
études benützt, um bei jeder Lehre die Bestimmungen der nie=
derländischen Proceßordnung und der späteren Verhandlungen
darüber zu prüfen und Verbesserungsvorschläge daran zu knüpfen.
Wir nehmen ferner Rücksicht auf einige briefliche Mittheilungen
tüchtiger niederländischer Juristen. Ein Gegenstand vielfach ab=
weichender von niederländischen Juristen geäußerter Ansichten
ist das oben S. 26 von uns angeführte System, nach wel=
chem, abweichend von der bisherigen französischen Bestimmung,
daß der Anwalt keine Vollmacht seiner Partei vorzulegen nöthig hat,
vorgeschrieben ist, daß der Anwalt, welcher für eine Partei auf=
treten will, eine Vollmacht vorzulegen hat. Man findet von
Seite vieler niederländischer Juristen, daß kein Bedürfniß ob=

---

1) Themis regtskundig Tydschrift Band XII 1865 pag. 365.
2) Themis 1863 p. 1—64.

walte, von dem bisherigen einfachen Systeme abzuweichen und durch das neue System ein unverdientes Mißtrauen gegen Anwälte auszusprechen, da vorzüglich man bei eingeführter Oeffentlichkeit Mißbräuche nicht zu besorgen hätte, der Besitz der auf den Proceß sich beziehenden Urkunden die Vermuthung begründe, daß der sie besitzende Anwalt von der Partei bevollmächtigt war, indem es gewiß selten vorkommt, daß ein unberechtigter Anwalt für eine Partei auftritt, und das Mittel des Désaveu einen hinreichenden Schutz gewähre. Die Gegner des neuen Systems machen noch geltend, daß darnach in manchen Fällen den Parteien bedeutende Kosten verursacht werden, z. B. in dem Falle, wo in einer Sache mehrere Personen betheiligt sind, von denen manche im Auslande in verschiedenen Staaten wohnen und vielleicht einige nicht schreiben können, wo dann bedeutende Kosten verursacht werden, bis alle nöthigen Vollmachten beigebracht werden können. Man führt an, daß dies System, welches so streng schriftliche Vollmacht fordert, doch oft keine Sicherheit gewährt, weil nach der Erfahrung es leicht ist, einfachen unerfahrenen Personen ein gedrucktes Formular einer Vollmacht vorzulegen, welches die Partei gläubig unterschreibt. Dieser Gründe ungeachtet, müssen wir dennoch das im Entwurf vorgeschlagene System billigen, weil der Gesetzgeber an das Naturgemäße sich halten soll, und keiner Partei zugemuthet werden kann, sich mit einem Anwalte, der behauptet, daß er von einem Andern zur Vertretung bevollmächtigt sei, in einen kostspieligen Proceß einzulassen, und weil selbst der Besitz der Urkunden eine ungenügende Bürgschaft gibt, daß der Anwalt bevollmächtigt sei. Der Verfasser dieses Aufsatzes kennt einen in dem hiesigen Kollegium vorgekommenen erläuternden Fall. Ein Bürger, der mit einem anderen Manne, von dem er wegen Gewerbsverhältnisse abhängig war, in Abrechnung stand, glaubte von diesem benachtheiligt zu sein und zuviel an ihn bezahlt zu haben. Er wendete sich an einen Anwalt, dem er sämmtliche auf das Geschäft sich beziehenden Papiere mittheilte, um Rath zu erhalten, wie er zu seinem Gelde kommen könnte. Der Anwalt überzeugte sich durch die Einsicht der Urkunden, daß der Bürger allerdings zuviel bezahlt habe, und stellte nun die Klage gegen den Andern an. Der Bürger, welcher Gründe hatte, den Andern zu schonen, um seiner Hilfe nicht beraubt zu werden, wollte nur vorläufig den Rath des Anwalts einholen, aber nicht schon Klage anstellen und kam dem Anderen gegenüber in Verlegenheit durch die Voreiligkeit des Anwalts, welcher übrigens im guten Glauben gehandelt hatte, da er den um Rath Fragenden nach seinen Worten so verstand, daß er sein ohne Grund bezahltes Geld fordern wollte. Wenn man nach dem französischen Rechte von dem Mittel des Désaveu Heil erwartet, so bitten wir die Vertheidiger des französischen Systems die Masse der Streitfragen zu beachten,[3] welche bei dem Gebrauche dieses kostspieligen und langen Proceß herbeiführenden Mittels entstehen. Für die Richtigkeit des niederländischen Entwurfs spricht auch, daß in den neuesten Entwürfen von Proceßordnungen von Baiern und Preußen, wo der Entwurf sich größtentheils auf französischen Proceß stützt, der Anwalt schuldig erklärt wird, die Vollmacht vorzulegen.[4] Auch der für Deutschland von der Commission in Hannover bearbeitete Entwurf fordert[5] die Vorlage einer Vollmacht; und die in jenen Entwürfen vorkommenden Bestimmungen verdienen Nachahmung auch in den Niederlanden. Mit Recht sprechen die baierischen Motive S. 563 aus, daß das französische System der nöthigen Sicherheit entbehrt, daß dabei die Rechtskraft der Urtheile bis zum Vollzuge in Frage gestellt ist, und das System zu bedenklichen Mißbräuchen und Verwickelungen Raum gibt.

Eine andere Abweichung der Ansichten betrifft das in diesem Aufsatze S. 35 von uns erhobene Bedenken, daß die mündliche Verhandlung durch die Vorschriften beschränkt sei, nach welcher im Vorverfahren alle thatsächlichen und rechtlichen Erklärungen der Parteien vorgebracht werden müßten und die Vorträge in den mündlichen Verhandlungen nur innerhalb

---

3) Darüber: Boltard, Code de procédure civile. Leçons publiées par de Linage. Vol. II p. 20—31. Bioche, Dictionnaire de procédure. Vol. III p. 113—134.

4) Bairischer Entwurf § 65—76, Motive dazu S. 563. Preußischer Entwurf § 92—108, Motive S. 29.

5) Entwurf § 103.

der Gränze jener vorgebrachten Erklärungen zulässig seien. In
der Themis p. 374, sowie in schriftlichen Mittheilungen, wird
gegen diesen Vorwurf bemerkt, daß die Vorschrift, nach welcher
der rechtliche Charakter der Klage schon im Vorverfahren festgestellt werden muß, nothwendig ist, um der mündlichen Verhandlung eine feste Grundlage zu geben, daß der Entwurf im
Art. 5 Buch 1 Titel VI von regtsgronden spricht im Gegensatze von regtsmiddelen, und daß in Bezug auf die ersten
der Richter nach Art. 5 verpflichtet ist, die zur Sache dienenden
regtsgronden bei seiner Entscheidung zu beachten, wenn sie
auch die Parteien nicht anführten, und nach Art. 7 Buch II
Titel 1 nur neue regtsmiddelen nicht vorgetragen werden
sollen. Es scheint, daß der Gesetzgeber damit dem Grundsatz
huldigen wollte, nach welchem der Richter das Gesetz selbst kennen
muß, daher von den Parteien nicht angeführte Gesetzesstellen
zu benützen hat, daß aber die Partei im mündlichen Vortrag
nicht neue Rechtsgründe vorbringen darf. Nie aber kann man
zugeben, daß der niederländische Entwurf das Prinzip der
Mündlichkeit consequent durchführt, wenn das Verbot des Ge-
brauchs neuer regtsmiddelen so gemeint ist, daß kein neuer
rechtlicher Gesichtspunkt in der Sitzung geltend gemacht werden
darf, daß daher eine Partei, die im schriftlichen Vorverfahren
einen Anspruch schon durch das Gesetz begründet behauptete,
in mündlicher Verhandlung nicht auf ein Versprechen des Gegners bauen darf, oder daß eine Partei, die im Vorverfahren
auf Mandat die Klage baut, in der mündlichen Verhandlung
sie nicht als negotiorum gestio, oder statt der ursprünglichen
Begründung des Anspruchs als Schenkung, später ihn als Vermächtniß rechtfertigen darf.

Eine für die richtige Auffassung des Prinzips der Mündlichkeit wichtige Frage ist die: ob den Parteien gestattet werden soll, statt der mündlichen Verhandlung mit Vorlage der
schriftlichen im Vorverfahren gewechselten Vorträge an das Gericht auf Entscheidung über die Sache anzutragen. Wir haben
die Zweckmäßigkeit dieser im niederländischen Entwurf gestatteten Befugniß oben (Seite 35) bestritten. In den Niederlanden wird dagegen zur Rechtfertigung des Entwurfs ange-

führt (Themis p. 377), daß ohnehin auch bisher, wenn
Contumacialurtheile gefällt werden, das Gericht auf den
Grund der Schriften urtheilt, und daß man Mündlichkeit
nicht als eine Verpflichtung der Parteien, sondern nur als ihr
Recht, worauf sie auch verzichten können, auffassen muß.
Gegen diese Ansicht haben wir fortdauernd das Bedenken, daß
das Vorverfahren nur als vorbereitendes, und die münd=
liche Verhandlung als das eigentliche Hauptverfahren erscheint,
daß der Gesetzgeber die Mündlichkeit nicht als ein Recht der
Parteien, sondern als die Form auffaßt, durch welche im In=
teresse der Gerechtigkeit am sichersten das Gericht die Materialien
und zugleich die Mittel erhält, am ersten das wahre Sachver=
hältniß zu erfahren. Auf jeden Fall müssen die Vertheidiger
des Entwurfs zugeben, daß, wenn auch die Parteien auf münd=
liche Verhandlungen verzichteten, dem Gerichte die Befugniß ge=
geben werden muß, da, wo es aus den Schriften über wich=
tige Punkte keine Aufklärung findet, die Parteien vorzuladen
und geeignete Fragen an sie zu stellen, wodurch von selbst eine
mündliche Verhandlung herbeigeführt wird.

Eine der wichtigsten Fragen von allgemeinem Interesse ist
die: ob das neue im Entwurf vorgeschlagene Vorverfahren
unter Intervention des Gerichts (siehe Seite 28)
sich so bewähren wird, daß auf Vereinfachung des Verfahrens
und auf Abkürzung sicher gerechnet werden kann. Eine uns
zugekommene schriftliche Mittheilung eines ausgezeichneten nieder=
ländischen Juristen bezweifelt, ob die Vortheile, welche man von
dem neuen Verfahren erwartet, wirklich eintreffen werden, so
daß die französische, auf jeden Fall consequentere Procedur, den
Vorzug verdient. Die Ursache, aus welcher der Vorzug des
in dem Entwurf vorgeschlagenen Verfahrens gerechtfertigt wird,
soll darin liegen, daß der in der obigen Mittheilung angege=
benen Erfahrung gemäß schon bisher nach der Praxis in den
meisten niederländischen Gerichten das Prinzip festgehalten wurde,
daß, wo gegenseitige Uebereinstimmung der Parteien (in der
Wirklichkeit ihrer Vertreter) besteht, wenn über eine Frist für
den Schriftenwechsel im Vorverfahren eine Uebereinstimmung
beider Parteien vorliegt (sei die Verlängerung noch so groß),

der Richter nicht einzutreten, und nur die verabredete Frist festzustellen hat. Darnach hat der Richter nur eine passive Stellung in Bezug auf Instruktion der Sache, so daß die
eigentliche Aufgabe des Richters die Entscheidung des vor ihn
gebrachten Streitfalles sein soll. In den Niederlanden war nun
öfter die Frage verhandelt, ob nicht dem Richter ein größerer
Einfluß auf die Instruktion gegeben werden soll. In dem
1855 den Generalstaaten vorgelegten Entwurf war die Befugniß
des Richters ausgedehnt und insbesondere ausgesprochen, daß
die Verlängerung einer gesetzlich festgestellten Frist, auch wenn
Uebereinstimmung beider Parteien die Verlängerung bewilligt,
nicht gestattet werden soll, wenn nicht der Richter die Ansicht
hat, daß ein wahres Interesse vorliegt, die Frist zu verlängern.
Im neuen Entwurfe ist ein solches Prinzip nicht aufgenommen,
und nur ein Minimum für die Dauer der Fristen gesetzt,
woraus folgt, daß der Verlängerung der Fristen keine Schran-
ken gesetzt werden sollen. Der Grundsatz der Passivität des
Richters scheint darnach vom neuen Entwurf gebilligt und daher
auch die Befugniß der Parteien, die Fristen beliebig zu ver-
längern, anerkannt. Mit Recht fragt man nun, ob im Ernste
erwartet werden darf, daß durch die im Entwurfe vorgeschlagene Intervention für die Vereinfachung des Verfahrens etwas gewonnen wird. Bekanntlich kennt der neue Entwurf nicht die
französische Unterscheidung von avoué und avocat; beide Stellen sind in einer Person vereinigt. Nimmt man nun nach
dem Entwurf die Intervention des Gerichts im Vorverfahren
an, so werden oft Fälle vorkommen, in welchen wegen Punkte
der Instruktion im Vorverfahren vor der mündlichen Hauptverhandlung von dem Gerichte Verhandlungen angeordnet werden müssen, zu welchen die Advocaten vorgeladen werden sollen.
Es kann nicht verkannt werden, daß dadurch den vielbeschäftigten Advocaten eine große Last aufgelegt wird, was die Folge
hat, daß sie in solchen Fällen die Vertretung jungen Männern,
die bei ihnen arbeiten, oder jüngeren Kollegen übertragen. Es
verdient ernstliche Erwägung, ob der Gesetzgeber die passive
Stellung des Richters, wie er sie im französischen Rechte hat,
beibehalten und nur anerkennen will, daß der Richter eigentlich

nur zur Entscheidung berufen ist, oder ob der Richter eine mehr active Stellung haben soll. Gewiß ist, daß wenn das Gesetz im Vorverfahren richterliche Intervention aufnimmt, es auch sorgen muß, daß nicht große Verzögerungen herbeigeführt und Kosten verursacht werden, so daß für das einfache Verfahren ohne richterliche Intervention gewichtige Gründe sprechen. Nicht wenige Beachtung verdient die Frage, ob die im neuen Entwurf aufgenommenen Vorschriften über Verhandlung im abgekürzten Termin (siehe oben Seite 30) mit der Hauptrichtung, durch Verkürzung der Fristen zu helfen, genügend sind, insbesondere für Handelssachen geringeren Werths. Den deutschen Juristen drängt sich die Frage auf: warum man in Holland nicht, wie in Frankreich und nach allgemeiner Forderung in Deutschland, Handelsgerichte einführt. Das Ergebniß der bei erfahrenen Männern in den Niederlanden eingezogenen Erkundigungen ist allerdings, daß man in Holland diesen Gerichten allgemein abgeneigt ist, und daß bei Gelegenheit der Berathung des Gesetzes über gerichtliche Organisation die vornehmsten Handelskammern gegen Einführung der Handelsgerichte sich erklärten. Es ist merkwürdig, daß in den Niederlanden angesehene Juristen [6] als das beste Mittel, den Parteien die Möglichkeit, durch eine raschere Procedur einen Rechtsanspruch verfolgen zu können, zu verschaffen, die Einführung des in einigen deutschen Staaten gestatteten Mahnverfahrens empfehlen. Wir können aus der Erfahrung in Baden versichern, daß mit dem besten Erfolg in der Mehrzahl der Streitsachen die bedingten Zahlungsbefehle im sogenannten Mahnverfahren angewendet werden.

Wir wollen nun unsere Leser mit weiteren bemerkenswerthen Bestimmungen des niederländischen Entwurfs bekannt machen.

Die Art. 22—27 regeln das Verfahren in den Fällen, in welchen eine Partei nicht in der Sitzung erscheint. Die Bestimmungen der jetzigen Proceßordnung von 1835 sind im Wesentlichen die des französischen Code; allein in der Rechts-

---

6) Ausführlich erklärte sich in diesem Sinne der gründliche Jurist Godefroi in der Themis 1863 pag. 12.

übung zeigten sich (ebenso wie in Frankreich, daher man dort oft auf die Verbesserungen im Genfer Gesetzbuch hinweist. Regnard de l'organisation judiciaire p. 370) manche Streitfragen, und zwar schon in Bezug auf den Fall, wenn der Beklagte zwar in der ersten, aber nicht in der zweiten Sitzung erscheint. Der im Entwurf von 1855 vorgeschlagene Weg wird mit Recht in den Motiven S. 75 getadelt. Daß die beiden Fälle nicht gleich stehen, ist gewiß: ist der Beklagte in der ersten Sitzung erschienen und hat verhandelt, bleibt aber in einer spätern Sitzung aus, so lag für den Richter schon ein sogenanntes contradiktorisches Verfahren vor, und so kann ohne Hinderniß das Verfahren fortgesetzt werden. Der Richter gibt nach Art. 26 sein Urtheil, das aber kein Contumacialurtheil ist, daher auch der sonst gegen Urtheile der letztern Art zulässige Einspruch nicht stattfinden kann. Wichtiger ist die zweite Streitfrage, ob, wenn der Beklagte nicht erscheint, die von dem Kläger angeführten Thatsachen als gewiß von dem Richter angenommen werden dürfen. Nach Art. 76 des Gesetzbuchs von 1838 sollen die Conclusionen des Klägers diesem zugebilligt werden, wenn sie nicht dem Richter onregtmatig or ongegrond vorkommen. Diese Worte erregten viel Streit. Der neue Entwurf 23 bestimmt, daß der Richter die Conclusionen dem Kläger zubilligen soll, wenn sie nicht onregtmatig sind, daß die von ihm angeführten Thatsachen als wahr angenommen werden, wenn sich nach den Vorlagen ihre Wahrheit ergibt, daß aber der Beweis behaupteter Thatsachen dann geliefert werden muß, wenn sie auf den Status einer Person sich beziehen oder von der Art sind, daß nach dem Gesetze das blose Geständniß des Beklagten nicht genügen kann. Die Ausführung in den Motiven S. 73—74 verdient allgemeine Beachtung, insbesondere die Rechtfertigung der Vorschrift, daß die vom Kläger angeführten Thatsachen im Falle des Ungehorsams des Beklagten nicht bewiesen zu werden brauchen, jedoch mit der im Artikel aufgestellten Ausnahme und daß, wenn Kläger Urkunden zur Begründung seines Anspruchs anführte, der Richter diesen nur als rechtlich begründet betrachten kann, wenn aus den Urkunden sich diese Begründung ergibt. Auch die

Streitfrage, ob im Falle des Ausbleibens des Beklagten der
Kläger zu einem mündlichen Vortrage, ehe der Richter entscheidet, zugelassen werden soll, ist mit Recht im Art. 24 be-
jahend entschieden. Wenn von mehreren vorgeladenen Streitgenossen Einer erscheint, und Andere nicht, so soll nach Art. 25
in Bezug auf die Letztern das Ungehorsamsurtheil ausgesprochen, in Bezug auf den Erscheinenden die Verhandlung fortgesetzt und von dem Richter zugleich der Sitzungstag angesetzt
werden, an welchem die Sache weiter verhandelt werden soll
(Motive S. 74). Die Vorschrift scheint bedenklich (in Frankreich und in den Rheinprovinzen ist die Praxis eine verschiedene); es können durch eine Vorschrift, wie sie der niederländische Entwurf enthält, große Störungen veranlaßt werden,
wegen des Widerspruchs der Entscheidung in dem Ver-
säumnißurtheil und der Entscheidung, welche in Bezug auf den
gehorsamen Streitgenossen ergeht, z. B. wenn gegen mehrere
Erben eine Erbschaftsschuld eingeklagt wird, oder wenn der
Proceß untheilbare Gegenstände betrifft, und ein Streitgenosse
ausbleibt, der Andere erscheint. Richtiger hat für diese Fälle
der neue preußische Entwurf[7] gesorgt, indem er vorschreibt, daß
in solchen Fällen auf den Antrag des Gegners entweder gegen
den Ungehorsamen ein Versäumungsurtheil erlassen werden kann
oder durch Urtheil anzuordnen ist, daß zum Zwecke der contradiktorischen Verhandlung gegen alle Streitgenossen die noch-
malige Ladung der Nichterschienenen zu bewirken sei. Uns
scheint, daß auch ohne Antrag dem Richter überlassen werden
soll, das ihm am Meisten geeignet scheinende Verfahren einzuleiten.

Während der französische Code in Bezug auf das Vorbringen der Einreden mit kurzen Andeutungen sich begnügt und
der Rechtsübung die Einzelnheiten überläßt, findet der niederländische Entwurf (wie schon das Gesetzbuch von 1838) es für
nothwendig, das Verhältniß der Einreden genauer zu regeln,
und bestimmt (Buch II Titel VIII Art. 28), daß die Einrede des
unzuständigen Gerichts aus dem Grunde, daß die Sache nach
Art. 72 des Gesetzes über richterliche Organisation[8] an ein

---

7) Preuß. Entwurf § 391, Motive S. 86.

8) Nach Art. 72 sollen mit Ausnahme der dinglichen Klagen, die

bestimmtes Gericht gewiesen wird, in jeder Lage des Streits angebracht, und wenn der Beklagte sich darauf auch nicht beruft, vom Gerichte von Amtswegen berücksichtigt werden. Nach Art. 29 soll aber die Einrede der Unzuständigkeit aus andern Gründen von Amtswegen nicht beachtet, von dem Beklagten aber vor allen andern Vertheidigungsmitteln angebracht werden. Das Eventualprinzip ist in Art. 32 in der Art ausgesprochen, daß alle bilatorische Einreden auf einmal und vor anderen Einreden, sowie vor der Vertheidigung über die Hauptsache vorgetragen werden müssen.[9]) Der Art. 33 erkennt aber (man bemerkt, daß die Ansicht von den deutschen prozeßhindernden Einreden vorschwebt) einige Einreden als diejenigen an, welche vor dem Vorbringen der Vertheidigung auf die Hauptsache vorgebracht werden können. Dahin gehören: 1) die Einrede der Rechtskraft eines richterlichen Urtheils oder eines Schiedsspruchs, 2) Einrede des Vergleichs, 3) Einrede, daß der Kläger die Eigenschaft nicht hat, welche er sich zuschreibt, oder der Beklagte die vom Kläger von ihm behauptete Eigenschaft nicht besitzt. Man bemerkt, daß in der letzten Beziehung der Entwurf die exceptio der fehlenden Legitimation zur Sache [10]) zu den prozeßhindernden Einreden rechnet und damit eine auch in Frankreich vorkommende Streitfrage entscheidet (Motive S. 77). Bei der Berathung des Entwurfs von 1855 waren darüber Regierung und Generalstaaten verschiedener Ansicht. Die erste fand in einer solchen Erklärung des Beklagten eigentlich eine Vertheidigung in der Hauptsache und wollte keinen abgesonderten Vortrag gestatten, wogegen die Generalstaaten und der jetzige Entwurf die Natur einer Einrede annahmen, insofern darin die thatsächliche Befähigung einer Partei bestritten wird, über den in Frage stehen-

---

bei dem ordentlichen Richter anzubringen sind, Klagen gegen den König oder ein Mitglied der königlichen Familie oder den Staat bei der haute cour angebracht werden.

9) Ausnahmen sind zulässig, insofern Erben, Wittwen, Frauen die geschieden sind, die Einrede, daß die Deliberationsfrist noch nicht abgelaufen ist, vor allen andern Einreden vorbringen können.

10) Bekanntlich in Frankreich mit Défaut de qualité bezeichnet, in den Niederlanden **exceptio van non qualificatie.**

den Gegenstand zu streiten, und für die Annahme der prozeß=
hindernden Kraft auch die Rücksicht spricht, daß man den Be=
klagten nicht zwingen kann, da, wo er von dem Nichtdasein der
die Legitimation begründenden Thatsachen überzeugt ist, eine zu
vermehrten Kosten führende Vertheidigung in der Hauptsache vor=
zutragen.[11]) Mit Recht entscheidet der Entwurf die Streitfrage, ob,
wenn eine solche prozeßhindernde Einrede ohne Einlassung in die
Hauptsache vorgebracht ist, auch Replik und Duplik zugelassen
werden sollen, dahin, daß nach Beschaffenheit der Einrede, die
oft an sich sehr schwierig sein kann, das Verfahren zu regeln
ist. In Bezug auf Widerklage enthält der Entwurf Art. 36
bis 38 Vorschriften, (die im französischen Code fehlen), nach
welchen der Beklagte Widerklage in allen Sachen anstellen
kann, nur nicht da, wo der Kläger in der Hauptklage in einer
fremden Eigenschaft auftritt, und die Widerklage ihn per=
sönlich betreffen würde, oder wenn der Richter der Hauptklage
unbefugt ist, über die Gegenklage nach ihrem Gegenstand oder
die Person des Widerbeklagten zu entscheiden.[12]) Nach Art.
39—41 kann der Richter in jeder Lage des Prozesses von
Amtswegen oder auf Antrag einer Partei einen Sühneversuch
machen, wobei bestimmt ist, daß der Versuch, wenn die Sache
am Kollegialgericht anhängig ist, vor dem ganzen Gerichte
stattfinden soll, damit jedem Mitgliede Gelegenheit gegeben wird,
zum Vergleich mitzuwirken. Wenn beide Parteien oder eine
derselben auf Vorladung nicht erscheint, kann das Gericht nach
seinem Ermessen entweder zu einem neuen Sühneversuch vor=
laden, oder sogleich die Sitzung bestimmen, in welcher die Sache
verhandelt werden soll.

Um unsere Darstellung des Entwurfs nicht übermäßig
auszudehnen, wenden wir uns sogleich zu den Vorschriften
über das Beweisverfahren, welche allgemeines Interesse haben

---

11) Der bair. Entwurf § 48 verweist die Frage über Sachlegitima=
tion zur Entscheidung nach den bürgerlichen Gesetzen. Dagegen erklärt
sich der Referent von Neumayr S. 31. In den Verhandlungen des
Ausschusses S. 77 wurde beschlossen, den § 48 ganz wegzulassen.

12) Daher kann keine petitorische Klage in Besitzstreitigkeiten ange=
bracht werden.

und wo der Entwurf viel Beachtenswerthes enthält, und bemerken nur, daß der Titel I unter der Aufschrift: Inci= dentforderungen in sehr ausführlichen Vorschriften, unter denen viele gute und wesentlich die französische Rechtsübung verbessernde (auch mit wichtigen Erörterungen in den Motiven S. 82—93) vorkommen, das Verfahren im Allgemeinen und bei den einzelnen Zwischenhandlungen, z. B. von Aufschiebung und Wiedererneuern des Prozesses, von Streitverkündigung, von Intervention regelt.

Bei der Zeugenvernehmung bemerken vorerst die Motive S. 93, daß wesentliche Verbesserungen in Bezug auf das bis= herige Verfahren nöthig wurden, weil mit der im Entwurf aus= gesprochenen Aufhebung des Unterschieds vom ordentlichen und summarischen Verfahren auch die im französischen Code vor= kommenden Unterschiede einer zweifachen Art der Zeugenverneh= mung wegfallen mußten. Wir müssen daran erinnern, daß in den Niederlanden der Zeugenbeweis weniger als in andern Ländern vorkommt, in welchen dieser Beweis unbeschränkt ge= braucht werden kann, indem die niederländische Gesetzgebung das, wie wir nachgewiesen haben, [13] grundlose französische Sy= stem angenommen hat, nach welchem in Sachen, deren Gegen= stand eine gewisse Summe übersteigt, kein Zeugenbeweis zuge= lassen wird. Ueber keinen Punkt ist die Wissenschaft in neuester Zeit in Frankreich einiger, daß eine tiefgehende Reform drin= gend nothwendig ist, als darüber, daß die französische Gesetz= gebung über Zeugenverhör nur höchst mangelhaft ist, vielfache Chikanen, wegen der Masse unnöthiger Formalitäten große Ko= sten, Zeitverlust veranlaßt und zur Herstellung der Wahrheit selten beiträgt. [14] Herr Godefroi bemerkt zwar, daß es in den Niederlanden doch nicht so schlimm aussieht, bezeichnet aber doch mehrere Punkte, [15] worauf die Verbesserung gerichtet sein

---

13) Wir haben im civilist. Archiv Band 48 v. S. 114 an die Grund= losigkeit dieses französ. Systems nachgewiesen.

14) Boitard Art. 556, Bordeaux philos. de la procédure p. 542, Regnard de l'organis. judic. p. 361, Seligmann réforme dans notre proc. civ. p. 191, Lavielle études p. 163—177.

15) Themis 1863 p. 21—26.

muß, und findet in der Vornahme des Zeugenverhörs vor ver=
sammeltem Gerichte ein Hauptmittel der Verbesserung. Die
Motive zum neuen Entwurf S. 93—95 erkennen auch richtig
an, welche Aufgabe der Gesetzgeber hat. Nach Art. 26 hat der
Richter, wenn die zur Sache gehörigen erheblichen Thatsachen
nicht vollständig bewiesen sind, Zeugenbeweis, insofern dieser
gesetzlich zulässig ist, auf Antrag einer Partei, oder auch von
Amtswegen, insofern dies für die Entscheidung nöthig ist, durch
Urtheil anzuordnen. Nach Art. 27 müssen die durch Zeugen
zu beweisenden Thatsachen bestimmt ausgedrückt werden. Der
Gegner muß in seiner Antwort aussprechen, welche dieser That=
sachen er·zugibt, oder läugnet; geschieht dies nicht, so werden
die Thatsachen, insofern sie erheblich sind und nicht der Fall
vorliegt, daß nach dem Gesetze das Geständniß nicht Beweis=
mittel sein kann, als bewiesen betrachtet. In dem Urtheile,
welches das Zeugenverhör anordnet, werden die Thatsachen,
worüber Zeugen auszusagen haben, und der Tag des Verhörs
bezeichnet. Nach Art. 31 müssen die Namen und Wohnsitze der
vorgeschlagenen Zeugen dem Gerichte angegeben werden. Nach
Art. 37 ist das Zeugenverhör in der öffentlichen Gerichtssitzung
vorzunehmen. Die Motive S. 97 rechtfertigen sehr gut diese
Vorschrift und zeigen, daß die Wahrheit weit sicherer durch die
Oeffentlichkeit und die Vornahme des Verhörs in der Gerichts=
sitzung ausgemittelt werden kann.[16] Alle Gründe, welche im
Strafverfahren die öffentliche Vernehmung der Zeugen in der
Gerichtssitzung rechtfertigen, entscheiden auch im Civilprozeß.[17]
Die Vernehmung, bei welcher jeder Zeuge einzeln zu verneh=
men ist, wird von dem Vorsitzenden geleitet. Jedes Gerichts=
mitglied kann ebenfalls Fragen stellen. Die Parteien, die
zwar nicht in die Rede fallen dürfen, sind befugt, (wie
es scheint nach Schluß des Verhörs) auch Fragen an die

---

16) Der Verfasser dieses Aufsatzes hat im civilist. Archive Band V
S. 196 die Nothwendigkeit öffentlicher Vornahme der Zeugenverhöre
gezeigt.

17) Auch in Frankreich erkennen dies alle besseren Schriftsteller an.
Lavielle p. 173, Regnard p. 369, Seligmann p. 197. Nur Bordeaux p. 543 äußert einige Besorgnisse.

die Zeugen zu stellen; der Richter aber kann auf Antrag des
Gegners des Fragenden oder des Zeugen verfügen, daß eine
gestellte Frage nicht zu beachten sei. Wenn eine Partei mehr
als 5 Zeugen vernommen haben will, so muß sie nach Art. 42
die Kosten der Vernehmung der andern Zeugen zahlen. In
Bezug auf die Verwerfung der Zeugen und die Anträge des
Zeugen, ihn vom Zeugniß zu befreien, gibt Art. 44 nicht die
besonderen Ursachen an, sondern überläßt es dem Richter, ange=
gebene Gründe zu prüfen. (Motive S. 97.) Die Gründe
müssen mündlich und zwar vor der Beeidigung der Zeugen
vorgetragen werden. Gründe, aus denen der Zeuge von dem
Zeugnisse befreit sein will, müssen, wenn die Parteien sie nicht
als genügend anerkennen, schriftlich bewiesen werden. Der Um=
fang, in welchem im Protokoll die Vornahme des Verhörs auf=
zunehmen, wird verschieden bestimmt, je nachdem in einer Sache
das Gericht endlich, ohne daß Rechtsmittel zulässig sind, oder in
erster Instanz entscheidet (Art. 54). Wenn die Zeugenverhöre been=
digt sind, können die Parteien in mündlichen Vorträgen über
den Gehalt der Zeugenaussagen sogleich oder in einer fol=
genden Sitzung sich erklären. — Wir sind überzeugt, daß die An=
wendung der mitgetheilten Vorschriften über Zeugenverneh=
mung wesentlich dazu beitragen wird, das bisherige Ver=
fahren zu verbessern; allein man darf dabei sich nicht zu sehr
trüglichen Hoffnungen hingeben. Wer die Einfachheit des eng=
lischen Verfahrens bei Zeugenbeweis kennt und als Wirkung
desselben die Erscheinung beobachtet, daß der Richter weit sicherer,
als es in andern Ländern der Fall ist, die Wahrheit erfährt,
muß wünschen, daß man auch auf dem Festlande mit dem Stre=
ben sich befreunde, ein ähnliches Verfahren einzuführen.[18] Die
Kraft des englischen Verfahrens besteht darin, daß in demselben
nicht der Richter, sondern die Parteien (oder ihre Anwälte)
die Zeugen verhören in der Art, daß der Beweisführer die von
ihm vorgeladenen Zeugen vernimmt, dann im Kreuzverhör der

---

18) Der neue Entwurf der Prozeßordnung für Zürich § 161 2c. folgt
dem englischen System, so daß der Beweisführer seine Zeugen in belie=
biger Reihenfolge vernimmt, und dann der Gegner seine Fragen vorlegen
kann.

4

Gegner Fragen an den Zeugen stellt, worauf er ebenfalls seine
Zeugen vernimmt, welche wieder dem Kreuzverhör des Beweis-
führers unterworfen sind. Wer nicht selbst die treffliche Wirkung dieses englischen Verfahrens beobachtete, kann sich keine
Vorstellung machen, welche Macht insbesondere das Kreuzverhör
ausübt, indem es den Zeugen, wenn er auch noch so entschlossen ist,
der Partei, welche ihn vorlud, günstig auszusagen, zwingt, auf
die gestellten Kreuzverhörfragen Umstände zuzugeben, welche die
Kraft der direkten Aussagen vermindern oder wodurch die Glaubwürdigkeit des Zeugen wesentlich geschwächt wird. Nach dem im
niederländischen Entwurfe vorgeschlagenen Verfahren vernimmt der
Vorsitzende die Zeugen, und die Parteien können nur Fragen
nach beendigtem Zeugenverhör stellen. In Bezug auf den ersten
Punkt ist es klar, daß der noch so gewandte Vorsitzende häufig
in verwickelten Fällen nicht im Stande sein wird, so genau,
als es der Partei möglich ist, um alle oft scheinbar unbedeu-
tenden, aber in der Sache für die beabsichtigte Beweisführung
wichtigen Nebenumstände den Zeugen zu befragen. Die der
Gegenpartei gestattete Fragestellung nach geschlossenem Zeugenverhör wird häufig nicht zum Ziele führen, weil, wenn die Vernehmung eines Zeugen oft eine langdauernde ist, die Partei
kaum im Stande ist, zu folgen und die gestellten Fragen so einzurichten, wie durch das Kreuzverhör dies möglich ist, um für das Interesse der Vertheidigung zu sorgen.[19] Im niederländischen Entwurf
fehlt eine Vorschrift, die zur Ausmittelung durchaus nothwendig ist, nämlich daß, wenn die verschiedenen Zeugen abweichende
Aussagen machen oder wenn die Aussage eines Zeugen un-
vollständig ist, der Richter die Zeugen noch einmal vernehmen
und selbst sie confrontiren kann, um Zweifel und Lücken zu
beseitigen.[20] In der Lehre vom Beweise durch S a c h v e r s t ä n-
d i g e (deskundigen) enthält der Entwurf bedeutende Verbes-

---

19) Nach dem Entwurf der Prozeßordnung für Preußen § 473 kann
der Richter den Parteien gestatten, unmittelbar Fragen an die Zeugen zu
richten.

20) Der preußische Entwurf § 476 enthält eine solche Vorschrift, die
auch in den Motiven von S. 120 gut gerechtfertigt wird.

ferungen;[21]) wir werden aber sogleich zeigen, daß die vielfach
in wissenschaftlichen Arbeiten über diesen Entwurf vorkommende
unrichtige Auffassung der Sachverständigen, die man bald den
Zeugen gleichstellt, bald als Gehülfen des Richters betrachtet,
ein Hinderniß einer befriedigenden Gesetzgebung ist. In Frankreich erkennen neuere Schriftsteller[22]), daß das im Code vorgeschriebene Verfahren ein sehr mangelhaftes, kostspieliges, verzö-
gerndes und doch unsicheres ist; auch die Motive zum niederländischen Entwurf S. 100 erkennen dies an und finden das
Uebel vorzüglich darin, daß das Gesetz mit schriftlichen Gutachten sich begnügt, auf welche das Gericht sein Urtheil baut.
Nach dem niederländischen Entwurf Art. 60 ordnet das Gericht, wenn es nöthig ist, durch Urtheil auf Antrag einer Partei
oder von Amtswegen Vernehmung von Sachverständigen an,
bezeichnet den Gegenstand und einen oder drei Sachverständige.
So oft die Parteien es wünschen, müssen drei benannt werden.
Hat das Gericht bei Anordnung von Amtswegen nur Einen
bestimmt, so können die Parteien noch zwei andere Sachverständige bezeichnen; sind die Parteien mit den von dem Richter
benannten Sachverständigen nicht zufrieden, so können sie binnen
acht Tagen andere bezeichnen; thun sie dies nicht, so werden
die von dem Gerichte benannten vorgeladen. Sachverständige
können aus den Gründen abgelehnt werden, aus welchen Zeugen verworfen werden können.[23]) Die von den Parteien be-

---

21) Angedeutet schon bei **Godefroi** in der **Themis** p. 27.

22) Vorzüglich **Regnard** de l'organisation p. 379, **Bordeaux**
philosophie de la procédure p. 549, **Seligmann** p. 201. **Lavielle**
p. 700 ist in dieser Lehre weniger entschieden.

23) In Bezug auf die Recusation der Sachverständigen zeigt sich recht,
wie sehr die Grundansicht, von welcher der Gesetzgeber ausgeht, Einfluß
hat. Der preuß. Entwurf § 502, ital. Gesetzbuch § 251, bair. Entwurf
§ 315 lassen Sachverständige ablehnen aus Gründen, welche berechtigen,
um Richter abzulehnen. Der niederländische Entwurf nimmt die Analogie
von den Zeugen an. Beide Vorschriften beruhen auf irrigen Voraussetzungen, da, wie wir unten nachweisen werden, der Beweis durch Sachverständige ein eigenthümlicher ist, und es dabei vorzüglich auf Vermuthungen ankommt und daher auch Recusationen erlaubt sein müssen, die
sich auf die **Fähigkeit** der Sachverständigen beziehen.

zeichneten können auch aus den nach der Ernennung sich er=
gebenden Gründen abgelehnt werden. Nach Art. 65 bestimmt
das Gericht den Termin, binnen welchem die Sachverständigen
ihr schriftliches Gutachten vorzulegen haben, oder den Tag, an
welchem die Sachverständigen zur mündlichen Verhandlung er=
scheinen sollen, und für den Fall, daß schriftliche Gutachten an=
geordnet sind, den Tag, an welchem die Sache in der Sitzung
verhandelt werden soll. In den Fällen, in denen das Gericht
entscheidet, ohne daß Appellation zulässig ist, kann nur münd=
liche Verhandlung angeordnet werden. Nimmt ein gewählter Sach=
verständiger die Wahl nicht an, oder wenn er in der Sitzung nicht
erscheint, wählen die Parteien sogleich andere Sachverständige,
oder in Ermangelung bezeichnet sie der Richter. In der Sitzung
werden dem Sachverständigen die zur Aufklärung nöthigen
Akten zugestellt und von den Parteien Punkte bezeichnet, deren
Berücksichtigung sie für die Begutachtung für zweckmäßig er=
achten (Art. 68). Wenn schriftliche Gutachten angeordnet wur=
den, so berathen die Sachverständigen, und das Gutachten wird
nach Mehrheit der Stimmen mit Gründen versehen abgegeben.
Bei Verschiedenheit der Ansichten werden die verschiedenen Mei=
nungen mit den entsprechenden Gründen angegeben.[24] Das
schriftliche Gutachten wird auf der Gerichtsschreiberei nieder=
gelegt. In der Sitzung, zu welcher die Sachverständigen vor=
geladen werden, erfolgt die Vernehmung derselben nach den für
die Zeugenvernehmung geltenden Regeln. Nach Art. 73 ist der
Richter nicht verpflichtet, das Gutachten, wenn es seiner Ueber=
zeugung widerspricht, seinem Urtheil zum Grunde zu legen.
Wird durch das Gutachten nicht genügend die Sache aufgeklärt,
so können andere Sachverständige vorgeladen und vernommen
werden. Die Motive zum Entwurfe S. 99—105 enthalten

---

24) Nach Art. 318 des französ. Code soll im Falle der Verschie=
denheit der Meinungen nicht angegeben werden, welche Sachverständigen
die Meinungen hatten. Ueber die Unzweckmäßigkeit dieser Vorschrift
Boncenne, Théorie IV p. 487 und Regnard p. 384. Im preuß. Ent=
wurf § 506 (Motive S. 114) ist mit Recht bestimmt, daß erhellen muß,
welcher Ansicht jeder einzelne Sachverständige ist.

manche gute Erörterungen, vorzüglich über die Frage: ob es dem Richter überlassen werden soll zu bestimmen, daß die Sach= verständigen ein schriftliches Gutachten abgeben, oder ob sie zur mündlichen Verhandlung in der Gerichtssitzung vorgeladen wer= den sollen. Es wird aufmerksam gemacht, daß in Genf, wo der Verfasser des Gesetzbuchs selbst erklärte, daß die mündliche Verhandlung die Regel, das schriftliche Gutachten die Aus= nahme bilden soll, nach der Erfahrung dennoch von 563 An= trägen auf Sachverständige nur 17 Fälle mündlich verhandelt wurden, was, wie die niederländischen Motive bemerken, darauf deutet, daß viele Richter in Genf selbst eingesehen hätten, daß schriftliche Begutachtungen vorzuziehen seien. Die Motive heben noch hervor, daß für die letzte Art auch der Grund spricht, daß da, wo in der Sache gegen das Urtheil Appellation zu= lässig ist, ein zu den Akten gekommenes Gutachten doch voll= ständiger und klarer ist und bessere Grundlage dem oberen Richter liefert, als die von dem Gerichtsschreiber im Protocoll gemachte Aufzeichnung. Der Entwurf überläßt es dem Er= messen des Richters, welches Verfahren er anordnen will.

Vergleicht man alle neuen Gesetzbücher und Entwürfe in Bezug auf den Beweis durch Sachverständige, so überzeugt man sich bald, daß häufig diejenigen, welche die Gesetzesbestimmungen ent= werfen, auf neuere Forschungen über Beweis durch Sachver= ständige im Strafverfahren keine Rücksicht nahmen, und unklare Vorstellungen von diesem Beweise haben. So lange man in den Gesetzen und der Praxis Sachverständige den Zeugen gleich stellt oder von Sachverständigen als von Gehülfen des Richters spricht, kann keine Klarheit gewonnen werden. Im Strafver= fahren hat die bessere Ansicht allmälig gesiegt, im Civilverfahren hängt man noch an veralteten Vorstellungen. Nach richtiger Ansicht [25] ist der Beweis durch Sachverständige eine besondere Art des Beweises, dessen Wesen darauf beruht, daß in Fällen, in welchen Verhältnisse vorkommen, zu deren richtiger Beur=

---

25) Die nähere Begründung dieser Ansicht habe ich geliefert in dem Archiv für preuß. Strafrecht I S. 23 und in Friedreich's Blättern für gerichtl. Medicin fortgesetzt von Buchner 1863 S. 163.

theilung besondere Fachkenntnisse gehören, zu dieser Beurthei=
lung Männer beigezogen werden, von denen man v e r m u t h e t,
daß sie die nöthigen Kenntnisse besitzen, mit dem Rechte des
Richters, ihre Gutachten, wenn nach seiner Ueberzeugung keine
Zweifel vorliegen, seinem Urtheile zum Grunde zu legen. Der
Beweis durch Sachverständige ist eine besondere Art des Be=
weises, bei welchem die Beweiskraft in einer Kette von Ver=
muthungen liegt, welche den Richter bestimmen können, dem
Gutachten Vertrauen zu schenken. Der Sachverständige kann
nur eine M e i n u n g aussprechen, die sich auf seine Erfahrun=
gen und seine wissenschaftlichen oder technischen Kenntnisse grün=
det. Wenn schon alte Juristen behaupteten, daß die Sachver=
ständigen nur ein juramentum credulitatis leisteten, so liegt
in dieser Behauptung viel Wahres, indem in sehr vielen Fällen
die Sachverständigen nur die Thatsachen unter ihre Erfah=
rungen und die ihnen bekannten Lehrsätze subsumiren und
Folgerungen ableiten, wobei nicht verkannt werden darf, daß
bei den gewaltigen Fortschritten der Naturwissenschaften ein
großer Theil von Lehrsätzen vielfach bestritten, und Sätze, die
noch vor zehn Jahren als die allein richtigen erkannt waren,
jetzt als Irrthümer erklärt sind. Daraus rechtfertigt es sich,
wenn in den neuen Gesetzgebungen (z. B. im preuß. Entwurf
§. 508) ausgesprochen ist, daß die Richter nach freier Ueber=
zeugung das Gutachten würdigen.[26]) Die Wichtigkeit dieser
Auffassung zeigt sich in Streitfällen, wie z. B. wenn in
Versicherungsstreitigkeiten es auf die Frage ankommt, ob der
verstorbene Versicherte an einer Krankheit oder, wie behauptet
wird, durch Selbstmord gestorben ist, oder, wenn entschieden
werden soll, ob eine Person an Seelenstörung leidet und sie
interdicirt oder ein von ihr geschlossenes Rechtsgeschäft vernich=
tet werden soll, oder in Streitigkeiten, wenn Beschädigung durch
Eisenbahn vorliegt, wo es auf Verschuldung ankommt. Wer in solchen

---

26) Im Gutachten, das nur Meinung ist, liegt für sie nur ein Rath.
Daß die Juristen noch immer nicht die klare Vorstellung haben, lehren die
neuesten Erklärungen z. B. von W o l f im Archiv für prakt. Rechtswissen=
schaft 1. Bd. S. 375 und im Braunschweig. Urtheil bei S e u f f e r t Ar=
chiv 17. Band S. 296.

Streitsachen, in welchen Gutachten von Sachverständigen ein-
geholt waren, als Jurist beschäftigt war, weiß aus Erfahrung,
daß schriftliche Gutachten selten dem Gerichte ein klares Bild
geben [27]), daß ein Verfahren vor einem beauftragten Richter
(wie in Frankreich) ein trügliches Ergebniß liefert, während,
wenn die Sachverständigen mündlich vor dem versammelten Gerichte öffentlich aussagen müssen, und strenger Befragung, um
jede Unklarheit und jeden Zweifel zu beseitigen, und einer Art
Kreuzverhör unterworfen werden, das Gericht ein weit besseres
Material erhält. Die Gesetzgebung wird am besten dem Ermessen des Gerichts überlassen zu bestimmen, ob Sachverständige zur mündlichen Verhandlung in die Sitzung zu laden
(was die Regel bilden soll) oder über gewisse Fragen zum
schriftlichen Gutachten aufzufordern sind. [28]) Mit Recht hat
daher der niederländische Entwurf (bei dem es jedoch genauerer
Vorschriften bedarf), sowie der preußische Entwurf [29]), das Gericht nicht beschränkt, ob es die Sachverständigen zur mündlichen Verhandlung laden oder ihnen schriftliches Gutachten
auftragen will; billigen muß man daher auch, wenn der Referent des baierischen Ausschusses [30]) beantragt, den Vorschlag
des Entwurfs §. 303, der dem französischen Systeme folgt,
nicht anzunehmen, wenn er daher die Vernehmung in der
Sitzung vorschlägt. [31]) Bedauern muß man, daß fortdauernd

---

27) Alle Gründe, aus welchen man im Strafverfahren die Unzweckmäßigkeit des Vorlesens schriftlicher Gutachten anerkennt (s. darüber meinen Aufsatz in Buchner's Zeitschrift 1863 S. 404), entscheiden auch im
Civilprozesse.

28) Es wird auch darauf ankommen, ob nur über einfache Fragen
Gewerbsleute zu befragen sind, oder ob wissenschaftlich gebildete Männer über
Verhältnisse, die höhere wissenschaftliche Bildung voraussetzen, als Sach-
verständige zu vernehmen sind.

29) § 505 Motive S. 114.

30) v. Neumayr in seinem Referat über den Entwurf S. 129.

31) Nach seinem Vorschlag soll nur in Fällen, in denen die Abgabe
eines Gutachtens die vorgegangene Untersuchung oder Besichtigung eines
Gegenstands fordert, die in der öffentlichen Sitzung nicht vorgenommen
werden kann, oder wenn die Sache sich zur Erholung eines Gutachtens in
umfassender Art eignet, ein Richter beauftragt werden. Uns scheint aber,

neue Gesetze sich zu sehr durch französische Ansichten, die in Frankreich selbst getadelt werden, leiten lassen.[32] Bei dem richterlichen Augenschein enthält §. 76 die Bestimmung, daß das Gericht ein oder mehrere Gerichtsmitglieder auffordern kann, den Augenschein einzunehmen. Wir empfehlen den Gesetzgebern, hier eine in Schweizercantonen jetzt noch vorkommende wohlthätige Einrichtung nachzuahmen, nach welcher in geeigneten Fällen (z. B. Wasserbau= oder Dienstbarkeitsstreitigkeiten) das ganze Gericht mit den Parteien sich an den Ort begibt und nach vorgenommener Besichtigung sogleich an Ort und Stelle oder in einem nahe liegenden Gasthaus die Verhandlungen über die Sache vorgenommen werden und das Urtheil gefällt wird. Die Erfahrung lehrt, daß hierdurch oft die unter dem frischen Eindruck der Besichtigung urtheilenden Richter weit besser abstimmen, und wegen der raschen Entscheidung die größeren Kosten nicht in Betrachtung kommen.[33] In Bezug auf den Urkundenbeweis und das zur Herstellung der Aechtheit einer bestrittenen Urkunde nöthige Verfahren enthält Art. 82 die Bestimmung, daß dies Verfahren eintreten soll 1) wenn eine Partei die Aechtheit einer angeblich von ihr geschriebenen oder unterschriebenen Urkunde nicht anerkennt oder 2) behauptet, daß sie die Schrift oder Unterschrift desjenigen, der sie geschrieben haben soll, nicht kenne, 3) wenn eine Partei die Falschheit oder Verfälschung einer Urkunde behauptet. In den Fällen 1 und 2 kann die Partei, welche die Aechtheit be=

---

daß eben in solchen Fällen, wenn der Sachverständige die nöthige Vorbereitung gemacht hat, die Vorladung desselben zur Sitzung nothwendig ist.

32) Dies zeigt sich z. B. in Bezug auf die (oben Note 24) getadelte Vorschrift des Code, daß bei Verschiedenheit der Ansichten der Sachverständigen die Namen der Dissentirenden nicht genannt werden sollen, z. B. nach bair. Entwurf § 320, neues italienisches Gesetzb. § 261. Richtiger bestimmt der Züricher Entwurf der Prozeßordnung § 189, daß, wenn die Sachverständigen uneinig sind, Jeder sein Gutachten besonders abgibt.

33) Mit Recht hatte Godofroi in der Themis p. 29 bemerkt, daß im Gesetzbuch deutlich ausgedrückt werden muß, daß das Gericht sich an den Ort begebe. Lavielle in seinen études p. 213 erklärt, daß in Frankreich dies nicht gestattet ist, daß aber eine solche Vorschrift in das Gesetz aufgenommen werden soll. S. noch Sellgmann p. 207.

hauptet, fordern, daß sie zu dem Beweise derselben durch Urkunden, Sachverständige oder Zeugen zugelassen werde.[34]) Zweckmäßig ist es gewiß, daß nach dem Entwurf das Verfahren über
Aechtheit stattfinden soll. In Bezug auf die Schriftenver-
gleichung bezeichnet Art. 90 als Urkunden, die zur Vergleichung gebraucht werden dürfen 1) öffentliche Akten, 2) Schriften, deren Aechtheit die Partei schon anerkannt hat, 3) übrige
Theile einer vorgelegten Urkunde, die bereits von der Partei
als ächt anerkannt ist.[35]) Die Partei, gegen welche die Aechtheit bewiesen werden soll, kann angehalten werden[36]), in der
Sitzung zur Vergleichung etwas niederzuschreiben.[37]) Eine der wichtigsten Bestimmungen enthält der Entwurf Art. 95 (Motive
p. 107), daß das Gericht nicht nothwendig zur Vergleichung
immer Sachverständige vorrufen muß, daß vielmehr das Gericht selbst ohne Sachverständige die Vergleichung vornehmen
kann[38]), da die Erfahrung lehrt, daß schon die Auswahl der
geeignetsten Sachverständigen Schwierigkeit hat,[39]) daß für die
Kunst der zuverläßigen Vergleichung keine sichern Regeln bestehen und das Gutachten der Sachverständigen nur auf Ver-

---

34) Ueber das schleppende, kostspielige franzöf. Verfahren, wenn Falsch-
heitsbeweis zu führen ist, Seligmann p. 410.

35) Mit Recht macht der Referent des Ausschusses über den bair.
Entwurf S. 141 die Bemerkung, daß das Gesetz nicht zu eng die Zahl
der zur Vergleichung dienenden Urkunden beschränken soll, und schlägt vor
zu bestimmen: als Vergleichungsschriften sind alle Schriften zuläßig, von
welchen feststeht, daß sie von der Hand des angeblichen Ausstellers geschrieben sind.

36) Die Trüglichkeit dieses Mittels habe ich nachgewiesen in der Zeitschrift für Civilrecht VII. Band S. 168. Was Bayer in seinen Vorträgen über Civilprozeß S. 863 darüber sagt, verdient Beachtung.

37) Nach der Erfahrung in Baden gibt dieses Mittel, das oft gar
nicht anzuwenden ist, kein gutes Zeugniß. Auf jeden Fall mußte der
Entwurf nähere Bestimmungen geben, z. B. wie sie der preuß. Entwurf
§ 161 enthält.

38) Auch in Frankreich (Seligmann quels sont les réformes pag.
217) erkennt man dies an.

39) Durch Beiziehung von Schreibverständigen wird selten
etwas gewonnen. Am geeignetsten sind Personen, die große Uebung in
Beurtheilung fremder Schriften haben, z. B. Gerichtsschreiber, Buchhalter
von großen Kaufleuten.

muthungen beruht, während verständige Richter durch allge=
meinere Bildung und Uebung in Geschäften oft sicherer zu einer
richtigen Beurtheilung kommen.[40])

In Bezug auf die schwierigen Fälle, in welchen alte Ur=
kunden, z. B. aus dem XIII. Jahrhundert, vorgelegt werden,
enthalten die neuen Gesetzbücher keine Vorschriften,[41]) vorzüg=
lich wenn unter den Parteien Streit darüber ist, welche Er=
fordernisse zur Gültigkeit einer Urkunde in der Zeit, aus wel=
cher die Urkunde stammt, und in dem Lande nöthig waren.

Das wichtigste Mittel zur Ausmittelung der Wahrheit ist
die Befragung der Parteien vor Gericht, theils insofern
eine Partei an die andere Fragen stellen darf, theils insofern
das Gericht die Parteien zum persönlichen Erscheinen vorladen
und sie befragen kann. Dies Mittel,[42]) welches schon im rö=
mischen Rechte in dem Institute der interrogationes in jure
einen bedeutenden Einfluß hatte und im Mittelalter auch nach
Ausbildung des schriftlichen Verfahrens in dem Institute der
Positiones sich erhielt, ist im Lauf der Zeit vielfach unrichtig
aufgefaßt worden, insbesondere in Deutschland durch den Sieg
des schriftlichen Verfahrens, durch das Verschwinden des Sinnes
für die Pflicht, auch in Rechtsstreitigkeiten vor Gericht Wahrheit
zu sagen, und durch die von manchen Anwälten, die von der Heilig=
keit ihres Berufs nicht erfüllt waren, verbreitete Ansicht,[43]) daß
in der Vorladung der Parteien, Rede vor Gericht zu stehen,
ein Mißtrauen gegen die Advocaten liege. In Frankreich wurde
durch die höchst mangelhafte Art, wie das Institut bei Ab=
fassung der ordonnance von 1667 verdorben wurde[44]), und die

---

40) Motive zum preuß. Entwurf S. 103, v. Neumayr in seinem
Vortrag über den bair. Entwurf S. 190.

41) Hier bleibt nur das Mittel, an Personen sich zu wenden, welche
als Archivsbeamte, als Historiker mit dem Lesen alter Urkunden ver=
traut sind.

42) Der Verfasser dieses Aufsatzes hat im Archiv für civil. Praxis
Band 39 Nr. 12 die Geschichte des Fragerechts und die allmälige Aus=
bildung in den verschiedenen Gesetzgebungen entwickelt.

43) Bei Abfassung der französ. ordonnance von 1667 wurden solche
Ansichten offen geltend gemacht.

44) Nachweisungen in Lavielle études p. 170.

Art, wie der noch geltende Code das Mittel der interrogations
sur faits et articles regelte, so daß die Stimmen der besten
Juristen über den Werth des Mittels den Stab brachen[45]),
die richtige Würdigung des Instituts des Fragerechts der Parteien gehindert, und dasselbe wegen der vielen Kosten, sowie wegen
seiner häufigen Nutzlosigkeit mit Ungunst betrachtet wurde. Bei der
Abfassung des Genfer Gesetzbuchs wurde durch den geistvollen
Bellot[46]) zuerst auf die Weise aufmerksam gemacht, wie ein
Gesetzgeber von dem Institute Gebrauch machen soll. Seit dem
Genfer Gesetzbuch wurde in Deutschland die Ansicht herrschend,
daß die zwei Institute des Code: des interrogatoire und der
comparution des parties in ein Institut verschmolzen werden
sollen, und für das Interesse der Wahrheit durch die Anordnung, daß das Gericht die Parteien zur persönlichen Befragung
vorladen kann, genügend gesorgt sei. Auf diese Art ist auch
in den neuesten deutschen Gesetzesarbeiten das Institut des
interrogatoire nicht aufgenommen, dagegen die Vorschrift gegeben, daß das Gericht die persönliche Erscheinung der Parteien
bei der mündlichen Verhandlung anordnen und an die Parteien Fragen stellen kann, die zur Ermittlung des Sachverhalts
dienlich sind.[47]) Daß diese Anordnung und die Fragestellung an
die persönlich erscheinenden Parteien wohlthätig für die Ent-
deckung der Wahrheit wirkt, ist mit Grund von einem Kenner
des französischen Verfahrens nachgewiesen worden[48]), und die
Befugniß des Gesetzgebers, den Rechtsuchenden zur persönlichen
Erscheinung vor Gericht anzuhalten, kann von Niemanden bezweifelt werden, der die Wichtigkeit kennt, die Sittlichkeit des
Volkes zu beleben und dahin zu wirken, daß die Bürger ihre

---

45) Boncenne Théorie de la procédure IV p. 519, Regnard
p. 351, Bordeaux p. 537, Seligmann p. 186, Lavielle p. 180.

46) Bellot loi sur la procédure civile du Canton de Genève.
Genève 1837 p. 147. Auszüge in diesem Archiv Bd. 39 S. 290.

47) Solche Bestimmungen finden sich in dem von der Commission in
Hannover für Deutschland bearbeiteten Entwurf § 149, 150, bairischer
Entwurf § 130, preußischer Entwurf § 263.

48) Bomhard in seiner Schrift: Die Civilrechtspflege in der Pfalz
S. 39.

Pflicht anerkennen, vor Gericht Wahrheit zu sagen. Eine lange
Erfahrung[49]) und Erkundigungen bei Praktikern verschiedener Län=
der begründen die Ueberzeugung, daß das in neuester Zeit em=
pfohlene Mittel, nach welchem das Gericht die Parteien persön=
lich befragen kann, nicht genügt, und neben diesem Mittel auch
die Anordnung aufgenommen werden muß,[50]) daß eine Partei,
wenn auch das Gericht von seinem Standpunkt aus die per=
sönliche Erscheinung der Parteien nicht verordnet, im Interesse,
über gewisse Thatsachen ein Geständniß des Gegners zu er=
halten, den Antrag stellen kann, daß Gegner in die Sitzung vorge=
laden wird, um über gewisse Fragen zu antworten.[51]) Die
Erfahrung beweist, daß sonst eine große Lücke bleibt und für
den Beweis der Thatsachen und den Sieg der Wahrheit nicht
genug gesorgt wird,[52]) daß insbesondere oft die Eideszuschie=
bung vermieden werden kann, wenn man der beweispflichtigen
Partei das Mittel gibt, welches leicht so geregelt werden kann,
daß alle Vortheile, welche die interrogatio bezweckt, erreicht und
alle bei dem französischen interrogatoire vorkommenden Män=
gel beseitigt werden können. Von den neuesten Gesetzgebungs=
arbeiten haben nur das neue italienische Proceßgesetzbuch,[53])
der Entwurf für Zürich[54]) und der niederländische Entwurf

---

49) Der Verfasser dieses Aufsatzes hat im Archiv Bd. 39 S. 296
diese Ansicht zu rechtfertigen versucht.

50) Die Juristen, welche das französ. System vertheidigen, nach welchem
der Zeugenbeweis in Sachen über eine gewisse Summe beschränkt werden soll,
scheinen zu vergessen, daß in Frankreich die durch eine solche Beschränkung
schlimme Lage für eine beweispflichtige Partei dadurch verbessert wird,
daß sie das interrogatoire sur faits et articles beantragt, um dadurch
zu ersetzen, was ihr das Gesetz raubt.

51) Eine der besten Erörterungen über dies Mittel findet sich im
Coment. del Codice di procedura civile per gli stati Sardi de Mancini.
Torino 1855 vol. III p. 20.

52) Der Verfasser hat im Archiv l. c. S. 300—304 die Gründe, aus
welchen die persönliche Vernehmung der Parteien durch die Richter nicht
genügt, so wie die Grundzüge des Verfahrens angegeben.

53) Codice di procedura civile del Regno d'Italia v. 25. Juni 1865
Art. 216—219.

54) Gesetzesentwurf für Zürich v. 1865 Art. 135—148.

die Befragung der Parteien aufgenommen. Bei dem ersten muß man bedauern, daß der Gesetzgeber noch zuviel durch die französische Gesetzgebung sich leiten läßt, während der Züricher Entwurf zweckmäßig das Institut (selbst besser als in Genf) regelt und gut alle Einzelnheiten ordnet. Eine besondere Beachtung verdient der niederländische Entwurf.[55]) Schon G o d e - f r o i [56]) hatte die Verbesserungen gut bezeichnet, welche in Bezug auf das Gesetz von 1838 zu treffen sein würden. Nach Art. 103 kann eine Partei in allen Sachen, in welchen das Geständniß ein Beweismittel sein kann, und in jeder Lage des Streits die Vorladung des Gegners fordern, um über gewisse Thatsachen sich zu erklären. Das Urtheil ladet die Parteien vor; erscheint die zu vernehmende Partei in der Sitzung nicht, ohne gültige Entschuldigungsgründe zu bringen, so können die Thatsachen, worüber zu fragen ist, als zugestanden erklärt werden; allein es wird zugleich zur weitern Verhandlung ein neuer Termin gegeben. Erscheint dann die Partei, so wird sie vernommen, muß aber die durch ihr Ausbleiben verursachten Kosten bezahlen. Beide Parteien können in die Sitzung Anwälte mitbringen. Die Befragung geschieht durch den Vorsitzenden, jedes Gerichtsmitglied kann Fragen stellen. Die beantragende Partei kann Fragen bezeichnen, die der Richter stellen soll, und der Richter entscheidet, wenn der Gegner gegen die Stellung einer Frage sich erklärt. Ein genaues Protokoll wird aufgenommen. Körperschaften, Handelsgesellschaften können eines ihrer Mitglieder abordnen. (110.) Nach dem Verhör oder in einer folgenden Sitzung können die Parteien über das Ergebniß verhandeln. Nach Art. 114 kann das Gericht in jeder Lage des Streits die Parteien zum persönlichen Erscheinen vorladen, wenn es dies zur Aufklärung der Sache für dienlich hält. Ueber die Befragung gelten die obigen Vorschriften. Nach Art. 118 hat das Verhör der Parteien immer bei geschlossenen Thüren statt. Die Motive 110 bis 114 enthalten sehr beachtenswerthe Erörterungen über die

---

55) Er handelt in Art. 103—113 von dem Verhör auf Antrag einer Partei und 114—118 vom Verhör, das amtshalber der Richter anordnet.

56) In der **Themis** p. 26.

wichtigften Fragen, und zwar fchon über das Verhältniß des
Verhörs auf Antrag der Parteien zu der vom Gericht für wich=
tig gehaltenen Befragung einer Partei. Mit Recht wird gezeigt,
daß bei dem erften der Gefichtspunkt entfcheidet, dadurch ein
Geständniß des Gegners über die von ihm noch nicht zugege=
benen Thatfachen durch zweckmäßige Befragung zu erhalten
(ähnlich wie bei der interrogatio und den positiones) und
koftfpielige Beweisführungen zu vermeiden. Daß dabei fcheinbar
eine Art von Inquifition zum Grunde liegt, ift richtig; aber
bei der Eideszuschiebung ift dies auch der Fall. Bei der von
dem Gerichte angeordneten Befragung entfcheidet dagegen der
Gefichtspunkt, daß der Richter dies Mittel braucht, um Auf=
klärung über Dunkelheit oder Unvollftändigkeiten in den Vor=
trägen der Parteien zu erhalten. Die Motive heben hervor,
daß daher auch die Befragung bei beiden Mitteln eine ver=
fchiedene ift; bei dem erften bezieht fich die Befragung auf That=
fachen, die für die Pflicht zu beweifen wichtig werden, bei
der zweiten betreffen die Fragen nur die von den Parteien
vorgetragenen Thatfachen, deren beffere Aufhellung durch die
Befragung bezweckt werden foll. Diejenigen, welche an dem
Werth des Mittels der Befragung durch die Parteien zweifeln,
weifen wir auf die Erfahrung Englands hin, welche lehrt,[57]
daß dadurch häufig die Partei, welche eine Thatfache läugnet, bei
der öffentlichen Befragung im Gefühle, daß fie durch ein fcham=
lofes Abläugnen mancher Thatfache ihren guten Ruf als wahr=
hafter Mann verliert, bewogen wird, zu geftehen. Zu beachten
ift, daß nach Art. 103—104 nur die Thatfachen (feiten), nicht
die einzelnen Fragen, welche geftellt werden follen, voraus an=
zugeben find. Wichtig ift auch, daß, wenn die zu befragende Partei
in der Sitzung nicht erfcheint, nach 105 die Thatfachen als zu=
geftanden angenommen werden, aber die Partei diefen Nachtheil

---

57) Namentlich zeigt fich dies in Handelsfachen, wo der Betrogene
auf die dem Gefchäfte vorangegangenen Verabredungen fich bezieht, fowie
bei dem circumftantiellen Beweis, wo aus dem Geftändniß der Thatfachen,
die der Befragte nicht läugnen kann, wichtige Folgerungen abgeleitet wer=
den. Wir verweifen auf Mittheilungen in der Zeitfchrift für ausländifche
Gefetzgebung Bd. XXVIII S. 268.

abwenden kann, wenn sie in der nächsten Sitzung erscheint und ordentlich antwortet. Merkwürdig ist in den Motiven S. 113 die Erörterung, in welchen Punkten die amtshalber geschehene Befragung von dem Verfahren bei der interrogatio der Parteien sich unterscheidet.[58]) Nicht zustimmen kann man aber der in den Motiven S. 113 versuchten Rechtfertigung der Vorschrift, daß das Verhör nicht öffentlich sein soll. Wir sind überzeugt, daß die Oeffentlichkeit nach den Erfahrungen Englands vorzüglich geeignet ist, den Befragten durch das Gefühl, daß sein Benehmen von den Mitbürgern beobachtet wird, häufig von frivolem Ab-läugnen von Thatsachen abzuhalten.[59])

Wir werden auf den übrigen Theil des niederländischen Entwurfs im Verfolge dieser Abhandlung zurückkommen und halten es vorerst für Pflicht, unsere Leser auf das n e u e st e Proceßgesetzbuch, auf die f ü r d a s K ö n i g r e i ch I t a l i e n verkündete C i v i l p r o c e ß o r d n u n g aufmerksam zu machen.[60]) Wir werden nachweisen, daß dies Gesetzbuch nicht völlig den Forderungen entspricht, welche im Angesichte neuer Forschun-gen und Erfahrungen an eine die Bedürfnisse der Recht-suchenden beachtende neue Proceßgesetzgebung gemacht werden können, und der Grund der Mängel vorzüglich darin liegt, daß viele Juristen Italiens noch immer nur durch französische Rechtsanschauungen bestimmt werden. Wenn wir dennoch Allen, die sich mit Gesetzgebungsarbeiten beschäftigen, dringend em-pfehlen, dem Gang der neuen italienischen Proceßgesetzgebung zu folgen, so liegt der Grund darin, daß in keinem Lande so reiche Materialien für die Civilproceßgesetzgebung vorliegen als in Italien. Wir haben in dem Archive den Charakter des 1854 verkündigten Proceßgesetzbuchs für Piemont und des 1859 für das ganze Königreich gegebenen Gesetzbuchs mitgetheilt. Die Wirksamkeit beider Gesetzbücher hat eine Masse von Erfahrungen über den Werth der neuen Gesetze, aber auch mehrere wissen-

---

58) Insbesondere wird bemerkt, daß bei der zuerst genannten Befra-gung kein Zwang zur Antwort, wie in Art. 105, vorkommt.

59) Auch **Lavielle** études p. 184 fordert Oeffentlichkeit.

60) **Codice di procedura civile del Regno**, d'Italia, genehmigt am 25. Juni 1865.

schaftliche Arbeiten in das Leben gerufen, von denen insbeson=
dere ein Commentar wegen des Eingehens in alle Einzelnheiten
und der Masse der gesammelten Erfahrungen die allgemeine
Beachtung verdient,[61] um so mehr, als das Werk eine beständ=
dige Vergleichung mit den Gesetzen anderer Staaten, insbeson=
dere Frankreichs und Neapels, und ein Anknüpfen an die frühere
Literatur Italiens über Civilproceß enthält. Als 1859 die
Revision des Gesetzbuchs verkündet wurde, veranlaßte dies neue
wissenschaftliche Arbeiten vorzüglich mit der Richtung, das in
einzelnen Provinzen, in denen die bisherige Gesetzgebung fort=
dauerte, z. B. in der Lombardei, geltende Verfahren mit dem
im Gesetze von 1859 eingeführten zu vergleichen. Immer drin=
gender wurde im neuen Königreich die Nothwendigkeit der Rechts=
einheit im ganzen Reiche gefühlt, und nun legte der Justiz=
minister Pisanelli am 26. Nov. 1863 dem Senate einen neuen
Gesetzesentwurf mit einem einleitenden Vortrage vor,[62] welcher
der sorgfältigsten Beachtung würdig ist, da darin tiefeingehend
auf den Grund der eingeholten Berichte der ausgezeichneten Prak=
tiker jede einzelne Lehre nach den Erfahrungen und nach all=
gemeinen Grundsätzen erörtert, und dasjenige gerechtfertigt wird,
was als Verbesserung angeführt ist.[63] Die Vorlage veran=
laßte in den Kammern nur kurze Verhandlungen. Der Justiz=
minister legte nunmehr den Entwurf, zu dessen Verkündung im
Interesse der Beschleunigung, die Rechtseinheit herbeizuführen,
die Regierung ermächtigt wurde, einer Commission der tüch=
tigsten Juristen am 12. April 1865 eine Reihe von Fragen
vor, die auf die einzuführenden Verbesserungen sich bezogen,
und erstattete auf den Grund des von der Commission gege=

---

61) Dieser Commentar erschien 1855: Comentario del Codice di procedura civile per gli stati Sardi con le comparazione degli altri Codici
p. Mancini, Pisanelli, Scialoja. Torino von 1855 bis jetzt
6 Quartbände. Die Herausgeber waren die ausgezeichnetsten Advokaten
in Neapel und Verfasser geachteter wissenschaftlicher Werke.

62) Relazione sul progetto del Codice di procedura penale pre-
sentato al Senato 26 Nov. 1863.

63) Wir wollen vorläufig nur auf die treffliche Ausführung pag.
106—109 über die Erfahrungen und Verbesserungen in Bezug auf das
Fragerecht der Parteien aufmerksam machen.

benen Gutachtens am 25. Juni dem Könige einen Vortrag,[64] worin er die Grundsätze und die einzuführenden Verbesserungen begründet. Die königliche Sanktion erfolgte hierauf. Wir werden nun bei den Einzelnheiten des neuen Gesetzbuchs mit Rücksicht auf die verschiedenen Begründungen verweilen. Wir wollen vorerst nur auf eine Schrift aufmerksam machen, welche Allen, die mit der Verbesserung der Civilproceßgesetzgebung sich beschäftigen, dringend empfohlen werden darf, da der Verfasser Maltini,[65] bei welchem die in Italien seltene Eigenschaft eintritt, daß der Verfasser mit den wissenschaftlichen und legislativen Arbeiten des Auslandes genau vertraut ist, insbesondere alle neuen deutschen Arbeiten über Civilproceß kennt und mit der französischen Praxis bekannt ist, eine vergleichende Darstellung der Civilproceßgesetzgebung liefert, und bei dieser Vergleichung alle Hauptfragen, die den Gesetzgeber beschäftigen, mit Prüfung der gemachten Erfahrungen und mit Aufstellung fester Grundsätze, wissenschaftlich und praktisch klar zergliedert. Wir werden auf seine Ansichten bei der Darstellung des neuen italienischen Gesetzbuchs zurückkommen.

In neuester Zeit ist die Aufmerksamkeit in wissenschaftlichen Arbeiten und in legislativen Verhandlungen durch den neuen preußischen Entwurf auf den französischen Civilprozeß gelenkt worden und zwar in der Richtung, daß dies Verfahren ein Gegenstand heftiger Angriffe und die Nachahmung desselben in deutschen Gesetzesarbeiten für nachtheilig erklärt wurde. Aehnliche Erscheinungen waren zur Zeit bemerkbar, als in Deutschland immer dringender im Strafverfahren die Mündlichkeit gefordert wurde. Als 1848 die öffentliche Stimme, welche diese Forderung geltend machte, durch die damaligen Zustände eine große Macht erhielt, wurde auch allgemein das Bedürfniß ausgesprochen, eine auf Mündlichkeit und Oeffentlichkeit gebaute

---

64) Abgedruckt im Monitore dei tribunali. Milano 1865 pag. 728 bis 48.

65) Studi intorno alla reforma del processo civile dall' avvocato Maltini. Milano 1865. Die Fortsetzung der Abhandlung erschien in der in Mailand herausgegebenen Zeitschrift: Monitore dei tribunali 1865 Nr. 28 pag. 685, Nr. 29 39—40 44.

Civilprozeßgesetzgebung einzuführen. Da die herrschende Mei=
nung die war, daß in der französischen Gesetzgebung die gefor=
derte Mündlichkeit schon verwirklicht sei, so war es begreiflich, daß
bei den in einzelnen Staaten gemachten Gesetzesarbeiten die
französischen Gesetzbücher zum Vorbild genommen wurden. Wäh=
rend in Bezug auf Strafverfahren die Nachbildung des fran=
zösischen Code wenig Schwierigkeiten zu haben schien, waren
in Ansehung des Civilprozesses die Stimmen mehr getheilt, da
man nicht verkennen konnte, daß in Frankreich selbst gegen den
Code de procédure civile mehr als gegen jedes andere fran=
zösische Gesetzbuch erhebliche Einwendungen gemacht wurden,[1] weil
schon auf die Bearbeitung und Prüfung des Entwurfs nicht
die nöthige Sorgfalt verwendet, ungeachtet der Warnung des
Cassationshofs[2] nicht für die nothwendige Vollständigkeit des
Gesetzbuchs gesorgt und der Fehler begangen wurde, zu viel
dem als bekannt vorausgesetzten Gerichtsgebrauche[3] zu über=
lassen.[4] Die von einem der feinsten wissenschaftlich und prak=
tisch gebildeten Juristen, Bellot, bearbeitete Revision des fran=
zösischen Code für Genf von 1820, worin wesentliche Fehler
des Code verbessert wurden,[5] hatte in Frankreich selbst die

---

1) Der Verfasser des vorliegenden Aufsatzes hatte 1820 in seiner
(später in mehreren Auflagen erschienenen) Schrift: Der gemeine deutsche
bürgerliche Prozeß in Vergleichung mit dem preußischen und französischen
Civilverfahren, Bonn 1820, Beitrag 1 §. IV die Mängel der französischen
Prozeßgesetzgebung bezeichnet.

2) In dieser Beziehung ist das von Bordeaux in seiner Preisschrift
Philosophie de la procédure civile pag. 90 Gesagte wohl begründet.

3) Würde der vom Cassationshof vorgeschlagene Entwurf (abgedruckt
in Sirey Code de proc. 1 p. 1—20) angenommen worden sein, so
wären viele Mängel vermieden worden.

4) Insbesondere wurde das schon durch Ordonnance von 1667 an=
geordnete, aber mehr noch durch Praxis fortgebildete Verfahren als be=
kannt vorausgesetzt. In dieser Beziehung verdient das in Deutschland
fast nicht gewürdigte Buch von Fleury institution au droit français
publiée par Laboulaye et Dareste. Paris 1858 vol. II p. 79—210 be=
sondere Beachtung. Wichtige Bemerkungen in Lavielle Etudes sur la
procédure civile. Paris 1862 pag. 10.

5) Ueber die Genfer Prozeßordnung meine Schrift: Der gemeine deutsche
Prozeß I S. 84 und über die in Genf gemachten Erfahrungen das Gut=
achten des Präsidenten Bite in Genf im Archiv für civil. Praxis XXXIV
S. 124.

Wirkung, daß man die Nothwendigkeit anerkannte, leitende Grundsätze für die Prozeßgesetzgebung aufzusuchen und Verbesserungen des Code anzubahnen. Die Akademie der moralischen und politischen Wissenschaften in Paris stellte eine Preisaufgabe, worin sie die Erforschung der Verbesserungen forderte, welche von dem juristischen und philosophischen Standpunkt aus in dem Code de procédure eingeführt werden sollten. [6])

Durch diese Preisaufgabe wurden in Frankreich mehrere bedeutende wissenschaftliche Arbeiten veranlaßt, [7]) in welchen auf die vielfach von den französischen abweichenden Vorschriften des Genfer und anderer neuerer Gesetze des Auslands [8]) Rücksicht genommen, Erfahrungen über Wirksamkeit der französischen Prozeßgesetzgebung mitgetheilt und Verbesserungen vorgeschlagen wurden. [9]) Es ist merkwürdig, daß in allen diesen Schriften die leitenden Grundsätze des Code de proc. fast nie Gegenstand des Tadels wurden (mit Ausnahme der französischen Unterscheidung der Sachen in ordentliche und summarische). Die Angriffe gegen das französische Civilprozeßverfahren betreffen theils das Gesetzbuch selbst (insbesondere wegen vieler darin vorhandener Lücken der Vorschriften über wichtige Fragen, wegen vorgeschriebener unnöthiger Formalitäten, namentlich im Beweisverfahren, wegen zu langer Fristen), theils das Benehmen mancher Anwälte, die sich um die gehörige Abfassung der vorbereitenden Schriften nicht kümmerten und nur Geld gewinnen und den Prozeß zu verlängern suchten [10]) und nachlässig den Prozeß betrieben.

---

6) Das Programm der Aufgabe ist abgedruckt in diesem Archiv XXXIV S. 122.

7) Von **Bordeaux** (der den Preis erhielt), **Seligman**, **Regnard**. Ueber diese Werke wurde in diesem Archiv Bericht erstattet.

8) Dahin gehörten vorzüglich die Prozeßordnungen für Griechenland, Portugal und Niederland. S. darüber meine Schrift: Der gemeine Prozeß I S. 89.

9) Von den neuesten französischen Arbeiten verdient insbesondere Beachtung **Lavielle** Etudes sur la procédure civile. Paris 1862. Darüber die beste Anzeige von **Godefroi** in der niederländischen Zeitschrift Themis Band XII 1865 p. 365.

10) Erfahrungen in Raymond **Bordeaux** p. 452. Von kenntnißreichen und wohlgesinnten Juristen in Frankreich erfährt man, daß ein Hauptgrund des Uebels darin liegt, daß **avoués** und **avocats** in ihren

Es war begreiflich, daß bei der Abfassung neuer Civil=
prozeßgesetzbücher in Deutschland weit größere Schwierigkeiten
als bei Bearbeitung der Strafprozeßordnungen in den ein=
zelnen deutschen Staaten sich entgegenstellten. Es war leichter,
sich mit dem Gange des französischen Strafverfahrens, welches
aus dem vollständigen, klaren Code d'instruction criminelle
ersichtlich war, zu befreunden, als mit französischem Civil=
verfahren, dessen genauer Zusammenhang mit allen Einzeln=
heiten aus dem lückenhaften Code nicht leicht erkannt und
erst durch lange Beobachtung des Gerichtsgebrauchs begriffen
werden konnte. Auch waren die deutschen Juristen so sehr
von den bisherigen Anschauungen über Stellung der Richter,
über Verhältniß der Advokaten und von den angeblichen
Vortheilen der Schriftlichkeit für die Gründlichkeit der Ent=
scheidung eingenommen und an das Referenteninstitut gewöhnt,
daß in allen deutschen Prozeßgesetzgebungen seit 1849 man
möglichst viel von den bisherigen Einrichtungen zu retten
suchte; insbesondere war es die vorwaltende Ansicht, daß ein
schriftliches durch das Gesetz geregeltes Vorverfahren nicht ent=
behrt werden könne, indem man das mittelst Gerichtsvollzieher
ohne Dazwischenkunft des Gerichts geführte Vorverfahren, wie
es in Frankreich besteht, für bedenklich hielt.[11]) Ueberall zeig=
ten sich jedoch mehr oder minder die Folgen der Unklarheit
und Halbheit mit Herbeiführung neuer Streitfragen. Die Ge=
setzgeber versuchten das Prinzip der Mündlichkeit möglichst
mit dem beabsichtigten schriftlichen Verfahren in Verbindung

Verrichtungen geschieden sind und die Erstern durch das unglückliche System,
nach welchem sie zu hohen Preisen ihre Stellen erkaufen müssen, der Ver=
suchung unterliegen, durch die Art der Prozeßführung viel Geld zu ge=
winnen.

11) Auch der Verfasser des vorliegenden Aufsatzes hatte noch in seiner
Schrift: Der gemeine Prozeß, II. Heft S. 74—81 Bedenken gegen das
französische Vorverfahren geäußert. Eine oft wiederholte Beobachtung des
französischen Verfahrens in der Praxis, insbesondere vielfache Erfahrungen
über das in den Rheinprovinzen vorkommende Verfahren überzeugten später
den Verfasser von der Möglichkeit einer consequenten Durchführung des
Prinzips der Mündlichkeit.

zu bringen. In Hannover wurde eine gute Vorarbeit zu dem neuen Gesetzbuch dadurch gemacht, daß ein tüchtig gebildeter und erfahrner Jurist (G. Leonhardt) nach Genf gesendet wurde, um dort Erfahrungen über die in Genf eingeführte Prozeßgesetzgebung zu sammeln. Die Absicht des hannöverischen Gesetzgebers war, in dem neuen Gesetzbuche eine **Reform des deutschen Prozeßrechts** zu liefern. [12]) Der Wille, das Prinzip der Mündlichkeit anzunehmen (man war in der Praxis in Verlegenheit, ob dies Prinzip gleichbedeutend mit dem der Unmittelbarkeit sein soll), lag den Gesetzgebungen von Braunschweig, Hannover, Oldenburg, Baden zum Grunde; [13]) in Bezug auf die Vorschriften über Einzelnheiten war jedes dieser Gesetzbücher verschieden. Der von der in Hannover berathenden Commission bearbeitete Entwurf für Deutschland war wieder eigenthümlich dadurch, daß man, um partikulare Interessen zu schonen, in vielen Lehren die Regelung den Landesrechten überließ, während der Entwurf vielfach franz. Vorschriften aufnahm. Wie wenig aber über viele der wichtigsten Punkte in allen deutschen Staaten eine Gleichförmigkeit der Rechtsansichten besteht, lehrt dieser Entwurf, indem viele der darin vorkommenden Vorschriften nur auf Beschlüssen beruhen, welche mit einer Stimme Mehrheit und oft nur durch die entscheidende Stimme des Präsidenten zu Stande kamen.

Eine neue Richtung erhielten die Forschungen in Deutschland, als der baierische Entwurf veröffentlicht wurde, und die darüber Statt gefundenen Berathungen des Ausschusses der zweiten Kammer bekannt wurden, vorzüglich aber, als der neue Entwurf der Civilprozeßordnung von Preußen zur öffentlichen Kenntniß gelangte. Schon bei dem baierischen Entwurf lag die Absicht zum Grunde, das französische Verfahren als Grundlage zu nehmen (wir erinnern an die aufgenommenen Bestimmungen über Staatsanwaltschaft und Zeugenbeweis), aber die im französischen Code vorkommenden Lücken auszufüllen, über

12) So bezeichnet Leonhardt in seiner neuesten Schrift zur Reform des Civilprozesses. Zweiter Beitrag, 1865 S. 3 das hannöverische Gesetzbuch.

13) Wir haben in dem Archive die Grundzüge einer jeden der genannten Gesetzgebungen und die Erfahrungen mitgetheilt.

wichtige Streitfragen, deren Entscheidung in Frankreich nur
dem Gerichtsgebrauch überlassen ist, durch die der deutschen
Gesetzgebung und Rechtsübung entsprechenden Vorschriften zu
entscheiden und vorzüglich das Verhältniß der mündlichen Verhandlung zu dem schriftlichen Vorverfahren, das letzte aber genauer zu regeln, um eine gehörige Grundlage zu gewinnen.
Bei der Berathung des Entwurfs im Ausschuß zeigte sich bald,
daß von Seite der Mitglieder, welche mit dem französisch-rhei-
nischen Verfahren genau bekannt waren, versucht wurde, möglichst französische Ansichten im Entwurfe zum Siege zu bringen,
während die jenen Landestheilen, worin das baierische Gesetz
galt, angehörigen Mitglieder vielfach die deutschen Rechtsansichten geltend zu machen suchten.[14] Eine neue Erscheinung
zeigte sich aber, als bei Wiedereröffnung der Sitzungen des
Ausschusses[15] sich ergab, daß eben über das Vorbereitungsverfahren Bedenken sich erhoben, manche gefaßten Beschlüsse
nicht befriedigten und von Umbscheiden (dem rheinpfälzischen
Mitgliede) neue Anträge, die mehr der rheinischen Rechtsübung
entsprachen, gestellt wurden. Die darüber entstandene Berathung ist eine sehr merkwürdige, und muß unten ausführlich
dargestellt werden, da sie eine Verhandlung liefert, wie sie noch
nie in einer legislativen Verhandlung Statt fand, indem darin
eine auf alle Einzelnheiten eingehende und die Rechtsübung in französischen und rheinischen Gerichten prüfende Darstellung enthalten ist und ein neuerer Entwurf vorgelegt und berathen
wurde, welcher genau alle Einzelnheiten des schriftlichen Vorverfahrens gesetzlich regeln sollte.

Noch bedeutender wurde der veröffentlichte p r e u ß i s c h e
Entwurf,[16] welcher die in den andern neuen deutschen Gesetz-

---

14) Wir haben in diesem Archive Bd. 47 S. 409 den Bericht des
Referenten v. Neumayr und Bd. 48 S. 282—94 die Berathungen des
Ausschusses mitgetheilt.

15) Am 19. Oktober 1865. Wir folgen den amtlich bekannt gemachten
Verhandlungen der Kammer der Abgeordneten, Beilagenband III. Verhandlungen des Gesetzgebungs-Ausschusses, Protokoll von Nr. XLVII.

16) Wir haben oben Band 47 S. 433 auf den preußischen Entwurf
aufmerksam gemacht.

gebungen auftretende vermittelnde, mehr den bisherigen deutschen
Ansichten sich anschließende Durchführung des Prinzips der Mündlichkeit vermeiden und folgerichtig das französisch-rheinische System,
jedoch mit wesentlichen Verbesserungen durchführen wollte. Es war
vorauszusehen, daß dieser Entwurf bei den Juristen, welche be-
sorgten, daß durch den Sieg des französischen Systems, die nach
idealer Auffassung gerühmten Vorzüge des deutschen Verfahrens
zerstört würden, keinen Beifall erhielt und vielfach Gegenstand des
Tadels wurde. Den stärksten Angriff machte v. Kräwel,[17]
welcher das französische System in allen Theilen angriff und in
Vergleichung mit den deutschen Rechtsanschauungen den Vorzug der letzten hervorhob. — Bedeutend wurde auch der
Angriff von Seite des erfahrenen hannöverischen Juristen
Leonhardt,[18] der ausgerüstet mit den reichen Erfahrungen,
die er als Hauptredaktor des hannöverischen Entwurfs und durch
Beobachtung der hannöverischen Praxis sammelte, den preußischen
Entwurf mit den deutschen Rechtsansichten und mit der hannöverischen Rechtsübung verglich und Mängel des preuß. Entwurfs nachwies. Im gleichen Sinne hatte Professor Nissen[19]
die Fehler des preußischen Entwurfs nachzuweisen gesucht und
am Schlusse die Ansicht ausgesprochen, daß der neue Entwurf
keine Billigung finden werde, da er ein Verfahren annehme, welches durch seinen Formalismus über-
große Ansprüche an alle Betheiligten erhebe, den
Aufwand an Zeit und Kosten vergrößere und dafür
nicht einmal eine richterliche Entscheidung biete,
welche, auf unmittelbarer mündlicher Vorlegung
des Rechts ruhend, die möglichen Garantieen für
Erkennung der wirklich bestehenden Verhältnisse
gewähre.

---

17) In der Schrift: Bedenken über das franz. Wesen der für Preußen,
Baiern, Hannover ausgearbeiteten Entwürfe der bürgerl. Prozeßordnung
von v. Kräwel, Appellationsgerichtsrath in Naumburg. Leipzig 1865.

18) In der Schrift: Zur Reform des Civilprozesses in Deutschland
von Leonhardt, Oberjustizrath und Generalsekretär im Justizministerium.
Zweiter Beitrag, Hannover 1865.

19) In der krit. Vierteljahrsschrift für Gesetzgebung und Rechtswissenschaft von Bekker und Pözl. Achter Band Nr. I.

In einem anderen Geiste, mit der Absicht, die Richtigkeit
der Grundsätze, auf welchen der Entwurf beruht, anzuerkennen,
die einzelnen Vorschriften zu prüfen und grundlose Einwen=
dungen zurückzuweisen, aber auch redlich auf einzelne Mängel
aufmerksam zu machen, sind viele in der preußischen Anwalts=
zeitung [20]) veröffentlichte Aufsätze geschrieben, und solche Ar=
beiten werden ebenso, wie die gründliche und unparteiische
Prüfung des preußischen Entwurfs in diesem Archiv [21]) von dem
ausgezeichneten Rechtslehrer Endemann, zur Verbesserung des
preußischen Entwurfs und zur Verständigung über die festen
Grundlagen einer neuen Civilprozeßordnung mehr beitragen,
als Arbeiten, die in der Absicht geschrieben sind, den ganzen
Entwurf als eine Nachahmung des französischen Code zu ver=
werfen. Wir wollen unsere Leser insbesondere auf mehrere
Aufsätze in der Anwaltszeitung aufmerksam machen. Ueberall
wird zwar das Bedauern ausgesprochen, daß Preußens Gesetz=
gebung sich nicht dem für ganz Deutschland in Hannover be=
rathenen Entwurf angeschlossen hat; [22]) allein es wird die Pflicht
anerkannt, abgesehen von Wunsche, daß Preußen sich nicht
isoliren sollte, zur Verbesserung des preußischen Entwurfs, wel=
chem im Ganzen ein günstiges Zeugniß gegeben wird, durch
eine gewissenhafte Prüfung der einzelnen Bestimmungen beizu=
tragen. Hier wird nun richtig bemerkt, daß der Entwurf oft
nicht consequent und durch Einwirkung deutscher Ansichten irre=
geführt ist. [23]) Viele praktische Bemerkungen beziehen sich vor=

---

20) Preußische Anwaltszeitung, Wochenschrift für Rechtspflege und
für Interessen des Anwaltstandes von Hinschius, Berlin 1865.

21) Im gegenwärtigen Hefte Nr. 1.

22) Es wird Seite 22 mit Recht die traurige Folge hervorgehoben,
daß nach dem deutschen Entwurf §. 79 der Preuße von der von jedem
Ausländer zu stellenden Kaution nicht frei ist, weil nach §. 79 nur
die Bürger der deutschen Bundesstaaten, in welchen die deutsche Pro=
zeßordnung Geltung hat, als Inländer betrachtet werden. Silberschlag
bemerkt S. 25, daß gegen die Einführung des deutschen Entwurfs in
Preußen sich weniger Gegner erheben würden, als vielleicht gegen den
preuß. Entwurf.

23) Z. B. nach der Ausführung von Hinschius in der Anwaltszeitung
1865 S. 3, wo gezeigt wird, daß die Beibehaltung der ältern Ansicht über

züglich auf die im Entwurf vorkommende Regelung der vorbereitenden Instruktion und der Unterscheidung zwischen ordentlichem und vereinfachtem Anwaltsprozeß, wobei H i n s c h i u s
zeigt,[24]) daß die französische Unterscheidung von ordentlichen und
summarischen Sachen keine Billigung verdient, und nach Prüfung des Genfer und des hannöv. Gesetzes der Vorschlag gemacht
wird, den sogenannten vereinfachten Anwaltsprozeß zur Regel
zu erheben und nur ausnahmsweise diese als ordentliches Verfahren zu betrachtende Procedur nach vorgängiger mündlicher
Verhandlung in ein dem ordentlichen Anwaltsprozesse ähnliches
Verfahren umzuwandeln. In Bezug auf die Beseitigung der
Eventualmaxime [25]) im Entwurf wird bemerkt, daß dies ein
bedenklicher Schritt sein würde, und daß durch Art. 324 des
Entwurfs dem Richter eine zu gefährliche diskretionäre Gewalt
gegeben würde. Gegen die Bestimmung, daß in der ersten
Sitzung nur die Anträge vorgelesen werden sollen und dann
erst eine spätere Sitzung zur mündlichen Verhandlung bestimmt
werden soll, wird eingewendet,[27]) daß dadurch ein unnöthiger
Zeitverlust herbeigeführt würde. Auf die Einwendungen von
L e o n h a r d t und von K r ä w e l gegen den Entwurf liefert
H i n s c h i u s würdige prüfende Erwiderungen.[28]) Eine Rechtfertigung des Anwaltszwangs und des Instituts der Gerichtsvollzieher gibt S i l b e r s c h l a g.[29])

v. K r ä w e l bringt die Frage über den Werth des französischen Verfahrens und daher des preußischen Entwurfs in
Zusammenhang mit der Nationalität und sucht zu zeigen, daß
der Geist des französischen Code mit dem Charakter der Fran-

Klageänderung (Entw Art. 313—332) und die Rechtshängigkeit als Folge
der Mittheilung der Klage an den Gegner nicht zur richtigen Ansicht von
dem vorbereitenden Verfahren paßt.

24) In Anwaltszeitung 1865 Nr. 11 S. 162—9.

25) In Nr. 19 S. 295 hat H i n s c h i u s das wahre Verhältniß dieser
Maxime gut entwickelt.

26) v. W i l m o s k i in der A.=Zeitung Nr. 3.

27) Anwalts=Zeitung S. 43.

28) In Bezug auf L e o n h a r d t Nr. 19 und v. K r ä w e l Nr. 40.
Not. 10 S. 678.

29) In Nr. 98.

zofen und französischen Zuständen zusammenhängt und im schrof=
fen Gegensatze mit den deutschen Zuständen und Rechtsanschau=
ungen steht. Der Franzose wird, wie v. Kräwel meint, mit
den Geschäften leicht fertig, weil er sie gerne von einer leichten
Seite angreift. Den Rheinländern sind die deutschen Rechts=
anschauungen ziemlich ganz abhanden gekommen. Der fran=
zösische Richter macht sich, wie v. Kräwel meint, die Sache
bequem, und während der deutsche Richter keine Mühe und
Arbeit scheut, insbesondere, um den Rechtsuchenden in ihren An=
gelegenheiten möglichst förderlich zu sein, den Schriftenwechsel
leitet, bleibt der französische Richter dem Prozesse so lang als
möglich ferne; er rechnet nicht auf die Thätigkeit der Parteien
und überläßt Alles den Advokaten. v. Kräwel bedauert es,
daß der Entwurf deutsche und preußische Einrichtungen, die sich
gut bewährten, mit Stillschweigen übergeht, weil sie dem fran=
zösischen Prozesse fremd sind.

Die Gründlichkeit (welche nach Kräwel S. 17 nicht zu
den modernen Schlagwörtern gehört) wird nicht durch die Münd=
lichkeit befördert; denn, wenn man nach dem preußischen Ent=
wurf nur Werth auf das gesprochene Wort legt, so kommt
Alles auf den momentanen Eindruck der Rede an, die den
Richter und den Gegner zu überraschen suchen muß, um einer
schlechten Sache zum Siege zu helfen, was der Triumph des
Advokaten sei. Der Deutsche liebt, wie K. versichert, solche
oratorische Effekte nicht. Zur ruhigen und gründlichen Erwä=
gung des Rechtsstreites trägt nach seiner Ansicht am Meisten
die Schriftlichkeit bei. Die deutschen Schriftstücke, welche vor
der Abgabe der Erklärungen ruhig überlegt werden, haben
den Vortheil, daß dabei die Parteien selbst im Stande
sind, die von ihren Sachwaltern abgegebenen Erklärungen zu
prüfen und zu billigen, und der Richter kann auf keine andere
ebenso zuverlässige Weise die wahre Willensmeinung der Strei=
tenden in Erfahrung bringen. Was Kräwel S. 22—25 über
die Einrichtung, einen Berichterstatter zu ernennen, sagt, verdient
wohl Beachtung.[30]

30) v. Kräwel beruft sich häufig auf Geib und auf Lavielle,
indem ihre Aeußerungen mit den seinigen übereinstimmen; es darf jedoch

Für wesentlich hält Kräwel, daß die Sachlage des Strei=
tes gehörig für die Zukunft festgestellt wird; er zeigt, daß es
bedenklich sei, aus dem Princip der Mündlichkeit die Folgerung
abzuleiten, daß für das Gericht nur dasjenige maßgebend sei,
was das Gericht so eben bei der mündlichen Verhandlung ge=
hört hat, und daß es eine vielfache Zögerung veranlassende Ein=
richtung werde, wenn nach dem preuß. Entwurf bei einer neuen
mündlichen Verhandlung die Sachlage wieder vorgetragen wer=
den muß, als wenn das Gericht mit der Sache noch gar nicht
befaßt wäre. Vorzüglich tadelt der Verfasser, daß nach dem
neuen Entwurf die Gerichte von der Vermittlung des Prozeß=
betriebs befreit werden sollen. Es wird der Vorzug hervor=
gehoben, daß bei dem deutschen Prozeßbetriebe durch den Rich=
ter die Parteien die vollständige Gewähr dafür haben, daß die
einmal angebrachte Klage den ungehinderten Fortgang des Pro=
zesses zur Folge hat, unbeirrt durch die amtsbrüderliche Nach=
sicht der Sachwalter, welche sich aus gegenseitiger Gefälligkeit
immer neue Fristen bewilligen. Von dem französischen Prozesse
wird S. 52 gesagt, daß darin viel Kunst und wenig Natur=
wüchsigkeit sei. Schwer wird der im Entwurf aufgestellte An=
waltszwang getadelt, wodurch die nach der deutschen Ansicht
immer anerkannte Befugniß der Parteien, ihre Prozesse selbst
zu betreiben, verletzt, manchen Personen, die Willens und im
Stande sind, ihre Prozesse in Person zu führen, die Möglich=
keit, ihren Prozeß in Person zu betreiben, entzogen wird. Der
Anwaltszwang, durch welchen nur die Advokaten gewinnen, ist,
wie Kräwel meint, erfunden, weil er den Richtern bequemer
ist, und ist im Widerspruch mit der Erscheinung, daß man im
Strafverfahren die Betheiligung der Laien vielfach begünstigt,
während im Civilprozesse ihnen das natürliche Recht der eigenen
Vertretung ihrer Rechtssache vor Gericht entzogen wird. Als
ein Hauptvorzug der bisherigen deutschen Rechtsansicht wird

---

nicht übersehen werden, daß Geib mit einer gewissen Bitterkeit und nur
von vorhandenen Mißbräuchen ausgehend, den französischen Prozeß an=
greift. Die Anführungen aus Lavielle sind oft aus ihrem Zusammen=
hang gerissen.

(S. 56) die Prüfung der Klage durch den Richter hervorge=
hoben, indem dadurch viele unzulässige Klagen einfach abge=
schnitten werden. Der ganze französische Gerichtsorganismus
wird getadelt, indem sich darnach der Richter um nichts weiter
als den engen Kreis seiner reinrichterlichen Geschäfte beküm=
mert. Das französische Zustellungsverfahren wird wegen der
Zuziehung der Gerichtsvollzieher als eine Quelle von Verzö=
gerungen der Prozesse, vermehrten Kosten, Willkür und Miß=
griffen geschildert und insbesondere als nachtheilig hervorgeho=
ben (S. 88), daß die wohlthätige Eventualmaxime des deutschen
Prozesses in Frankreich und im preußischen Entwurfe aufge=
geben wurde.

Weniger schroff stellt sich die Schrift von Leonhardt
dem preuß. Entwurf gegenüber; sie hat das Verdienst, daß sie
zwar viele Vorzüge des hannöverischen Prozeßgesetzbuchs hervor=
hebt, aber auch auf manche Schattenseiten und ungünstige Er=
fahrungen aufmerksam macht. In Bezug auf den preußischen
Entwurf verweilt der Verf. bei einzelnen Mängeln und wirft
insbesondere dem Entwurf vor, daß er zu sehr den Forma=
lismus begünstige, was namentlich bei den Conclusions motivées wegen des Art. 306 des Entwurfs der Fall sein soll.
Leonhardt ist überhaupt kein Freund dieses Instituts, von
dem er bemerkt, daß es von der französischen Prozeßwissenschaft
vernachlässigt worden sei. Wir haben in diesem Archive die
Zeugnisse französischer Schriftsteller angeführt, woraus sich er=
giebt, daß diese conclusions wichtige prozessualische Wirkung
haben.[31]) Viele uns vorliegende Akten von Anwälten zeigen,
daß der bessere Gerichtsgebrauch an einer zweckmäßigen Ab=
fassung festhält, so daß durch sie eine treffliche Grundlage für die
Verhandlung und Entscheidung gewonnen wird. Wir werden
bei der Darstellung der neuesten baier. Verhandlungen auf das
Institut zurückkommen. Man sollte nicht so freigebig, wie
manche deutsche Juristen gewohnt sind, mit dem Vorwurf sein,
daß der französische Prozeß so viel auf Formalismus beruhe.
Es gibt keine Prozeßgesetzgebung, die nicht viele Formvorschriften

---

31) Encyclopédie du droit par Sebire vol. V p. 458.

enthält, welche nothwendig zur Sicherung des gleichförmigen
Verfahrens sind. Daß der Vorwurf S. 25, nach welchem der
preußische Entwurf oft strenger ist als das französische System,
in mancher Beziehung gegründet ist, kann nicht in Abrede gestellt werden, und hier zeigt sich eine von deutschen Juristen,
welche um die Rechtsübung sich nicht kümmern, oft unbeachtete
Erscheinung, daß der Gerichtsgebrauch in Frankreich weit weniger streng an manchen Vorschriften festhält und durch eine
der Billigkeit und dem Bedürfniß Rechnung tragende Nachsicht
dem Vorwurf des Formalismus entgeht. Dies ist insbesondere
bei der von Leonhardt S. 24 gerügten Bestimmung des
Art. 320 der Fall, wo die französische Praxis sich sehr gut zu
helfen weiß, daher die schroff gefaßte Vorschrift des preuß. Entwurfs nicht zu billigen ist. Auch der in den preußischen Motiven so sehr hervorgehobene von Leonhardt S. 34 gerügte
Satz, daß der franz. Prozeß keine Gerichtsakten kennt, wird in
der franz. Praxis ohne Nachtheil. Daß der preuß. Entwurf, wie
der franz. Code, die deutsche Eventualmaxime nicht aufnimmt,
wird von Leonhardt S. 39 gerügt; wir hoffen aber unten
zu zeigen, daß in der franz. Rechtsübung das Verfahren so
geleitet wird, daß diese Maxime, wie sie im deutschen Prozesse
besteht, nicht vorkommen kann und dennoch das Verfahren dem
Bedürfniß entspricht. Die Schrift von Leonhardt enthält
auf jeden Fall viele höchst beachtungswerthe Bemerkungen, Erfahrungen und Vorschläge, z. B. p. 484 über den Prozeßbe-
trieb.[32])

Nissen findet in dem oben angezeigten Aufsatz den Grund
zum Tadel des Entwurfs in der Vorschrift, welche den Anwaltszwang einführt, und darin, daß den Advokaten zu viel
überlassen ist, indem er die Ueberzeugung ausspricht, daß ein
Verfahren vorzuziehen sei, nach welchem sogleich bei der
Klagerhebung das Gericht Kenntniß von dem Prozesse erhält und durch Ansetzung des Verhandlungstermins gegen

---

32) Viele unserer Juristen würden gut thun, wenn sie bei dem häufigen Angriffe auf die Vermittelung durch Gerichtsvollzieher die günstigen
Mittheilungen p. 50 in der Schrift beachten wollten.

die mögliche advokatorische Connivenz einen Schutz gibt. Wir
werden unten bei der Prüfung der neuesten baierischen Aus=
schußberathungen hierauf zurückkommen. Wenn N i s s e n S. 8 den
Art. 302 des preuß. Entw. tadelt, so hat er wohl Recht; wenn
er aber S. 11 es inconsequent findet, daß der Entwurf durch
das Gericht entscheiden lassen will, ob die Mittheilung z e i t i g
geschehen ist, so beachtet er nicht, daß in der mündlichen Ver=
handlung das Gericht genügende Anhaltspunkte hat, zu ent=
scheiden, wenn der Gegner sich beschwert, daß die Mittheilung
nicht zeitig genug (z. B. wegen der möglichen Erkundigung)
geschah. Manchen Tadel, z. B. S. 15, würde der Verfasser
unterdrückt haben, wenn ihm die Art, wie die rheinische Praxis
sich in solchen Fällen zweckmäßig hilft, bekannt gewesen wäre.
Zugeben muß man nur Eines, daß es bedenklich werden kann,
wenn der preuß. Entwurf Manches, was besser der Rechtsübung
zu überlassen ist, durch einen allgemeinen Satz regeln will. Diese
Bemerkung paßt auch auf manchen Tadel der Bestimmungen
wegen der conclusions motivées p. 14.   Auf die nicht unge=
gründete Rüge (S. 17), daß der preuß. Entwurf Art. 312 den
Rechtsstreit als contradiktorisch annimmt, sobald Ueberreichung
der Parteianträge an den Vorsitzenden geschah, werden wir
unten bei der Darstellung der baier. Verhandlungen zurückkommen.
Ein grundloser Tadel, der den besseren rheinischen Gerichts=
gebrauch nicht kennt, ist es, wenn S. 18—20 das System der
Parteianträge als ein drückender Formalismus erklärt wird.
An dem Tadel S. 20, daß nach dem Entwurf in der ersten
Sitzung die Anträge vorgelesen und dann erst die weitere
Sitzung anberaumt werden soll, ist viel Gegründetes. (Auch
darüber unten bei den baierischen Verhandlungen.)   Beachtung
verdient auch manche Bemerkung, z. B. S. 23 über das Recht
der Aenderung, S. 27 über Art. 333: allein auch hier zeigt
sich, daß der Verf. nicht die Art beachtet hat, wie die Rechts=
übung in Frankreich, Belgien und vorzüglich in den Rhein=
provinzen diese Fragen regelt.

Es ist nun Pflicht, vorzüglich die Angriffe zu prüfen,
durch welche K r ä w e l über den ganzen preußischen Entwurf
deßwegen den Stab bricht, weil der Entwurf nur die franz.

Civilprozeßordnung einführe und als bloße Nachahmung des
franz. Verfahrens erscheine, während das letzte als einen
Ausfluß eines dem deutschen Charakter weit nachstehenden Charak=
ters sich darstelle, und als Folgen der Einführung eines solchen
Entwurfes die Verletzung des deutschen Rechtsbewußtseins, Zer=
störung der deutschen Gründlichkeit und Beeinträchtigung der
Parteien vorhergesagt werden. Solche Aeußerungen erinnern
lebhaft an die Zeit, in welcher die Forderungen der Einführung
eines auf Mündlichkeit und Geschwornengericht gebauten Straf=
verfahrens in Deutschland laut wurden und manche Schrift=
steller den Grund geltend machten, daß auf diese Art der franz.
Prozeß eingeführt und das deutsche Rechtsleben zerstört wer=
den sollte. Alle Verständigen überzeugten sich damals, daß solche
Klagen grundlos seien. Man muß einsehen (ebenso wie man bald
in Bezug auf das Strafverfahren zu dieser Einsicht kam), daß
bei den Bestrebungen, ein neues, den gerechten Forderungen ent=
sprechendes Verfahren in Deutschland einzuführen, diejenigen,
welche bei den Gesetzesarbeiten die französischen Gesetzbücher be=
rücksichtigen wollten, sehr gut die großen Mängel der franzö=
sischen Gesetzgebung anerkannten und nicht daran dachten, das
darin angeordnete Verfahren für das beste zu erklären, viel=
mehr die franz. Gesetzbücher bei den neuen deutschen Gesetzes=
arbeiten nur deßwegen zu beachten veranlaßt waren, weil darin
die Grundsätze, auf welchen die neuen Arbeiten gebaut werden
sollten, bereits in Gesetzesform durchgeführt waren, und daher
für die Prüfung eine Grundlage gegeben war. Kräwel,
der es so bitter beklagt, daß der preuß. Entwurf nur die franz.
Prozeßordnung nachahme, scheint zu vergessen, daß schon im
Jahre 1521 wegen des schlechten Zustandes des Civilprozesses
bei dem deutschen Reichstage darüber verhandelt wurde, den
Prozeßgang nach dem Muster der **rota romana** und des Pa=
riser **Parlaments** zu verbessern.[33]) Wenn Kräwel die
franz. Civilprozeßordnung als einen Ausfluß des franz. leicht=
fertigen Charakters, der Bequemlichkeitsliebe der Richter und

---

33) In der preußischen Anwaltszeitung 1865 S. 20 macht Silber=
schlag auf die Mittheilungen von Ranke in seiner Geschichte Deutsch=
lands im Zeitalter der Reformation, erster Theil Seite 362 aufmerksam.

der Neigung der Bürger, Alles den Advokaten zu überlassen, darstellt, so liegt dieser Schilderung Unkenntniß zu Grunde. Der Franzose mag leicht rasch aufwallen, jeder aber, der französische Bürger kennt, muß bezeugen, daß sie in ihren Geschäften, insbesondere wenn es auf Geschäfte vor Behörden ankommt, sehr ängstlich und sorgsam sind und nicht leichtsinnig Advokaten und Notaren vertrauen. Es ist ein Irrthum, wenn man die franz. Richter der Bequemlichkeitsliebe beschuldigt. Von jeher hatte Frankreich Juristen, die an Gründlichkeit und sorgfältiger Forschung keinen Juristen anderer Länder nachstanden. Daß es in Frankreich leichtsinnige oder solche Richter gibt, welche ebenso wie manche Richter in Deutschland mechanisch gleichgültig ihre Berufsgeschäfte besorgen und sich nicht anstrengen, kann nicht geleugnet werden; glücklicher Weise aber kann die Versicherung ertheilt werden, daß die Mehrzahl französischer und rheinischer Richter gewissenhaft ihre Berufsgeschäfte betreibt und die Richter mit gespannter Aufmerksamkeit den mündlichen Verhandlungen folgen, und, wenn es zur Entscheidung kommt, nicht leichtsinnig abstimmen, vielmehr, wenn irgend Zweifel vorhanden sind, die Entscheidung aufschieben und für die neue Berathung sich vorbereiten.

Wir bitten diejenigen, welche sich einbilden, daß die franz. Richter wenig beschäftigt sind, sich genauer zu erkundigen. Sie werden erfahren, daß der franz. Richter eine Masse von Geschäften hat, daß auch die gespannte Aufmerksamkeit, mit welcher ein Richter den mündlichen Verhandlungen folgen muß, um entscheiden zu können, mehr anstrengt, als das Lesen der Akten und das Anhören einer Relation. Die wahre Bedeutung des franz. Civilprozesses wird erkannt, wenn man nachstehende leitende Grundsätze desselben beachtet:

1) Dem franz. Gerichte sind alle Geschäfte abgenommen, welche nicht die Rechtsprechung betreffen, daher das Gericht reine Spruchbehörde ist und mit einer Masse von Schreibereien, mechanischen Geschäften, Verwaltungsverfügungen der freiwilligen Gerichtsbarkeit nicht beladen ist.[34]

34) Eine Schilderung der Reinheit der französischen Gerichte in dieser Beziehung habe ich geliefert in der Schrift: Der gemeine deutsche Prozeß,

2) Das franz. Gericht hat sein Urtheil nur auf die ihm unmittelbar von den Vertretern der Parteien im mündlichen Vortrage gelieferten Materialien des Streites zu bauen.

3) Die Parteien haben vor den Collegialgerichten durch rechtsgelehrte Vertreter ihre Ansprüche, Erklärungen, Einwendungen und ihre Begründung vorzutragen.

4) Es ist dafür zu sorgen, daß die Vertreter der Parteien gehörig vorbereitet zu Gericht kommen, damit ihre Verhandlung eine genügende Grundlage hat. Die auf dies Vorverfahren sich beziehenden Vorschriften haben nur den Charakter der Vorbereitung der Anwälte für die mündliche Verhandlung.

5) In der mündlichen Verhandlung muß die Anordnung der Vorträge so geschehen, wie das Gericht es am besten geeignet findet, zum Zwecke, daß theils den Vertretern möglich gemacht wird, den wahren Sachverhalt geeignet vorzulegen, theils die Uebersicht des zur Beurtheilung einer Frage vorgetragenen Materials so vorzulegen, daß das Gericht die Frage gerecht entscheiden kann.

6) Die franz. Gesetzgebung erkennt an, daß wegen der unendlichen Vielgestaltigkeit der vor Gericht verhandelten Fälle, welche, wenn dem Bedürfnisse Rechnung getragen werden soll, auch eine verschiedene Behandlung verlangen, dem Gerichte auch die Möglichkeit gesichert werden muß, eine Verhandlung anzuordnen, die dem Bedürfniß des einzelnen Falles entspricht, was bei der mündlichen Verhandlung ebenso wie im Strafprozesse möglich ist.

Aus dem letzten Grundsatz erklärt sich die Grundansicht des franz. Code, nicht, wie in den deutschen Prozeßordnungen geschieht, eine Masse einzelner Vorschriften zu geben, durch welche der Gang des Verfahrens genau vorgeschrieben und jeder einzelne Schritt gesetzlich geregelt werden soll. Hier erhebt sich die vielfach verhandelte Frage, ob ein System, welches dem Gerichte überläßt zu verfügen, was es in jedem einzelnen Falle

zweiter Beitrag Seite 45—70. Daher wird nach französischem Organismus die Stellung des Staatsanwalts, des Gerichtsschreibers und des Gerichtsvollziehers wichtig.

6

für zweckmäßig erkennt, nicht bedenklich wird, weil dann Alles von individuellen Ansichten der Richter und insofern von Will= kür abzuhängen scheint. Sehr zu beachten ist in dieser Be= ziehung was Hr. Gite, der erfahrene Präsident des Cassations= hofs in Genf, darüber bemerkt.[35] Es ist allerdings gegründet, daß ein solches Prinzip, das dem Gerichte so große Gewalt ein= räumt, Richter voraussetzt, welche über die vor ihnen erschei= nenden Rechtsverständigen ein großes Uebergewicht haben, und desselben auch wegen ihrer Kenntnisse, Festigkeit, Unparteilich= keit und ihres juristischen Taktes würdig sind.[36]

Man erkennt leicht, daß daher zur guten Wirksamkeit des französischen Verfahrens eine sorgfältige Besetzung des Gerichtes mit geeigneten Richtern und vorzüglich mit einem ausgezeich= neten Präsidenten gehört, welcher die nöthigen Kenntnisse mit Geistesgegenwart und Gewandtheit, die Verhältnisse zu wür= digen, praktischem Sinn und Unparteilichkeit verbindet. Aus dem bisher bemerkten franz. System, welches die Ausbildung eines gewissen Gerichtsgebrauchs begünstigt, erklärt sich die große Verschiedenheit der Rechtsübung bei verschiedenen Gerichten. In Bezug auf die nämliche Frage, z. B. bei dem Verfahren über die conclusions motivées und wegen der Vertagung, zeigt sich in Frankreich selbst diese Verschiedenheit, welche besonders her= vortritt, wenn man die Behandlung der Sachen in Belgien und noch mehr in den Rheinprovinzen vergleicht. In den letzten zeigt sich der günstige Einfluß des deutschen Sinns für Gründ= lichkeit, einer größeren wissenschaftlichen Vorbildung der Richter und Anwälte, und der strengeren Prüfung, welcher jeder Jurist unterworfen ist, ehe er angestellt werden kann. Man muß hier sehr bedauern, daß Hr. Krävel im Zusammenhang mit den Eigenthümlichkeiten des franz. Verfahrens von den Rheinlän= dern mit einer Art Geringschätzung spricht und ihre Vorliebe

---

35) Archiv für civilistische Praxis 34. Band Seite 124

36) Bemerkenswerth sind die Worte von Gite: „Ein mit solchen Eigenschaften ausgerüsteter Richter ist selbst eine biegsame, verständige, auf alle Fälle passende und allumfassende Regel. Ohne diese Eigenschaften aber wird er in jedem Augenblick als eine Anklage der Unvorsichtigkeit des Gesetzgebers erscheinen."

für die franz. Gesetzgebung aus der Nachahmungssucht und der Leichtfertigkeit erklärt. Von der Grundlosigkeit dieser Ansicht muß jeder überzeugt sein, welcher die Rheinländer beobachtet und weiß, daß sie, wenn auch leichter beweglich, und heiterer das Leben auffassend, alle guten Eigenschaften des deutschen Charakters bewähren, die französische Gesetzgebung zwar lieben, nicht weil sie französisch, sondern weil sie vielfach besser ist als diejenige, welche in dem Mutterlande gilt, zu welchem die Rheinprovinz gehört, wobei sie sehr gut wissen, daß vielfach die Civilprozeßübung bei den rheinischen Gerichten besser ist als die französische. Für die Beurtheilung des franz. Civilverfahrens ist es wichtig, daß der Code de procédure nicht ein Kind der Revolution ist, sondern einem System sich anschloß, worin Rechtsanschauungen und Einrichtungen bestanden, welche bei den Parlamenten die Ausbildung eines Verfahrens begünstigten, das vielfach mit dem des jetzigen Code zusammenstimmte. Darauf wirkte schon, daß das canonische Recht und die Praxis der geistlichen Gerichte auf das Verfahren bei den Gerichten Frankreichs weniger Einfluß hatten, daß die Parlamente mehr eine Spruchbehörde und von vielen Geschäften befreit waren, welche die deutschen Gerichte belästigten. Besonders bedeutend war aber, daß die Advokaten in Frankreich durch ihre Korporation, ihre Privilegien und durch ihr brüderliches Verhältniß zu den Richtern eine selbständige Stellung und Ansehen genossen, dessen sich deutsche Anwälte nicht erfreuten; auch war die mündliche Verhandlung vor den Parlamenten nicht untergegangen, so daß eine Art Vorverfahren vorkam, welches dem Verfasser des Code vorschwebte.

In Deutschland entwickelte sich dagegen unter der Herrschaft der allmälig ausgebildeten politischen und socialen Zustände ein von dem französischen Verfahren völlig abweichendes System des Civilprozesses und zwar schon:

1) durch den Einfluß des canonischen Rechtes und durch das bei den geistlichen Gerichten ausgebildete schriftliche Verfahren, welches in dem allmälig in Deutschland bei den höheren Gerichten ausgebildeten Civilverfahren mehr oder minder nach-

geahmt wurde. Die mündliche Verhandlung kam dadurch außer
Uebung. Das bei dem Reichsgerichte ausgebildete schriftliche
Verfahren wurde bald die Norm, die in den Prozeßordnungen
der deutschen Staaten für die Obergerichte vorgeschrieben wurde.
Die Oeffentlichkeit des Verfahrens verschwand.

2) Das Beamtenthum nahm in den letzten Jahrhunderten
immer mehr in Folge der schlechten politischen Zustände einen
Charakter an, nach welchem auch der Richter als ein Staats=
beamter mit einer großen Autorität, Macht und einer Fülle
von Zwangsmitteln dem Volke gegenüber stand und in den
Prozessen seine Autorität und Bevormundung der Parteien
geltend machte, so daß leicht die Ansicht entstehen konnte, daß,
sobald ein Prozeß vor Gericht gebracht wurde, der Richter am
besten beurtheilen könne, welche Schritte in jedem Prozesse noth=
wendig sind, daher die Prozeßleitung durch das Gericht die
Regel wurde. Den Richtern der ersten Instanz wurde, um
ihre Macht zu erhöhen, eine Masse von Geschäften der Verwal=
tung, Polizei und der freiwilligen Gerichtsbarkeit aufgeladen,
so daß die Idee, daß der Richter seine Kraft nur der Rechts=
sprechung zu widmen habe, verschwand.[37]

3) Das Verhältniß der Advokaten mußte auf diese Art
ein unwürdiges werden. Die Richter, in der Einbildung, daß
sie die Prozeßführung und das Recht am besten verstünden,
machten den Advokaten gegenüber ihre Macht geltend, insbe=
sondere durch beständige Aufträge und Rügen, so daß eher ein
feindseliges Verhältniß zwischen Richter und Anwalt entstand
und der herabgewürdigte Anwalt das Gefühl der Ehre und
der Selbständigkeit um so mehr verlor, als er in Deutschland
keinen Schutz in einer ausgebildeten Körperschaft der Advokaten
fand. Die Advokaten entschädigten sich, indem sie immer mehr
darauf bedacht waren, die ihnen übertragenen Prozesse so zu
führen, daß sie ihnen viel Geld einbrachten.

4) Je mehr in Deutschland der Sinn des Volkes für ein
freies Leben und für öffentliche Angelegenheiten unterdrückt

---

37) Was in dieser Rücksicht Endemann im civil. Archive Bd. 49
S. 15—18 bemerkt, ist wohl begründet.

wurde, desto mehr wurden die Bürger gleichgültig gegen die Prozeßführung, welche die Rechtsuchenden den Anwälten überließen, vor denen sie keine besondere Achtung hatten, da von Seite der Regierung und der Richter Vieles geschah, um die Advokaten herabzuwürdigen und ihr muthiges Auftreten zu hindern.

5) Durch den Sieg des geheimen schriftlichen Verfahrens wurde bewirkt, daß die Parteien der in Dunkel gehüllten Prozeßführung fremd wurden, die Anwälte aber, deren Thätigkeit sich nur auf Einreichung von Schriftsätzen bezog, die Gelegenheit benützten, durch die Schriftsätze viel Geld zu gewinnen, durch Ableugnen, auf Schrauben gestellte Erklärungen, in das Breite gezogene Rechtsausführungen und durch die Vorbringung von vielen Einreden den Prozeß in die Länge zu ziehen. Daß dadurch die Achtung vor den Advokaten nicht erhöht werden konnte, ist begreiflich.

6) Um dem Uebel einigermaßen abzuhelfen, fanden sich die deutschen Gesetzgebungen genöthigt, durch Vorschreibung der Eventualmaxime der Zersplitterung des Vorbringens vorzubeugen, damit die Richter für ihre Entscheidung das vollständige Streitmaterial vor sich liegen hätten. Die Advokaten wußten übrigens durch schlau ersonnene Theorien, z. B. von den prozeßhindernden Einreden, die Wirksamkeit der guten gesetzlichen Vorschrift zu vereiteln.

7) Die oft aufgehäufte Masse der Akten veranlaßte das Institut, daß in den Collegialgerichten ein Referent aufgestellt wurde, welcher die Akten las und ihren Inhalt auszugsweise mit Angabe seiner Meinung vortrug, so daß die übrigen Mitglieder, welche den Inhalt der Akten nicht selbst kannten, nur auf Grund dessen, was und wie der Referent ihnen vortrug, ihre Abstimmung gaben.

Was in den Prozeßordnungen oder einzelnen Staaten zur Verbesserung dieser Einrichtungen geschah, bestand in halben Maßregeln und in Vorschriften, welche zwar einige Mängel des Verfahrens aufhoben, aber das Uebel nicht gründlich heilen konnten. Es ist leicht einzusehen, daß dies deutsche Verfahren geeignet war, die allgemeine Unzufriedenheit der Rechtsuchenden zu erzeugen, die Achtung vor der Justiz zu schwächen und der

Forderung an die Gesetzgeber, daß gründlich geholfen werde, immer mehr Nachdruck zu geben.

Wenn nun neuere Schriftsteller behaupten, daß durch die Einführung des preußischen Entwurfs das deutsche Rechtsbewußtsein schwer verletzt würde, so fragt man billig, was hier unter Rechtsbewußtsein verstanden werden soll, entweder das Bewußtsein des bisherigen Verfahrens oder das Bewußtsein, daß der schlechte Zustand nicht fortdauern darf, sondern gründlich geholfen werden muß, verbunden mit dem Bewußtsein, in welcher Richtung zu helfen ist. An dies allerdings immer stärker sich äußernde Bewußtsein knüpft sich auch das Bewußtsein, daß das bisherige Verfahren kein Vertrauen genießt, wenn auch in Bezug auf Einzelnheiten der Abhülfe bei der Mehrzahl keine Klarheit herrscht. Daß die Verbesserung, wenn sie befriedigend sein soll, auf ähnliche Art, wie im Strafverfahren, wo seit 1848 durch Umgestaltung des Gerichtswesens, durch Einführung der Mündlichkeit zum Zwecke der Verbannung der vielen Schreibereien und der Referentenjustiz, sowie durch Oeffentlichkeit des Verfahrens Abhülfe gebracht wurde, auch im Civilverfahren geschehen muß, wird immer allgemeiner, in der gebildeten Klasse deutlicher, bei den übrigen Bürgern wenigstens dunkel erkannt. Es ist eine bedeutungsvolle Erscheinung, daß in allen Staaten, in welchen seit 1848 für Civilsachen mündliches, öffentliches, auch nur einigermaßen wenn auch mit manchen Beschränkungen dem französischen nachgebildetes Verfahren eingeführt wurde, der öffentliche Sinn von Seite der Rechtsuchenden, wie der Juristen, sich für das neue Verfahren ausspricht, und die wachsende allgemeine Theilnahme an den Gerichtssitzungen als Zeichen der Zufriedenheit und der gewonnenen Vortheile betrachtet werden darf. Wenn mehrere Schriftsteller geltend machen, daß durch das franz. Verfahren die Rechte der Parteien verletzt werden; wenn Kräwel behauptet, daß bei dem schriftlichen Verfahren die Parteien die von den Anwälten abgegebenen Erklärungen erfahren und prüfen können, so widerlegt die Erfahrung entschieden diese Behauptung. Daß da, wo eine Partei entfernt von dem Wohnsitze

ihres Anwalts wohnt, sie nicht die eingereichten Schriftsätze
kennen lernt, ist ohnehin klar; allein auch da, wo die Partei
am nämlichen Orte mit dem Anwalt wohnt, wird nur selten
sie die einzureichende Schrift kennen lernen, weil oft der viel=
beschäftigte Anwalt wegen des nahen Ablaufs der Frist zur
Einreichung der Schrift nicht mehr Zeit hat, die Ansicht der
Partei darüber zu hören, weil aber auch, wenn die fertige
Schrift der Partei vorgelesen wird, diese nur selten, wenn sie nicht
praktischer Jurist ist, durch die flüchtige Vorlesung den Inhalt der
Schrift verstehen und ihre Zweckmäßigkeit beurtheilen kann. Man
vergißt, daß eben im mündlichen Verfahren die Parteien sicher
sind, durch ihre Gegenwart in der Sitzung das Benehmen ihrer
Anwälte beobachten und controliren zu können, sowie die Möglich=
keit für die Partei, wenn sie Unrichtigkeiten im Vortrage ihres
Anwalts findet, einfach in der Sitzung die nöthige Berichtigung
bewirken zu können. Eine häufig wiederholte Behauptung ist
die, daß nach dem französischen Prozesse (und nach dem preußi=
schen Entwurf) die Parteien nur von den Anwälten ab=
hängig, dadurch vielfach gefährdet sind, und zwar in zweifacher
Richtung 1) insofern es nur von den Anwälten abhängt, wann
sie eine Sache zur Verhandlung bringen wollen, und 2) inso=
fern der Anwaltszwang verletzend wirken kann. In Bezug auf
den ersten Punkt kann nicht in Abrede gestellt werden, daß
ebenso, wie nach dem deutschen schriftlichen Verfahren, es auch
in Frankreich und in den Rheinprovinzen an Advokaten nicht
fehlen wird, welche in ihrer Mittelmäßigkeit, ohne Gefühl für
die Heiligkeit ihres Berufs die Prozeßführung nur als Mittel,
durch Verlängerung des Prozesses Geld zu gewinnen, betrachten;
allein dies Häuflein Unwürdiger wird nach der Erfahrung immer
kleiner, je mehr das mündliche öffentliche Verfahren sich ver=
breitet.[38] Schon an sich ziehen manche Juristen, die im bis=
herigen geheimen schriftlichen Verfahren gut durchkamen und

---

38) Die Jahresberichte der Generalprokuratoren in der baierischen
Pfalz geben den Anwälten gute Zeugnisse. Was Herr Bomhard (jetziger
baierischer Justizminister) in seiner Schrift: Civilrechtspflege in der baier.
Pfalz S. 53 über die gute Wirksamkeit der rheinischen Anwälte sagt, muß
jeder Unbefangene, welcher Gelegenheit zur Beobachtung hatte, bestätigen.

durch ihre Rabulisterei und die Kunst, die Sache zu verwirren, gewinnen konnten, sich da, wo das mündliche Verfahren eingeführt ist, zurück, da sie fühlen, daß jetzt zum Anwalt, mehr als ehemals, Talent, tüchtige Kenntnisse und Gewandtheit gehören. Der Anwalt im mündlichen Verfahren, welches dem vorzüglichen Talente Spielraum und Reiz gewährt, wird mehr Werth auf den Ruf großer Ehrenhaftigkeit legen, woran sich die öffentliche Achtung und eblere Wirksamkeit knüpft.[39]) Die Erfahrung lehrt, daß in den Staaten, in denen mündliches Verfahren würdig durchgeführt ist und die Regierung die Bedeutung eines selbständigen geachteten Anwaltstands begreift, auch der Stand der Anwälte wesentlich gehoben ist und selten Klagen vorkommen; während da, wo in einem angeblich die Freiheit begünstigenden Sinne die Stellung der Anwälte gesetzlich geordnet ist, das Vertrauen der Rechtsuchenden leidet.[40]) Man darf nicht unbeachtet lassen, daß den Parteien auch nach jeder Gesetzgebung Mittel gegeben sind, gegen den nachlässigen Anwalt Schutz zu erlangen. Was aber den oft angegriffenen Anwaltszwang betrifft, so ist es merkwürdig, daß in den Ländern, in welchen er besteht, keine Klagen darüber bei den Bürgern vorkommen. Auch die erfahrensten Juristen rechtfertigen die Einrichtung.[41]) Die Tadler sollten nicht unbeachtet lassen, daß schon nach den Zeugnissen der Geschichte im deutschen Rechte der Werth der Vertretung durch Fürsprecher anerkannt war, daß wesentlich die Justiz durch tüchtige Rechtsvertreter gewinnt, weil unbefangene, nicht vom Hochmuth, daß sie selbst am besten das Recht verstehen, verblendete Richter anerkennen, daß sie am Meisten

---

39) Wir bitten, in dieser Hinsicht zu beachten, was v. Savigny in der Vorrede zur zweiten Auflage seiner Schrift: Beruf unserer Zeit Seite VI sagt, wenn er bemerkt, daß im bisherigen Verfahren Richter und Sachwalter ihr Geschäft in wenig anregender Unbemerktheit betrieben.

40) Ueber Erfahrungen in Genf, Archiv für civil. Praxis, 34. Band S. 128.

41) Hinschius in der Anwaltszeitung S. 629 635, Endemann im Archiv Bd. 49 S. 90, v. Neumayr in seinem Vortrage über den baier. Entwurf zu Art. 69.

zur gründlichen, von Einseitigkeit der Auffassung freien Ent=
scheidung vorbereitet sind, wenn das Streitmaterial durch zwei
gründlich gebildete, gut vorbereitete Anwälte vorgetragen wird.
Erfahrungsgemäß gehört aber zu einer tüchtigen Vorbereitung
eine genaue, nur dem geübten Anwalte mögliche Informations=
einziehung, eine nur von dem mit allen Wechselfällen und Wen=
dungen eines Prozesses und mit dem Stande der Wissenschaft
und dem Gerichtsgebrauch vertrauten Anwalte zu erwartende Ent=
werfung eines richtigen Prozeßplanes, während ein dem Zweck ent=
sprechender Vortrag außer gründlicher Rechtskenntniß große
Gewandtheit, Geistesgegenwart, Ruhe, die Kunst klarer, ge=
drängter, eingehender Darstellung und Muth verlangt. Jeder
Unbefangene, insbesondere Jeder, der selbst schon vor Gericht
vortrug, wird zugestehen, daß Jemand ein gebildeter, ja selbst
mit der Rechtswissenschaft vertrauter Mann sein und dennoch
nicht jene eben geschilderten Gaben besitzen kann, die von dem
geübten Anwalte eher zu erwarten sind.[42]

Wenn vielfach der im französischen Code und preußischen
Entwurf vorkommende Mangel der Prozeßleitung gerügt wird,
so darf die Erfahrung nicht unbeachtet bleiben, nach welcher
diese Prozeßleitung, vermöge welcher von der Klage an bis zur
beendigten Vollstreckung das Gericht beständig die äußere und
innere Legalität oder Relevanz jedes einzelnen Parteienvor=
trags prüft und darüber durch mit Kosten verbundene De=
krete oder Urtheile verfügt, nicht die gerühmten Vortheile, wohl
aber Nachtheile (wegen der Verzögerung, unnöthiger Kosten) hat,
dem Prinzip der Mündlichkeit und dem Zwecke des Vorver=
fahrens widerspricht.[43] In der Wirklichkeit findet vorzüglich
bei vielbeschäftigten Gerichten keine eingehende Prüfung der ein=
zelnen Schriftsätze, sondern nur ein mechanisches Hin= und Her=
geben nach hergebrachten Formen Statt. Wenn man aber die Be=
fugniß des Gerichts, die eingereichte Klage ohne weitere Mitthei=
lung abzuweisen, hervorhebt, so läßt man die in der deutschen Wis=

---

42) Nachweisungen in meiner Schrift: Der gemeine deutsche Prozeß
1. Theil S. 145. Uebrigens gestattet ja selbst der Code de procédure
Art. 85, daß Parteien selbst plädiren, jedoch assistées de leurs avoués.

43) Endemann in Bd. 42 des civil Archivs S. 26.

senschaft anerkannte Nachweisung [44]) der Unzweckmäßigkeit solcher Abweisungen und auf jeden Fall den Widerspruch unbeachtet, in dem eine solche Befugniß mit dem Prinzip des mündlichen Verfahrens steht.

Zu einer Verständigung über die Grundlagen einer den gerechten Forderungen entsprechenden Civilprozeßordnung wird man nur gelangen, wenn man 1) sich klar macht, daß die Verbesserung nicht in einer Form, sondern in dem Prinzip gesucht werden muß.[45]) Hat sich der Gesetzgeber klar gemacht, was nach diesem Prinzip folgerichtig gefordert werden muß und was von den Anordnungen des bisherigen Verfahrens diesem Prinzip widerspricht, so wird leicht eine gute Civilprozeßordnung geschaffen werden können. 2) Es muß anerkannt werden, daß die im Code vorkommende Unterscheidung des Verfahrens in ordentliche und summarische Sachen nicht aufgenommen werden darf.[46]) 3) Da nach dem Charakter des franz. Code keine Vorschriften über den Gang des Verfahrens und über Einzelheiten gegeben sind, alles nur dem Ermessen des Gerichts überlassen ist, da aber besorgt werden muß, daß viele Richter, denen das Verfahren neu und das Eindringen in den Geist desselben schwierig ist, leicht Mißgriffe machen, so rechtfertigt es sich, in den neuen Prozeßordnungen mehr Einzelnheiten regelnde Vorschriften zu erlassen, dabei zu prüfen, welcher Gerichtsgebrauch nach der Erfahrung am zweckmäßigsten ist; jedoch muß hier der Fehler vermieden werden, durch Vorschriften, für welche eine in mehreren französischen Gerichten bestehende Uebung angeführt werden kann, ein allgemeines Gebot aufzustellen, das durch eine in seiner Allgemeinheit zur Regel erhobene Anwendung in einzelnen Fällen unpassend werden kann.[47]) 4) Verderblich

---

44) Nachweisung im civil. Archiv, V. Band S. 371.

45) Endemann S. 7. Ein Hauptgrund, daß auch das neuere Strafverfahren nicht befriedigt, liegt darin, daß Manche sich einbilden, daß Annahme der Anklageform die Hauptsache sei, während es auf das Prinzip ankommt.

46) Civil Archiv 47. Band S. 63.

47) Dies ist z. B. der Fall, wenn absolut geboten wird, daß in der ersten Sitzung die Anträge vorzulesen sind, und dann eine weitere Sitzung zur Verhandlung angesetzt wird.

würde eine Aufnahme der franz. Ansicht sein, welche von den Anwälten bei ihrem Auftreten keine Vorlage einer Vollmacht verlangt. Unfehlbar werden durch eine Vorschrift, nach welcher sogleich eine Vollmacht verlangt wird, viele spätere sonst leicht vorkommende Streitigkeiten beseitigt.[48]) 5) Jede Gesetzgebung muß anerkennen, daß die bei Gericht angebrachten Rechtssachen höchst verschiedene Beschaffenheit haben. a) Bei einigen waltet eigentlich kein Rechtsstreit ob; nur Eigensinn oder Gleichgültigkeit und Unordnung oder augenblickliche Noth bestimmen den Schuldner, nicht rechtzeitig seiner Pflicht nachzukommen. b) In einer großen Zahl von Prozessen sind die Thatsachen klar; die Einwendung des Beklagten betrifft nur eine Rechtsfrage.[49]) c) In anderen wird der Klagegrund zugestanden, nur eine auf einer bestrittenen Thatsache beruhende Einrede, z. B. die der Zahlung, ist erhoben. d) In der kleineren Zahl liegen schwierigere Fälle wegen verwickelter widerstreitender Thatsachen und mehrerer Rechtsfragen vor. 6) Die Aufgabe des Gesetzgebers ist es, für eine Prozeßordnung zu sorgen, durch welche dem Bedürfniß Rechnung getragen wird, daß verschiedene Prozeßformen dargeboten werden, damit nicht Vorschriften, die nur bei verwickelten Streitigkeiten zweckmäßig sind, zur Regel erhoben werden und die Parteien nicht genöthigt werden, sich einem für einfache Fälle mit unnöthigem Aufwand von Zeit, Mühe und Kosten verbundenen Verfahren zu unterwerfen. 7) Die Verständigung über die bessere Prozeßform muß sich nun darauf richten, A) daß auf jeden Fall für die oben unter a bezeichneten Fälle ein **Mahnverfahren** eingeführt werden soll, welches dem Rechtsuchenden möglich macht, durch Erwirkung eines Zahlungsbefehls und, wenn dieser fruchtlos ist, durch Erlangung eines Liquid=Erkenntnisses, das sogleich vollstreckt werden kann, zu seinem Rechte zu gelangen. Die Erfahrung, z. B. in Baden, lehrt, daß durch diese Einrichtung eine Masse von Prozessen vermieden und schnell der Schuldner

---

48) Nachweisungen in diesem Archive Band 48 S. 413. Der Generalprocurator Mirabelli in Neapel zeigt in seinem Jahresbericht vom 8. Jan. 1866 p. 23, wie wohlthätig diese neue Vorschrift, welche Vollmacht fordert, sich bewährt.

49) Z. B. daß die eingeklagte Schuld Spielschuld sei.

zur Zahlung angehalten wird. B) Eine Prüfung muß dahin
gehen, ob die Gesetzgebung nicht am besten zwei Grundformen
des Verfahrens dadurch einführen soll, daß sie ordentliche und
summarische Prozedur scheidet und für gewisse im Gesetze be=
stimmte Fälle die letzte Art vorschreibt, z. B. nach franz. Code.[50]
C) Es wird zu prüfen sein, ob nicht das auf schwierigere Prozesse
berechnete Verfahren als Regel vorgeschrieben, aber dem Ge=
richte möglich gemacht werden soll, nach Einleitung desselben
für einfache Fälle Abkürzung zu gestatten.[51] D) Ob nicht
die Form den Vorzug verdient, welche, wie nach der Genfer
Gesetzgebung,[52] das Gericht darüber entscheiden läßt, welche
Art der Verhandlung nach dem Bedürfnisse jedes einzelnen
Falles eintreten soll, so daß die einfachste Form, die Verhand=
lung der Sache auf der Stelle, die Regel bildet und das Ge=
richt nur, wenn es dies in dem Fall für geeignet findet, ein
schriftliches Vorverfahren anordnen kann. E) Gegenstand einer
Prüfung muß die Frage sein, ob eine Gesetzgebung den Vor=
zug verdient, nach welcher der Gerichtspräsident, wenn es
wahrscheinlich ist, daß eine Prozeßsache wegen allzugroßer Aus=
dehnung oder Verwickelung der thatsächlichen Verhältnisse durch
die als Regel vorgeschriebene mündliche Hauptverhandlung nicht
genügend aufgeklärt werden kann, von Amtswegen oder auf
Antrag einer Partei, bei gemeinsamem Antrag beider Parteien
immer, ein schriftliches Vorverfahren anordnen kann.[53] F) Eine
vorzügliche Richtung sollte die Prüfung dahin erhalten, genau alle
durch Gerichtsgebrauch ausgebildeten Einzelheiten des Gangs des
schriftlichen Vorverfahrens und der mündlichen Hauptverhand=
lung im französischen, belgischen, rheinischen Gerichte zu sam=

---

50) Sehr gut darüber **Maltini** studi intorno la riforma del processo civile p. 88. Es wird unten von den Modificationen die Rede
sein, welche das ital. Gesetzbuch hier einführt.

51) Z. B. nach dem neuen niederl. Entwurfe.

52) Wichtig sind darüber die von dem Präsidenten **Gite** im civil.
Archiv Band 34 S. 125—127 mitgetheilten Erfahrungen.

53) Darauf beruht der 1865 veröffentlichte Gesetzentwurf für Zürich
Art. 86, 93, 102, 286—97.

meln und zu untersuchen, welche dieser Anordnungen Auf=
nahme in eine Prozeßordnung verdienen.[54]

Wir haben Seite 70 ff. auf die Wichtigkeit der Ver=
handlungen des Gesetzgebungsausschusses der baierischen zweiten
Kammer über den vorgelegten Entwurf einer Civilprozeßordnung
und auf die Vortheile aufmerksam gemacht, welche durch die
Prüfung des Gerichtsgebrauches gewonnen werden können, der
in den verschiedenen Staaten, in welchen das französische Civil=
gesetzbuch gilt, daher in Frankreich, Belgien und den deutschen
Rheinprovinzen, in den Gerichtshöfen beobachtet wird. Unver=
kennbar werden durch diese Beobachtung und durch die Samm=
lung von Stimmen erfahrener Juristen dieser Länder wohl
zu beachtende Erfahrungen darüber gewonnen, wie sich die
französische Gesetzgebung im Leben bewährt, welcher Gestal=
tungen sie in der Rechtsanwendung fähig ist.

Dem Verfasser der gegenwärtigen Schrift schien es zweck=
mäßig, durch persönliche Besprechung mit erfahrenen französischen
Juristen und durch Einholung schriftlicher Mittheilungen von
Juristen Frankreichs und Belgiens eine genaue Kenntniß sich
zu verschaffen, wie die französische Civilprozeßordnung im Leben
sich bewährt. Die Erkundigungen waren besonders darauf ge=
richtet, reiche Erfahrungen und Ansichten über die Art des
Vorverfahrens, ehe die Sache in die Sitzung gelangt, über das
Verhältniß der in diesem Vorverfahren vorkommenden Anträge
und Schriften zu der mündlichen Verhandlung in der Sitzung,
über die zweckmäßigste Regelung der Sitzung selbst zu sammeln.
Das Ergebniß aller Erkundigungen ist, daß die sorgfältig ge=
sammelten Erfahrungen von Frankreich, Belgien und den Rhein=
gegenden in dieser Beziehung günstig sind und zeigen, daß auf
die Grundidee, auf welcher das französische Proceßverfahren be=
ruht, für Deutschland eine den gerechten Forderungen entspre=
chende Civilproceßgesetzgebung gebaut werden kann, daß in allen

---

54) Hiezu liefern die oben angeführten Berathungen des baierischen
Ausschusses das kostbarste Material. Wir werden sie später mittheilen.
Eine der besten Erörterungen über die verschiedenen Verhandlungsarten
im Vorverfahren liefert Maltini p. 100—125.

obengenannten Staaten sich die Wahrheit des Satzes bewährt,
daß das Leben stärker ist, als das starre Gesetz, und daß, wenn
nur Richter und Advokaten von einem guten Geiste geleitet
sind und Intelligenz besitzen, das mangelhafte Gesetz durch die
Rechtsübung verbessert wird, und daher es viel klüger ist, wenn
das Gesetz nicht durch zu starre Vorschriften alle mögliche Ein=
zelnheiten regeln will, vielmehr sehr elastisch ist und dem Er=
messen der Richter eine große Freiheit läßt. Die vor uns lie=
genden Mittheilungen über Erfahrungen der französischen, bel=
gischen und rheinischen Rechtsübung sind in dieser Hinsicht sehr
belehrend; sie zeigen, daß in dem nämlichen Lande die Rechts=
übung bei verschiedenen Gerichten auch sehr verschieden ist, daß
aber dadurch kein Nachtheil für die Rechtspflege entsteht, weil
allmählich bei dem Gerichte ein fester Gerichtsgebrauch sich bil=
det, nach welchem Richter und Advokaten sich richten. Aus einer
Vergleichung der Ergebnisse der Besprechung mit ausgezeichne=
ten französischen Juristen und schriftlichen Mittheilungen zeigt
sich, daß bei aller Verschiedenheit in Einzelnheiten der Rechts=
übung doch gewisse gemeinschaftliche Grundideen als Leitstern
der Rechtsübung in den meisten Gerichten vorschweben, mit der
Grundrichtung, den Nachtheilen des Formalismus entgegenzu=
wirken und das Verfahren so zu leiten, daß es den gerechten
Forderungen der Rechtsuchenden entspricht und ebenso zur Aus=
mittlung der materiellen Wahrheit dient, als es dahin wirkt,
daß das Verfahren einen raschen, jedoch der Gründlichkeit nicht
schädlichen Gang hat und nicht zu kostspielig wird. Wenn wir
zwar nicht verschweigen dürfen, daß nach den Erkundigungen
bei manchen Gerichten erster Instanz ein gewisser Schlendrian,
ein nachtheiliger Formalismus sich geltend macht und manche
Anwälte nur von dem Streben sich leiten lassen, Geld zu ver=
dienen und den Proceß in die Länge ziehen, so daß von Sei=
ten der Bürger manche Klagen vorkommen, so sind dies doch
Ausnahmen, und erfreulich ist es, aus den Mittheilungen er=
fahrener Männer zu erfahren, daß immer mehr ein guter Geist
die Mehrzahl der Richter und Advokaten beseelt. Wir werden
unten Nachweisungen liefern, wie in Bezug auf die Entscheidung
einzelner Fragen dieser Geist sich bewährt. In Bezug auf das

schriftliche Vorverfahren verdankt der Verfasser der gegenwärti=
gen Schrift vorzüglich wichtige Mittheilungen der Gefälligkeit
des Herrn Chauffard, Richter am Tribunal in Albi. Wir
werden unten davon Gebrauch machen und bemerken hier nur
vorläufig die sehr wichtige Mittheilung über das Vorverfahren,
wenn Herr Chauffard in Bezug auf die französischen Ge=
richte angibt: Il existe une tendance de plus en plus
marquée, à mettre sur la même ligne pour l'instruction
les affaires ordinaires et les affaires sommaires. Man
begreift dann leicht, daß durch eine solche Richtung das schrift=
liche Vorverfahren, worüber unter deutschen Juristen vielfach
sonderbare Vorstellungen obwalten, in der Rechtsübung einen
einfacheren und dem Bedürfnisse entsprechenden Charakter erhält.

Ehe wir zu den Mittheilungen der Verhandlungen des
baierischen Gesetzgebungsausschusses übergehen, halten wir es
für zweckmäßig, unsere Leser auf zwei für die Gesetzgebungs=
kunst wichtige Erscheinungen aufmerksam zu machen, von denen
später mehr die Rede sein soll, nämlich die des neuesten Ent=
wurfs der Civilproceßordnung, welchen der Regierungsrath in
Zürich am 9. Mai 1866 dem Großen Rath vorgelegt hat [2])
mit dem von dem Regierungsrathe zugleich vorgelegten Bericht
über den Charakter des neuen Entwurfs. Die in diesem Be=
richte vorkommende Entwicklung der Erfahrungen über die
Mängel des bisherigen Gesetzes und die Nachweisung der vor=
geschlagenen Verbesserungen verdient die Beachtung aller Juri=
sten, welche die praktische Auffassung des Civilprocesses zu wür=
bigen verstehen. Wir werden darauf wieder zurückkommen [3]).

---

2) Gesetzesentwürfe betreffend die Zürcherische Rechtspflege. Antrag
des Regierungsrathes an den großen Rath vom 9. Mai 1866.

3) Wir bemerken nur vorläufig, daß vorzüglich in dem Berichte die
Entwicklung S. 27—28 der vorgeschlagenen Hauptänderungen wichtig ist
und zwar: 1) über die freiere Stellung des Richters gegenüber den Par=
teien, namentlich in Bezug auf die Befragung derselben, 2) die freiere
Beweistheorie, 3) die Einführung der Schlußverhandlung vor dem ge=
sammten Gerichte, 4) die Anordnung eines schriftlichen Vorverfahrens für
besonders weitläufige und verwickelte Fälle, 5) die Vereinfachung der Pro=
tokollführung.

Nicht weniger empfehlen wir die Beachtung des am 25. Juni
1865 von dem Justizminister erstatteten Berichts über die Haupt-
veränderungen im neuen Gesetzbuch für das Civilverfahren im
Königreich Italien. Viele sehr geistreiche Bemerkungen über
Civilprozeßgesetzgebung in diesem Berichte sind der Aufmerksamkeit würdig.

Vergleicht man alle neuen Verhandlungen in den einzelnen
Staaten über Civilprozeßgesetzgebung, so überzeugt man sich
bald, daß noch immer große Unklarheit und eine gewisse Halbheit in den Vorschlägen obwaltet. Während man anerkennt,
daß das neue Verfahren auf dem Grundsatze der Mündlichkeit
beruhen soll, werden noch zu viele deutsche Juristen durch eine
unwillkürlich sich aufdrängende Vorliebe für das schriftliche Verfahren und durch die Besorgniß geleitet, daß die Gründlichkeit
der Urtheile leiden würde, wenn die Richter nur auf mündliche
Verhandlungen urtheilen sollten, daher bei den Vorschlägen über
Anordnung des schriftlichen Vorverfahrens vielfach die Ansicht
vorschwebt, daß die in diesem Verfahren einzureichenden Schriften die Grundlagen für die mündliche Verhandlung gewähren
sollen. Wird in den Berathungen von der französischen Civilprozeßgesetzgebung gesprochen, so bemerkt man leicht, daß ein
großer Theil der Mitglieder der Gesetzcommission an die Vorschriften des Code sich hält und nicht genug darum sich küm-
mert, wie in der Rechtsübung das französische Verfahren sich
gestaltet. In dieser Beziehung muß man anerkennen, daß die
Berathungen des baierischen Gesetzgebungsausschusses sehr lehr-
reich sind, indem daran Männer Theil nehmen, von denen
mehrere durch lange Erfahrung mit der Rechtsübung in der
Rheinpfalz vertraut waren, Andere dagegen als Richter oder
Anwälte gründlich das deutsche Verfahren kannten, aber auch
mit dem Geiste des neuen mündlichen Verfahrens sich bekannt
gemacht hatten. Es mag daher von Werth sein, den wesentlichen Inhalt dieser Verhandlungen hier prüfend darzustellen [4]).
Der Hauptgegenstand der Berathung war die Regelung des
Vorbereitungsverfahrens.

Nachdem der Referent (v. Neumayr) darauf aufmerksam

[4]) Die Sitzungen begannen wieder am 19. Oktober 1865.

gemacht hatte, daß man über zwei Hauptpunkte einig sei, näm=
lich daß in dem Vorbereitungsverfahren die richterliche Proceß=
leitung ausgeschlossen sein soll, und daß die Firirung des Ver=
handlungstermins nicht wie in Hannover sofort nach erhobener
Klage, sondern erst nach durchgeführtem Schriftenwechsel erfolgen
soll, erkannte man als die wichtigste Vorfrage die, welches Ver=
hältniß zwischen conclusions motivées und den schriftlichen
Anträgen der Parteien stattfinden soll. Ein erfahrener, mit der
pfälzischen Justiz vertrauter Jurist (Umbscheiden) machte
aufmerksam, daß durch das Dekret von 1808, welches die con=
clusions motivées einführte, wesentlich das Verhältniß der im
Code bezeichneten Schriften der défense und réponse geändert
worden sei, und einer oder der andere dieser Vorträge unnöthig
werde, wie man dies in der Pfalz auch erkennt. Nach der Aus=
führung von Umbscheiden sind die in Art. 70 des Dekrets von
1808 erwähnten conclusions nichts anderes als die défenses
und réponses des Code, und das Dekret, welches nur die Fristen
haben regeln wollen, verstehe unter den conclusions nur die=
jenigen, welche gesetzlich bereits eingeführt waren. Der Mini=
sterialcommissär (Weis) gesteht, daß in der Pfalz die im Code
ohnehin nur gestatteten, aber nicht vorgeschriebenen Klage= und
Exceptionsbeantwortungen faktisch abgeschafft seien. Die Folge ist
die, daß in der Pfalz eigentlich in allen sogenannten ordent=
lichen Sachen ebenso verfahren wird, wie es gesetzlich für die
summarischen Sachen vorgeschrieben ist [5]). Wollte man sich nur
auf die Klage, die Beantwortung der Klage und Einreden in
den verschiedenen Schriften ohne Schlußanträge beschränken, die
einen klaren, bestimmten Antrag enthalten müssen, so würde,
wie Weis darthut, es häufig an der nöthigen Grundlage für
die mündlichen Verhandlungen fehlen; zugegeben wird aber,
daß eine Cumulirung der beiden Schlußsätze und der motivirten
Conclusionen für die Mehrzahl der Sachen sich nicht rechtfertige. Für
die schwierigen, verwickelten Processe würde aber, insbesondere
für die deutschen Provinzen, in denen man an das in der Pfalz

---

5) Ueber Erfahrungen in der Pfalz f. a. Paraquin die französische
Gesetzgebung 1861 II. Heft S. 19.

geltende Verfahren nicht gewöhnt sei, es nach der Ansicht von
Weis gewiß zweckmäßig sein, wenn den motivirten Conclusionen,
die der mündlichen Verhandlung zum Grunde liegen, der im
Code bezeichnete Schriftenwechsel vorausgehe. Allein gebieten,
solche Schriften einzureichen, dürfe man den Parteien nicht,
und die im Gesetz dafür angegebenen Schriften dürften keine
eigentlichen Proceßschriften sein. Gegen die Behauptung, daß
das Dekret von 1808 in Bezug auf die motivirten Conclusionen
nichts Neues vorgeschrieben habe, wird bemerkt, daß der Ge=
setzgeber von 1808 allerdings beabsichtigt habe, eine bessere
Praxis neu einzuführen und der mündlichen Verhandlung eine
feste Grundlage zu geben, welche der Gesetzgeber nicht genügend
in den vom Code bezeichneten Schriftsätzen fand. Weis hebt
wohl mit Recht hervor, daß, wenn der Ausschuß in seiner Mehr=
heit die Ansicht habe, daß die Schlußanträge für sich schon ge=
nügten, um die Sache aufzuklären, man sich wohl klar
machen müsse, ob mit gutem Erfolge dem Geiste des Gesetzes
zu genügen die Schlußanträge in vielen Fällen bearbeitet wer=
den könnten, ehe der Kläger weiß, was der Beklagte auf die
Klage und ebenso der Beklagte weiß, was der Kläger auf seine
Einreden antworten will.

Ein geachteter Jurist der Pfalz, Dingler, erklärte, daß
der baierische Entwurf auf ihn den Eindruck mache, als sollte
ein schriftliches Verfahren wieder eingeführt werden. In der
Pfalz habe sich die Praxis dahin gebildet, daß keine anderen
Anträge gefertigt werden als die, welche der Verhandlung zur
Grundlage dienen. Ihm scheint, daß das, was in der Pfalz
sich bewährt, auch in Baiern als zweckmäßig eingeführt werden
könne. Sehr gut erklärt der Referent, v. Neumayr, daß die
Schriftsätze und die Schlußanträge neben einander bestehen
können, indem der Zweck der ersten nur wäre, daß durch sie
das thatsächliche Material hergestellt werden soll, was durch
die Antworten des Beklagten und des Klägers als Grundlage des
Streits vorliegt, daß dagegen die Schlußanträge erst das Resultat
enthalten, welches sich durch die gegenseitigen schriftlichen Erklärun=
gen herausgestellt hat. Auch der Ausschußvorstand (Barth),
welcher auf den preußischen Entwurf sich beruft, spricht sich dahin

aus, daß die Schriftsätze den Zweck haben sollten, die Anwälte in die Lage zu setzen, die Conclusionen machen zu können. — Es scheint, daß die Mehrheit des Ausschusses, vorzüglich durch die Berufung auf die Praxis der Pfalz und durch die Furcht, daß, wenn man die Schriftsätze und die motivirten Anträge forderte, eine unnöthige Häufung von Schriften eintreten würde, dazu bestimmt wurde, das Verfahren zu vereinfachen, indem man auch für die ordentlichen Sachen ein Verfahren vorschrieb, wie es in Frankreich für die summarischen Sachen besteht. Darnach ist der den Beschlüssen des Ausschusses entsprechende Entwurf abgefaßt. [6])

6) Im 6. Hauptstück (Verfahren bis zum Urtheile, und zwar vom Verfahren vor der Sitzung) wird mit den Vorschriften über die Abfassung der Klageschrift begonnen. Nach Art. 2 soll diese unter genauer Bezeichnung des Streitgegenstands eine gedrängte, aber vollständige und deutliche Darstellung der den Klageanspruch begründenden Thatsachen, den Rechtsgrund, aus dem der Anspruch abgeleitet wird, und ein bestimmtes Gesuch in der Hauptsache und in den Nebenpunkten enthalten. Nach Art. 3 ist mit der Zustellung der Klageschrift an den Beklagten die Aufforderung zu verbinden, innerhalb der gesetzlichen Frist einen Anwalt zu bestellen und durch ihn von der Bestellung dem Gegenanwalt Anzeige zu machen. Von den Schriftsätzen der Beantwortung der Klage und der Replik ist im Entwurfe keine Rede mehr. Nach Art. 6 sollen sich die Anwälte, soweit das Gesetz nichts anders bestimmt, wechselseitig motivirte Anträge zustellen lassen. Nach Art. 7 dienen die motivirten Anträge als Grundlage für die mündlichen Verhandlungen; sie sollen das bestimmte Gesuch der Partei bezüglich der zu erlassenden Entscheidung und davon gesondert in gedrängter Darstellung die zur Begründung des Gesuchs nach der Sachlage erforderlichen thatsächlichen Anführungen in Verbindung mit den wesentlichen rechtlichen Gesichtspunkten enthalten. Nach Art. 8 hat der Anwalt des Beklagten seinen Antrag innerhalb 14 Tagen nach Ablauf der Erscheinungsfrist zustellen zu lassen, der Anwalt des Klägers den seinigen spätestens 3 Tage vor der Sitzung. Will der Beklagte vorläufig eine oder mehrere der im Hauptstücke 5, Art. 38, 39 bezeichneten Einreden (welche dahin gehören, wurde oben, Seite 266 schon bemerkt) vorbringen, so muß er seinen auf diesen Einreden beschränkten, motivirten Antrag innerhalb 8 Tagen zustellen lassen, widrigenfalls er des Rechtes, solche Einreden ohne gleichzeitige Einlassung in der Hauptsache vorzubringen, verlustig wird. Nach Art. 11 ist jede Partei nach Zustellung des motivirten Antrags des Beklagten oder nach Ablauf der dafür bestimmten Frist berechtigt, die Sache vor der öffentlichen Sitzung anzumelden.

Es mag nicht ohne Werth sein, über das Ergebniß der Erkundigungen und über die dem Verfasser zugekommenen Mittheilungen zu berichten, die sich auf die Rechtsübung in den verschiedenen Gerichten Frankreichs und Belgiens in Ansehung der Behandlung des Vorverfahrens beziehen. In Ansehung der Frage, ob das Dekret von 1808 durch die Vorschrift über die motivirten Conclusionen etwas Neues habe einführen wollen, muß bemerkt werden, daß nach den vor einer langen Reihe von Jahren von dem Verfasser dieses Aufsatzes in Frankreich und in den Rheinprovinzen eingezogenen Erkundigungen als entschieden angenommen werden muß, daß nach der Verkündung des Dekrets die Meinung allgemein war, daß die 1808 eingeführten motivirten Conclusionen eine neue Einrichtung seien. Die damalige ziemlich allgemeine Meinung war ähnlich der oben angeführten Auffassung des v. Neumayr und Weis die, daß die Schriftsätze, die der code art. 77 und 78 bezeichnete, einen anderen Zweck hätten, als die motivirten Conclusionen. Aus mehreren dem Verfasser vorliegenden französischen und rheinischen Akten ergibt sich, daß in den ersten Jahren nach 1808 immer jene Schriftsätze und die Conclusionen im Vorverfahren vorkamen, daß die Anwälte jene Conclusionen benützten, um eine gedrängte Skizze der That- und Rechtsgründe zu geben, die in der Sitzung ausgeführt werden sollten. Den Richtern waren diese Conclusionen, die sie auf der Greffe einsehen konnten, willkommen wegen der Vorbereitung zur Sitzung. Schon damals war aber eine große Verschiedenheit bei den Gerichten in Bezug auf den Umfang dieser Conclusionen. Allmählich wurde es Sitte, daß der Beklagte keine Klagebeantwortung mehr einreichte und so auch die Replik wegfiel, daher die motivirten Conclusionen allein noch übrig blieben. Im Laufe der Zeit kamen nun bei vielen Gerichten in Frankreich Schriftsätze außer Uebung und das für die summarischen Sachen gesetzliche Verfahren wurde Regel. So zeigt sich auch jetzt noch die große Verschiedenheit in den Gerichtshöfen. In manchen Gerichten kommen jedoch noch die Schriftsätze und die Conclusionen vor. Der oben mitgetheilte Ausspruch von Chauffard, daß die vorwaltende Richtung dahin geht, das Verfahren in ordentlichen

Sachen dem in summarischen gleichzustellen, erklärt aber, daß in sehr vielen Gerichten die Instruktion nur die motivirten Conclusionen kennt, über deren Abfassung freilich wieder große Verschiedenheit ist, indem bei einigen Gerichten die Conclusionen nur die Anträge ohne Motive enthalten, in den meisten aber eine mehr oder minder ausgedehnte Motivirung. An manchen Gerichten hat sich die Sitte gebildet, daß die Anwälte Denk-schriften (mémoires) oder kurze résumés der moyens, deren sie sich im Prozesse bedienen wollen, bearbeiten und einander mit-theilen. Mit immer größerer Strenge wachen die meisten Gerichte in Frankreich und Belgien darüber, daß kein Anwalt regel-mäßig in der Sitzung von einem Antrage Gebrauch machen kann, den er nicht vorher dem Gegenanwalt mitgetheilt hatte; wir werden aber auch hier nachweisen, daß in den Gerichten immer mehr dem Formalismus entgegengewirkt wird. Nach den Mittheilungen erfahrener Juristen der Länder, in welchen der französische Prozeß in Uebung ist, hängt die Frage, ob das Vorverfahren genügend ist, um eine gründliche münd-liche Verhandlung vorzubereiten, von dem guten Geiste ab, welcher die Anwälte beseelt und in ihnen das Gefühl der Ehre wach hält, daß es unwürdig ist, die Prozeßführung zu benützen, viel Geld zu gewinnen, den Prozeß zu verwickeln und zu ver-längern, um den Gegner zu überraschen. Erfreulich ist es, aus den uns vorliegenden Zeugnissen ehrenwerther Juristen zu sehen, daß immer mehr in vielen Gerichten von Frankreich, Belgien und den Rheingegenden [7]) die Anwälte dahin streben, den Parteien viele Kosten zu ersparen, das Verfahren abzu-kürzen und es zu vermeiden, wechselseitig einander durch neues Vorbringen zu überraschen. Auf diese Art findet man es häufig, daß die Anwälte den kostspieligeren Weg der conclusions grossoyées [8]) oder die Mittheilung der Schriften

---

7) In dem Berichte über die Resultate der Rechtspflege in der bayr. Rheinpfalz von 1·63—64 S. 35 gibt der Generalprocurator den Advo-caten das Zeugniß, daß sie nicht zur Verlängerung der Prozesse bei-trügen und nicht frivole Prozeßsucht unterstützten.

8) So bezeichnet man in Frankreich die auf Stempelpapier signifi-zirten libelles des faits et moyens de la cause.

mittelst der greffe oder Erhebung kostspieliger Auszüge aus
Notariatsakten vermeiden und den einfachen Weg der commu-
nication amiable wählen, auf diese Weise auch die Urkunden,
deren sie sich im Prozesse bedienen wollen, ebenso wie die durch
neue zur Kenntniß des Anwalts gekommene Thatsachen veranlaßten rektificirten Conclusionen mittheilen. Als ein wichtiger Beweis, daß die französischen Gerichte durch die auf-
merksame Anhörung der mündlichen Vorträge in den Stand
gesetzt werden, gerechte Urtheile zu fällen, wird die Erfahrung
betrachtet, daß von dem im Code gestatteten Mittel der
délibérés mit Aufstellung eines Referenten und der Anordnung der instruction par écrit nur selten (in manchen Gerichten seit vielen Jahren nie) Gebrauch gemacht wird. Nach
der französ. Statistik kamen von 1841 bis 1845 60, von 1846—
1850 70 Instruktionen par écrit vor. In der ersten Periode
werden 337, in der 2ten 230 délibérés aufgeführt. Im Jahre
1851—1860 kamen 57 Instruktionen par écrit und 266 délibérés vor. [9] — Ein Hauptgegenstand der Berathung des bayerischen Gesetzgebungsausschusses war die Frage, ob zwei Sitzungen angeordnet werden sollen in der Art, daß in der ersten
nur die Conclusionen hinterlegt und bestimmt werden soll,
wann die zweite Sitzung stattzufinden hat, in welcher die Sache
mündlich verhandelt wird. Darüber, ob eine solche Trennung
der Sitzungen, oder nur eine Sitzung für die mündliche
Verhandlung angeordnet werden soll, ist in den Gerichten der
Pfalz, ebenso wie in Frankreich und Belgien die Praxis verschieden. In vielen Gerichten wird allerdings in der ersten
Sitzung nach Hinterlegung der Conclusionen über die Sache
selbst noch nicht verhandelt, sondern nur die künftige Sitzung

---

9) Nach der neuesten Statistik Frankreichs v. 1866 über das Jahr
1864 kamen in diesem Jahre 95 Sachen vor, wo délibéré nach Code art 93
mit Aufstellung eines Referenten erkannt wurde, in 96 Fällen wurde
instruction par écrit angeordnet. Bei 16 Gerichtshöfen kam im ganzen
Jahre kein délibéré und bei 16 Gerichten keine instruction par écrit vor.
In Belgien wurde von 1850—1856 in 244, von 1856—1861 in 141
Fällen instruction par écrit angeordnet. Bei einigen Gerichten kam
kein solches Verfahren vor.

für die Hauptverhandlung bestimmt. Von Seite der Regierung
wurde in der Berathung des bayerischen Ausschusses für dies
System angeführt, daß früher, als dies System nicht in Ue=
bung war, die Erfahrung gemacht worden sei, daß, wenn es zur
Verhandlung kommen sollte, die Sache dafür noch nicht reif
war, indem der gegnerische Anwalt nicht im Stande war, zu
plädiren, so daß häufige Vertagungen vorkommen mußten; es
sei dann vorgekommen, daß in einzelnen Sitzungen eine Ueber=
häufung mit Berathungsmaterial, in anderen dagegen kein
genügendes Material vorhanden war. Für die Uebung, daß
die erste Sitzung nur für Hinterlegung der Anträge zu be=
stimmen sei, spreche der Vortheil, daß die beiden in der Sitz=
ung anwesenden Anwälte dem Gericht erklären könnten, ob
und wann die Sache sicher verhandelt werden kann, und da=
durch das Gericht in die Lage komme, die einzelnen Sachen
so zu vertheilen, daß für eine Sitzung nicht zu viele Sachen
bestimmt, aber auch die Sitzung gehörig ausgefüllt werden
kann; auch würde dadurch der Nachtheil häufiger Vertagungen
beseitigt. Es wurde ferner geltend gemacht, daß Zeitversäumniß
nicht zu besorgen sei, indem diese Fixationen in einer beson=
deren Sitzung vorgenommen würden und wenig Zeit wegnehmen,
während das Gericht, da es die Anwälte mit ihren Wünschen
hört, viel besser die Sitzung fixiren könne. Es wurde jedoch
dagegen bemerkt, daß nach diesem System die Anwälte genöthigt
werden, unnöthig viele Zeit blos einer Formalität wegen in
der Sitzung zuzubringen und darüber andere Geschäfte zu ver=
säumen. Wir dürfen nicht verschweigen, daß in mehreren Ge=
richten Frankreichs und Belgiens eine solche Trennung in 2
Sitzungen nicht gebilligt wird und daß man an manchen Gerichten
die Sitte einführt, nach welcher der Präsident außer der Sitzung
mit den Anwälten sich über die Sitzung benimmt und ein Anwalt,
der wünscht, daß nicht zu rasch die Sitzung für die Verhandlung
angesetzt wird, den Wunsch dem Präsidenten mittheilen kann. [10]

---

10) Nach der Erfahrung kommt es besonders in den Fällen vor, in
denen der Anwalt erklärt, daß er von seiner entfernt wohnenden Partei
auf seine Anfragen über gewisse thatsächliche Verhältnisse noch keine Ant=
wort erhalten habe.

Die Mehrheit des Ausschusses billigte jedoch das von der Regierung vorgeschlagene System, und nach Art. 18 des nach den Beschlüssen des Ausschusses revidirten Entwurfes hat jeder der Anwälte seine Gesuche, wie sie sich nach dem motivirten Antrage und nach den etwa nothwendig befundenen Abänderungen und Zusätzen gestalten, zu verlesen und Abschrift des Antrages dem Vorsitzenden zu übergeben, welcher darauf den Tag der Hinterlegung bemerkt. Das Gericht bestimmt, nachdem es die Anwälte über die bei der Fixirung zu berücksichtigenden Umstände vernommen hat, eine spätere Sitzung zur mündlichen Verhandlung.[11]

Einer der wichtigsten Punkte, welcher eine lange Berathung veranlaßte, war im Zusammenhange mit dem vorher erwähnten Gegenstande die Frage, welche Wirkung die Hinterlegung der Anträge in öffentlicher Sitzung haben solle, oder in der französischen Gerichtssprache, ob das Urtheil, welches nach dieser Hinterlegung ergeht, als ein contradictorisches zu betrachten ist. Die Sache ist sehr wichtig, indem davon abhängt, ob das Urtheil, welches nach dieser Hinterlegung ergeht, wenn in der zur mündlichen Verhandlung fixirten Sitzung einer der Anwälte nicht erscheint, ein Contumacialurtheil oder ein definitives contradictorisches ist. Wird die letzte Ansicht angenommen, so hat dies die bedeutende Folge, daß die als ungehorsam behandelte Partei den Vortheil entbehrt, durch einen einfachen Einspruch das Contumacialurtheil unwirksam zu machen Darüber bestehen in Frankreich zwei Grundansichten, indem nach einer Ansicht die Ueberreichung der Partei-Anträge an den Vorsitzenden (wieder mit Verschiedenheit, je nachdem nur die in den Conclusionen gestellten Gesuche oder die ganzen Conclusionen vorgelesen werden) den Rechtsstreit schon in der Art contradictorisch macht, daß kein Versäu-

11) Der Art. 18 des Entwurfs fügt zweckmäßig bei, daß in den in Art. 9 bezeichneten Fällen (also da, wo der Beklagte von der Streiteinlassung befreiende Einreden vorgebracht hat), sowie in Sachen, bei denen sich aus den vorliegenden Anträgen ergibt, daß im Wesentlichen ein Streit zwischen den Parteien nicht obwaltet, das Gericht anordnen kann, daß die mündliche Verhandlung noch in der nämlichen Sitzung Statt zu finden hat.

mungsurtheil mehr ergehen kann, während nach der ande=
ren Ansicht die Sache erst dann contradictorisch erscheint, wenn
in der für die Verhandlung fixirten Sitzung die Anwälte er=
scheinen und ihre Anträge stellen. Die erste Ansicht, welche
auch der preußische Entwurf nach §. 312 annimmt, soll nach
dem Vorschlage der Regierung in dem bayerischen Entwurfe ge=
setzlich ausgesprochen werden. Die Vertheidiger dieses Systems
berufen sich nun darauf, daß die Ansicht innerlich gerechtfer=
tigt werde, und zwar dadurch, daß durch die Hinterlegung der
Anträge eigentlich schon lis contestirt sei, daß durch die der
Partei gegebene Aufforderung, einen Anwalt zu bestellen, durch
Bestellung eines solchen, durch die diesem gebotene Gelegenheit,
Anträge zu stellen, dem Grundsatze Rechnung getragen sei, daß
Niemand ungehört verurtheilt werde.

Man beruft sich darauf, daß, wenn wirklich Anträge ge=
stellt und in der Hinterlegungssitzung [vom Anwalte verlesen
werden, da, wo der Anwalt des Beklagten in der Sitzung zur
eigentlichen Verhandlung nicht erscheine, anzunehmen sei, daß
die Partei sich vertheidigt und auf jene Vertheidigungsmittel
sich beschränkt habe, welche im hinterlegten Antrage bezeichnet
sind. Man machte besonders geltend, daß die Annahme dieses
Systems einen wichtigen Einfluß auf die Verminderung der
Geschäftslast der Gerichte und die Erledigung der Prozesse habe.
Vom Standpunkte der Gesetzgeber aus sei, wie die Vertheidiger
des Systems bemerken, es gewiß wünschenswerth, daß das Sy=
stem, ein Contumacialurtheil in den bezeichneten Fällen zuzu=
lassen, nicht angenommen werde, indem es zur Verzögerung
der Prozesse führen würde.

Entschieden haben die Vertheidiger dieser Ansicht sich von
einer in Frankreich vielfach vorkommenden Ansicht, welche po=
litische Erwägungen an die Stelle des Rechts setzt, leiten las=
sen, und mit Recht ist gegen diese formalistische Auffassung von
einem contradictorischen Urtheile von tüchtigen Juristen die
Einwendung gemacht worden, daß die Annahme, nach der mit
der Hinterlegung der Anträge die mündliche Verhandlung
gleichsam schon begonnen habe, nur eine Fiction sei, daß in
der Wahrheit doch die Partei in dem vorausgesetzten Falle,

weil nur die Anträge abgelesen wurden, noch nicht wirklich
gehört sei. Mit Recht hatte der scharfsinnige Referent (v. Neu=
mayr) bemerkt, daß durch das vorgeschlagene System das
Princip des mündlichen Prozesses vollständig verlassen sei.
Auch hatte der tüchtige rheinische Jurist Dingler hervorge=
hoben, daß die Befürchtung, daß die gegentheilige Ansicht des=
wegen schon zu empfehlen sei, weil die Gerichte sonst mit zu
vielen Einsprüchen gequält würden, grundlos wäre. Es war
am Platze, daß der gute Jurist Franz (Verhandlungen
Seite 38) auf die bedeutende Autorität des geachteten franzö=
sischen Schriftstellers Bordeaux [12]) aufmerksam machte. Be=
kanntlich hat ein ausgezeichneter französischer Jurist, Bille=
quin, [13]) vortrefflich gegen die von den bayerischen Commissä=
ren vorgeschlagene Ansicht sich erklärt, und Chauveau stimmt
ihm ebenso, wie Bellot in seinem Gesetzbuch für Genf, bei,
indem sie zeigen, daß, wenn man hier ein contradictorisches
Urtheil annimmt, der Partei ein oft unersetzbarer Schaden zu=
gehen kann. Kein weiser Gesetzgeber soll von Fictionen sich
leiten lassen. Mit Recht fragt Billequin: Ist es nicht eine
sehr schwere und selbst gefährliche Fiction, anzunehmen, daß
eine Partei vertheidigt worden sei, blos, weil vielleicht vor
einem Jahre (hier liegt freilich eine Uebertreibung vor), ehe
noch die Sache gehörig zur Verhandlung aufgerufen war, die
Anwälte Conclusionen vorlasen, die die Richter nicht hörten,
und die jedenfalls wahrscheinlich in ihrem Geiste keine Spur
mehr zurückließen. Man muß es bedauern, daß durch den
Beschluß der Mehrheit in dem bayerischen Ausspruch der For=
malismus gegen entschiedene Rechtsansicht siegte. Der Art. 22
des revidirten Entwurfs ist diesem Beschlusse gemäß gefaßt. [14])

---

12) In seiner Preisschrift: Philosophie de la procédure civile,
Paris, 1857.

13) Sein im Journal des Avoués zuerst abgedruckter Aufsatz ist in
dem Werke: La loi de la procédure civile, par Carré, troisième édi=
tion, par Chauveau, Paris, 1844, Band II, pg. 7 wieder aufgenommen.

14) Nach Art. 22 soll das in dem Falle, wenn ein Anwalt nicht er=
scheint, ergehende Urtheil, wenn die Anträge in einer vorausgegangenen
Sitzung hinterlegt worden sind, auch gegenüber derjenigen Partei, deren

Nach den erhobenen Nachrichten ist das von dem bayeri=
schen Ausschuß angenommene System nicht allgemein in den
Gerichten Frankreichs und Belgiens befolgt; auch erfahrene Ju=
risten billigen es nicht, am wenigsten, wenn es in der im baye=
rischen Entwurf angenommenen Weise durchgeführt wird, wo
schon an das bloße Vorlesen der Gesuche (also nicht der voll=
ständigen Conclusion) die Fiction geknüpft wird, daß der Be=
klagte sich vertheidigt habe. Das Vorlesen des Gesuchs ist eine
reine Formalität, und Diejenigen, welche in einer solchen Vor=
lesung schon eine Litiscontestation erblicken, haben weder von
der römischen noch deutschen Litiscontestation eine rechte Vor=
stellung.[15] Erfahrene Juristen geben die Thatsache an, daß
man bei vielen Gerichten in Frankreich und in der Rheinpro=
vinz vor 12 Jahren nicht daran dachte, das Urtheil, blos
weil Conclusionen vorgelesen waren, wenn der Anwalt des
Beklagten in der zur mündlichen Verhandlung bestimmten
Sitzung nicht erschien, als contradictorisches zu betrachten,
und daß erst später (weil man sich durch den auf Bequemlich=
keit der Gerichte beruhenden Gerichtsgebrauch von Paris be=
stimmen ließ) das System Eingang fand.[16]

_____

Anwalt in der mündlichen Verhandlung nicht erschien, als ein contradik=
torisches betrachtet werden.

15) Was Endemann im civilistischen Archiv Band 49 Heft 2 S.
168 so wohl begründet. Wir bitten zu beachten, was schon vorzügliche
Appellhöfe in Frankreich gegen die in Bayern angenommene Ansicht geltend
machten (Chauveau l. c. vol. II. p. 9). Auch Nissen in seiner Kritik
des Preuß. Entwurfs und Pözl Vierteljahresschrift VIII. Band S. 19
erklärt sich gegen das System des Preuß. Entwurfs.

16) Merkwürdig ist die belgische Statistik von 1865 über die Periode von
1850 bis 1860 pag. 169, wo die Jugemens contradictoires die auf den
Grund einfacher conclusions gefällt sind, von denen geschieden werden,
welche nach vorgekommenen Plädoirien gefällt wurden. Bei der zweiten
werden für 1850 bis 1856 10290 und für 1856 bis 1860 8972 angeführt.
Auf bloße Vorlesung von conclusions ergingen in der ersten Periode
2262, in der zweiten 2061 Urtheile. Bei manchen Gerichten ist die Zahl
der auf bloße conclusions gefällten contradict. Urtheile geringer, z. B. in
Nivelles sind nur 4 Urtheile auf bloße Conclusionen v. 590 auf Plä=
doirien ergangen. Die Zahl der Ungehorsamurtheile ist groß, z. B. von
1856 bis 1860 ergingen 6419, wo keine Einsprache erfolgte. In Frankreich
ergingen 1864 2051 contradict. Urtheile erster Instanz, **1193 dernier
ressort**, 1113 Ungehorsamurtheile ohne opposition.

Der Ausschuß fand für nöthig, um die Streitfrage über die contradictorische Natur eines Urtheils zu beseitigen, im Art. 31 des Entwurfs auszusprechen: Haben die Anwälte in der Sitzung Anträge gestellt, welche nicht lediglich die Vertagung bezwecken, so ist die Sache als contradictorisch zu betrachten, ohne Rücksicht darauf, ob der Antrag alle Punkte, welche er nach Lage der Sache und gesetzlicher Vorschrift zu berühren hat, wirklich berührt, und ob der Anwalt bei der ganzen Verhandlung gegenwärtig war oder nicht.

Ein Gegenstand längerer Berathung im Ausschusse war die Frage, wie es zu halten ist, wenn der Beklagte keinen Anwalt aufgestellt hat. Es wurde der Antrag gemacht, daß dann dem Kläger das Recht zustehen soll, sofort ein Versäumungserkenntniß zu nehmen und daß es dann keiner weiteren Aufforderung bedürfe, sondern nach Ablauf der Frist die Sache sofort auf das Hauptverzeichniß eingetragen und Antrag auf Erlassung eines Versäumungserkenntnisses gestellt werden kann. Man hob hervor, daß der Personalcredit eines Landes von der Möglichkeit abhänge, rasch ein Versäumungsurtheil und auf Grund desselben die Vollstreckung gegen den Schuldner zu erwirken, daß die Gestattung eines raschen Verfahrens sich auch rechtfertige, indem der Beklagte, welcher aufgefordert worden, einen Anwalt zu bestellen, durch Unterlassung der Bestellung zeige, daß er sich nicht vor Gericht vertheidigen wolle, und daß es eine ungerechte Härte gegen den Beklagten wäre, indem er gegen das Versäumungsurtheil das Recht des Einspruchs habe und die Unterlassung rechtfertigen könne.

Mit Recht hatte aber der Referent nachgewiesen, daß auf jeden Fall dann dem Beklagten das Recht gegeben werden müsse, noch in der Sitzung einen Anwalt zu bestellen, selbst dann, wenn bereits der Kläger einen Antrag auf Versäumungserkenntniß gestellt hätte. Man fand jedoch eine solche Aufforderung nicht für nothwendig, weil dadurch eine unnöthige Verzögerung veranlaßt werde. Die Nothwendigkeit aber, daß, wenn der Beklagte einen Anwalt nachträglich bestellen wolle, ein neues Verfahren eingeleitet werden soll, wurde anerkannt, und so wurde dem Beschlusse des Ausschusses gemäß im revibirten

Entwurf der Art. 27 in der Art aufgenommen, daß für den
Fall, wenn der Beklagte keinen Anwalt bestellt habe, der An=
walt des Klägers ohne vorgängige Festsetzung einer Tagfahrt
in jeder ihm beliebigen Sitzung den Antrag auf Erlassung
eines Versäumungsurtheils stellen und seine Absicht, dies zu
thun, noch in der Sitzung selbst erklären kann.[17]) Der An=
trag ist zu verlesen und schriftlich zu übergeben und darf nur
das Gesuch des Klägers in der Hauptsache und in den Neben=
punkten enthalten. Tritt, ehe das Versäumungsurtheil verkündet
ist, für den Beklagten ein Anwalt in der Sitzung auf, so wird
die Sache zur wechselseitigen Zustellung der motivirten Anträge
ausgesetzt, und das Gericht bestimmt dafür zugleich die Fristen.

Bekanntlich ist nach französischem Recht die Frage sehr be=
stritten, wie die Sitzung bestimmt werden soll, insbesondere,
ob im Allgemeinen alle Sachen, die in einer bestimmten Sitzung
behandelt werden sollen, auf eine Stunde festgesetzt werden
sollen, oder ob für jede Sache eine bestimmte Stunde zu fixi=
ren sei. Man erkannte an, daß die erste Methode den Nach=
theil habe, daß dann oft Anwälte und Parteien zu stunden=
langem Warten genöthigt werden, und setzte voraus, daß der
Zweck der Fixationstagfahrt eben der sei, sich über die Fest=
setzung der Verhandlung zu verständigen, und daß es möglich sei,
bei der Fixation wenigstens annähernd festzustellen, wann eine
Sache vorkommen werde. Bei der mündlichen Besprechung wä=
ren, wie man behauptete, die Anwälte in die Lage gesetzt, mit
ziemlicher Sicherheit den Zeitpunkt berechnen zu können, wann
eine Sache zum Aufruf kommt. Es wurde geltend gemacht,
daß das Fixiren der Sachen nach bestimmten Stunden auch im
Interesse der Parteien liege, welche in vielen Fällen bei dem
Vortrage ihrer Prozesse zugegen sein wollen, und die man doch
nicht nöthigen sollte, ganze Tage zu warten und Zeit und
Geld zu verlieren. Der Referent (v. Neumayr) bemerkte,
daß in der Praxis die Sache sich leicht ordnen ließe, und es am
zweckmäßigsten sein würde, wenn man nicht für jede Sache

---

17) Nach dem Entwurfe sind solche Sachen bezüglich des Aufrufs an
die Reihenfolge des Sitzungsverzeichnisses nicht gebunden.

eine bestimmte Stunde festsetzt, aber auch nicht alle Sachen auf
die nämliche Stunde fixirt, sondern die Sachen gruppenweise
auf die einzelnen Stunden vertheilt. Eine bestimmte Regel
sollte aber in das Gesetz nicht aufgenommen werden.[18]

In Bezug auf die Frage über Vertagung der mündlichen
Verhandlung wurde die Frage berathen, ob in diesem Stadium
den Parteien gestattet werden könne, durch Uebereinkommen
Vertagungen oder Verschiebungen auf andere Sitzungen herbeizuführen. Wenn auch anerkannt wurde, daß in Privatrechts-
streitigkeiten sich der Staat nicht zu viel einmischen soll, so
wurde doch als entscheidend geltend gemacht, daß, wenn einmal das Gericht einen Tag zur Verhandlung fixirt habe, der
Staat auch das Recht haben müsse, zu verlangen, daß die Ar-
beitskräfte der Richter nicht ungemessener Weise belästigt würden, daher auch es von den Parteien nicht abhängig gemacht
werden dürfe, nach vorgenommener Fixation der Sache beliebig zu verfügen, wann die Sache zur Verhandlung kommen
soll; es müßte daher, auch wenn solche Einwilligung der Anwälte vorliegt, von dem Gerichte abhängen, ob es die Vertagung aus erheblichen[19] Gründen bewilligen will. In Bezug auf die Frage, in welcher Weise Erklärungen und Geständnisse der Parteien, die im Laufe der Verhandlung abgegeben werden, und deren Beurkundung die Gegenpartei verlangt, constatirt und fixirt werden sollen, fand eine Berathung

---

18) Der Art. 21 des revidirten Entwurfs bestimmt daher: Ueber die
zur mündlichen Verhandlung aufzurufenden Sachen hat der Gerichtsschreiber
für jede Sitzung ein Sitzungsverzeichniß herzustellen und, soweit dies der
Vorstand aus dringenden Gründen nicht anders bestimmt, die Reihenfolge des
Hauptverzeichnisses einzuhalten. Der Aufruf erfolgt durch den fungiren-
den Gerichtsvollzieher nach der Ordnung des Sitzungsverzeichnisses. Eine
Abweichung hievon ist nur auf Verfügung des Vorsitzenden, und wenn
die betheiligten Anwälte nicht zustimmen, nur wegen besonderer Umstände
zulässig.

19) Dies spricht auch aus der Art. 26 des Entwurfs. In der Berathung wurde anerkannt, daß, wenn der Anwalt wegen einer beim Schwurgericht übernommenen Vertheidigung oder wegen einer in einer anderen
Sache anberaumten Zeugenvernehmung die Vertagung verlangt, dies als erhebliche Umstände anzusehen seien. Es wurde bezeugt, daß diese Ansicht
auch in der Pfalz von der Praxis anerkannt werde.

statt, ob diese Beurkundung nach französischer Praxis nur im
Urtheile geschehen soll, oder ob nicht eine Partei fordern kann,
daß die Fixirungen auf unumstößliche Weise im Laufe der
Verhandlungen erfolgen. Der Ausschuß überzeugte sich, daß
eine Partei ein besonderes Interesse haben kann, daß dies
Letztere geschehe, daher ihr gestattet sein muß, vom Gerichte zu
begehren, darüber Urkunde zu ertheilen, daß aber dann ein
solcher Antrag schriftlich gefaßt und vor der Beurkundung die
Gegenpartei gehört werden muß, um dadurch das Geständniß
gegen jede spätere Einwendung des Mißverständnisses oder der
Ueberraschung sicher zu stellen.²⁰)

Es kann nicht genug bei der Einführung einer neuen Proceßordnung, die auf Mündlichkeit beruht, in einem Lande, in welchem bisher schriftliches Verfahren bestand, den Juristen sowohl,
als allen Staatsbürgern eingeschärft werden, daß das schriftliche Vorverfahren nach der neuen Proceßordnung nicht dem
früheren schriftlichen Verfahren gleichgestellt werden darf. Daraus erklärt sich, daß ein Mitglied des Ausschusses, um das
wahre Verhältniß auszudrücken, die Aufnahme eines besonderen Artikels im Entwurfe vorschlug. Der Artikel sollte so
lauten: Das im gegenwärtigen Hauptstück angeordnete schriftliche Vorverfahren unter den Parteien dient blos zur Vorbereitung der mündlichen Verhandlung. Es werden daher durch
den Ablauf der für dasselbe gestellten Fristen die dort vorher-
gesehenen Handlungen nicht ausgeschlossen, und eben so wenig
finden die Anträge der Parteien bei der mündlichen Verhandlung darin eine Beschränkung, daß sie im Vorverfahren nicht
geltend gemacht wurden.²¹)

---

20) Dies wurde auch im revidirten Entwurfe, im Art. 25, ausgesprochen und insbesondere der Fall erwähnt, wenn eine Partei in der Verhandlung Klagegründe, oder Einreden zurückgezogen hat.

21) Im Art. 28 des revidirten Entwurfs ist dieser Vorschlag angenommen, jedoch der erste vorgeschlagene Satz weggelassen. Der Artikel
enthält noch folgende Bestimmung: Dagegen hat die Partei, die eine
Verzögerung des Processes durch verspätete, oder unvollständige Schriftsätze und Anträge, oder durch Aenderung derselben verschuldet, für die
hieraus entstehenden Nachtheile einzustehen, insbesondere sind, wenn in

Wir haben bereits früher [22]) die vom Ausschuß angenommenen Bestimmungen über die Klageänderung mitgetheilt und die Ansicht geäußert, daß man überhaupt bei der Regelung des Verhältnisses die Aenderungen folgerichtiger, als dies gewöhnlich geschieht, im Geiste des Princips der Mündlichkeit in der Gesetzgebung und Rechtsübung durchführt. Wir haben aufmerksam darauf gemacht, daß noch zu oft die Angewöhnung an die gemeinrechtlichen Ansichten über Klageänderung im schriftlichen Verfahren nachtheilig auf die neuere Auffassung wirke. In der Sitzung vom 28. October 1865 zeigte der Ministerialcommissär die Nothwendigkeit an, ergänzende Vorschriften über das durch Aenderungen veranlaßte Verfahren aufzunehmen. Nach den angenommenen Vorschriften (Art. 33 des Entwurfs) war das Princip aufgestellt, daß der Beklagte sich Aenderungen widersetzen kann, die nach der Vernehmlassung im Gegenstande der Klage vorgenommen werden. Darnach scheint es, daß der Kläger vor der Vernehmlassung Klageänderung unbedingt vorzunehmen berechtigt sei. Der Beklagte müsse aber dann das Recht haben, von einer solchen Aenderung in Kenntniß gesetzt zu werden. Auf diese Art wurde vorgeschlagen, eine Bestimmung in den Entwurf aufzunehmen.[23]) In der Berathung wurde bemerkt, daß auf jeden Fall noch der Zusatz aufzunehmen sei: sofern seit der Hinterlegungstagsahrt Aenderungen im Begehren der Parteien nicht stattgefunden haben. Als nothwendig wurde dann auch die Aufnahme einer Vorschrift erklärt, daß, wenn nach Hinterlegung der Anträge nur ein Theil zur mündlichen Verhandlung erschienen ist

einem solchen Fall eine Vertagung nothwendig wird, der säumigen Partei die Kosten zu überbürden.

22) Im civil. Archiv Bd. 47 S. 71, vorliegender Schrift S. 21 u 35.

23) Der Artikel soll dann so gefaßt werden: Will der Kläger vor der Vernehmlassung im Gegenstand der Klage, in der thatsächlichen Begründung, oder durch Erweiterung des Gesuchs eine Aenderung vornehmen, so muß er dies dem Beklagten mittheilen. Aenderungen der im Art. 35 bezeichneten Art sind nur zulässig, wenn sie entweder in Gegenwart der Gegenpartei oder ihres Vertreters vorgenommen werden oder der Gegenpartei so rechtzeitig Mittheilung gemacht wird, daß sie ihre etwaigen Einwendungen noch vor dem Schlusse der Verhandlung vorbringen kann.

und die Verhandlung ungeachtet der Abwesenheit des Gegners
verlangt, er sich auf das in den wechselseitig mitgetheilten An=
trägen Vorgetragene beschränken und daß er, um eine Klage=
änderung zu bewirken und neues Streitmaterial hereinzuziehen,
Vertagung nachsuchen müsse. Es wurde bemerkt, daß auf je=
den Fall auch dem Beklagten das Recht gegeben werden muß,
neue Thatsachen vorzubringen, und daß die Beschränkung nur
auf die Hauptgesuche, nicht aber auf deren Begründung sich
beziehen dürfe. Eine Abstimmung über den Vorschlag erfolgte
nicht. 21)

Der Verfasser des gegenwärtigen Aufsatzes hat sich vor=
züglich bemüht, durch Besprechung und Correspondenz mit er=
fahrenen Juristen verschiedener Länder in Bezug auf eine der
wichtigsten Fragen, nämlich: wie weit die Parteien ihre im
Vorverfahren gestellten Anträge (Behauptungen und Gesuche)
in der mündlichen Verhandlung ändern können, genaue Nach=
richten über den Gerichtsgebrauch zu sammeln. Das Ergebniß
dieser Forschungen ist, daß in der Mehrzahl der Gerichte,
welche nach französischem Recht verhandeln, es Grundsatz ist,
die Modification der Conclusionen durch Verminderung oder
Erhöhung des Gesuchs und Vorbringen neuer Vertheidigungs=
mittel zu gestatten. Man spricht zwar in Frankreich oft von
einem contrat judiciaire, und manche Rechtssprüche des Cas=
sationshofes (z. B. siehe in einem arrêt vom 2. April 1812)
nehmen an, daß die Modificationen der Anträge so lange er=

---

21) In einem dem Verfasser mitgetheilten Falle hatte der Kläger auf
den Grund einer Abrechnung über verschiedene Guthaben 1000 Francs
gefordert und in den Conclusionen geltend gemacht. Während der Zeit
der Hinterlegungstagfahrt und dem zur mündlichen Verhandlung bestimm=
ten Zeitpunkt vom 10. Dezember erhielt der Anwalt des Klägers, wel=
cher entfernt wohnte, die Anzeige, daß nach später aufgefundener Abrech=
nung der Beklagte noch 1500 Franken schulde. Der Anwalt des Klägers
theilte dies sogleich freundschaftlich dem Anwalte des Beklagten mit, und
forderte 1500 Francs in der Sitzung mit Vorlage der Abrechnung und
mit der Nachweisung dessen, was der Nachtrag dem Anwalt des Beklagten mit=
getheilt hatte. Da der Beklagte in der Sitzung nicht erschien, wurde auf
Antrag des klägerischen Anwalts das Urtheil gefällt, durch welches der
Beklagte zu 1500 Francs verurtheilt wurde.

8

laubt sind, als nicht unter den Parteien der obenerwähnte
Contract stattgefunden hat, d. h. als nicht durch das wechsel=
seitige Uebereinkommen der Parteien eine Art Verabredung zu
Stande gekommen ist und ein Band, welches die Grundlage
bestimmt für die Verhandlungen und für das Urtheil, so daß
die Zulässigkeit der Aenderung der Anträge von der wechsel=
seitigen Uebereinstimmung der Parteien abhängt. Nach dieser
formalistischen Auffassung kommt es wohl bei manchen Gerich=
ten vor, daß, wenn der Anwalt die Conclusionen ändert, die
Zulässigkeit der Aenderung von der Zustimmung des Gegners
abhängt. Allein immer allgemeiner wird die Ansicht anerkannt,
daß bis zum Endurtheil die Parteien die volle Befugniß ha=
ben, die Conclusionen herabzusetzen oder zu erhöhen. In die=
ser Beziehung findet man in Frankreich häufig die Erscheinung,
daß der Kläger den Betrag der von ihm eingeklagten Summe
in Bezug auf die Begründung der Competenz des Gerichts
vermindert, um dadurch zu bewirken, daß die Appellation,
welche nach der eingeklagten Summe in dem Falle zulässig
wäre, ausgeschlossen wird, indem die Summe herabgesetzt wird,
bei deren Dasein das Gericht in erster und letzter Instanz ent=
scheidet.[25] Uebrigens hat sich allmählich in Bezug auf die
Erhöhung der ursprünglich eingeklagten Summe in der Rechts=
sprechung die Ansicht gebildet, daß der Kläger nicht beliebig
den Betrag der eingeklagten Summe später erhöhen darf, wenn
dies nur in der Absicht geschieht, um dadurch zu vermeiden,
daß das Gericht in der Sache in erster und letzter Instanz
entscheidet, daß aber die Erhöhung dann geschehen kann, wenn
der Antrag auf Anführung neuer Thatsachen gebaut wird, z.
B. wenn der Kläger aus den Urkunden erst später erkennt,
daß nach der Abrechnung ihm eine höhere Summe gebührt.[26]
Ein eigenthümliches Verhältniß tritt da ein, wenn im Laufe
des Verfahrens der Klagegrund geändert wird, z B. wenn
der Kläger ursprünglich eine Summe von 1000 Francs aus

---

25) Auf Fälle dieser Art bezieht sich z. B. ein **Arrêt des Cassa**=
tionshofs v. 11. April 1831.

26) Rechtsspruch vom **Appellhof von Rennes** v. 28. Januar 1819.

dem Grunde der Schenkung forderte und dann in der Sitzung geltend macht, daß er diese Summe aus dem Titel eines Vermächtnisses zu fordern berechtigt sei. Nach eingezogenen Erkundigungen schwankt hier die Rechtsprechung, und in mehreren Gerichtshöfen scheint eine Unterscheidung gemacht zu werden. Wenn nämlich die Modification der ursprünglichen Klage der Art ist, daß die Forderung auf einen neuen Rechtstitel gebaut wird, so betrachtet man dies als eine neue Klage und läßt dann nicht ohne Weiteres die Abänderung zu, sondern fordert, daß wegen dieser neuen Klage der im Gesetz vorgeschriebene Sühneversuch gemacht werden muß. Man gründet sich dabei auf die Bestimmungen über Rechtskraft des Urtheils. Wenn nämlich der Kläger mit seiner Klage aus dem Grunde der Schenkung abgewiesen wird, so kann er ja eine neue Klage anstellen, indem er sich auf das Testament gründet, durch welches das Vermächtniß gerechtfertigt wird. Wenn dagegen der Kläger sich auf einen neuen Rechtsgrund zur Unterstützung seiner ursprünglichen Klage gründet, so erlaubt man ohne Weiteres die Abänderung, z. B. wenn die Klage auf das Mandat gebaut war, und später der Kläger geltend macht, daß auf jeden Fall seine Forderung schon nach den Grundsätzen der Geschäftsführung gerechtfertigt wird. In Bezug auf die Frage, ob der Beklagte, wenn er im Vorverfahren und in seinen Conclusionen die Einrede der Zahlung nicht vorgebracht hat, sie in der Sitzung vorbringen und z. B. die Quittung vorzeigen kann, besteht in der Rechtsprechung die Ansicht, daß ein solches neues Vorbringen unbedingt erlaubt sei, schon aus dem Gesichtspunkte, wie einzelne Rechtssprüche sagen, weil die Rechtsvertheidigung begünstigt werden muß.

Wir müssen noch auf eine Art der Rechtsübung aufmerksam machen, welche dem besseren Geiste, Prozesse rasch zu erledigen und das materielle Recht siegen zu machen, zufolge häufig in Gerichtshöfen Frankreichs und der Rheinprovinzen vorkommt. Wenn nämlich eine Partei eine neue Thatsache vorbringt, die in dem früheren Verfahren nicht erwähnt war, so mißbilligt man es, wenn der Anwalt des Gegners in der Regel erklärt, daß er darauf nicht

vorbereitet sei und daher Vertagung fordern müsse, um bei sei=
nem Clienten weitere Erkundigungen einzuziehen. Allerdings
wird in manchen Fällen, wo sich klar zeigt, daß der Anwalt
durch das neue Vorbringen überrascht ist, ein Vertagungsbe=
gehren nicht verweigert werden. Allein es kommt nicht selten
vor, daß in solchen Fällen, wenn der Anwalt des Beklagten z.
B. die Quittung zur Begründung der Einrede der Zahlung
vorbringt, in der Sitzung dem Gegenanwalt die Urkunde vor=
gelegt und er zur Erklärung darüber aufgefordert wird. Es
kommen auch Fälle vor, daß, wenn z. B. die Partei in der
Sitzung selbst gegenwärtig ist, entweder der Anwalt sich einfach mit
der Partei über die Wahrheit des Vorbringens benimmt und
dann sich darüber erklärt, oder daß die gegenwärtige Partei
von dem Vorsitzenden in der Sitzung aufgerufen wird, um über
die ihr vorgelegte Urkunde sich zu erklären, so daß es oft ge=
schieht, daß auf diese Art die Sache rasch erledigt wird, wenn
nicht die Partei erklärt, daß sie nicht sogleich im Stande ist,
über die Echtheit der Urkunde sich zu erklären, und erst nähe=
rer Nachforschung bedarf.

Ehe wir die Mittheilung der Verhandlungen des Gesetz=
gebungsausschusses der zweiten Kammer über den Entwurf der
Civilprozeßordnung für Baiern fortsetzen, dürfte es zweckmäßig
sein, unsere Leser auf einige andere Leistungen der Gesetzgebung
auf dem Gebiete des Civilprozesses und der Gerichtsverfassung
aufmerksam zu machen. Wir haben in dieser Zeitschrift[1]) über
den im Königreich der Niederlande veröffentlichten Entwurf
einer Civilprozeßordnung Bericht erstattet. In neuester Zeit ist in
den Niederlanden eine der allgemeinern Beachtung würdige
Arbeit von Boneval F a u r e [2]) über diesen Entwurf bekannt
gemacht. Der Aufsatz enthält sehr bedeutende Erörterungen,
insbesondere über die unter der Herrschaft des jetzt noch gel=

---

1) Archiv Band 48, S. 294.
2) In der Zeitschrift: nieuwe bydragen voor Reglegeleerdhein en
Wetgeving Zestiende Deel 1866 no. 2 und 3, pag. 207. Der Aufsatz
hat den Titel: Opmerkingen en Vragen betreffende het Ontwerp van
het Wetboek van burgerlijke Rechtsvordering voor van Boneval Faure.

tenden Civilprozeßrechts von 1838 gemachten Erfahrungen über einzelne Mängel, und seine Bemerkungen über die im Entwurf von 1864 vorgeschlagenen Verbesserungen. Der Verfasser zeigt überall, daß er auch mit der deutschen Legislation und wissenschaftlichen Arbeiten vertraut ist. Gut ist die Ausführung S. 219 über den Werth der in der französischen Gesetzgebung, auch in Bezug auf Regelung der Zuständigkeit der Gerichte zum Grunde gelegten Eintheilung in dingliche, persönliche und gemischte Klagen, S. 229 über Competenzconflikte. Beachtenswerth sind die Erörterungen über Ablehnung der Richter, wo der Verfasser S. 227 gut die Gründe prüft, welche dafür sprechen, auch in Bezug auf die Beamten der Staatsanwaltschaft die Ablehnung zu gestatten, und S. 229 über die Frage: ob der Gesetzgeber nur im Gesetzbuche bestimmte Gründe, aus denen die Ablehnung geschehen kann, nicht blos beispielsweise, sondern erschöpfend aufstellen soll. Besonders beachtenswerth ist noch S. 251—68 die Ausführung, ob eine zweifache Vertretung (also die in Frankreich durch avoué und avocat), und ob von dem Anwalt die Vorlegung einer Vollmacht gefordert werden soll.

Wir lenken die Aufmerksamkeit unserer Leser vorzüglich auf den neuesten, am 22. September 1866 dem ständischen Ausschuß vorgelegten Entwurf eines Gesetzes über Gerichtsverfassung für Würtemberg.[3]) Die würtembergische Gesetzgebung verdient um so mehr die allgemeinere Beachtung, als sie geeignet ist, für die richtige Würdigung der in neuester Zeit vielfach verhandelten Frage: in wie ferne das bürgerliche Element auf eine zweckmäßige Weise in der Rechtssprechung über Civilsachen benützt werden kann, bedeutende Materialien dadurch zu liefern, daß in Würtemberg seit dem Edict von 1822 Gerichte errichtet waren, die von ungelehrten, aus der Mitte des Volkes gewählten Beisitzern besetzt waren, und in Ansehung der Wirksamkeit dieser Gerichte gesammelten Erfahrungen belehrend sein mußten und noch werthvoller werden,

---

3) Der Entwurf enthält 56 Paragraphen.

je mehr durch die eingeführten Schwur= und Schöffengerichte
das Interesse an der Frage über Benützung des volksthüm=
lichen Elements in der Rechtssprechung immer allgemeiner
wurde. In Würtemberg bestehen nun seit 1823 Gemeinde=
gerichte, insoferne in jeder Gemeinde der aus von der Bürgerschaft
gewählten Bürgern bestehende Gemeinderath geringfügige Streit=
sachen (die Competenz ist nach der Größe der Gemeinden ver=
schieden geregelt und beträgt 30, 20, 15 Gulden), ebenso gewisse
von dem Gesetze besonders dahin gewiesene Sachen in erster
Instanz zu entscheiden hat. Aus den Motiven zu dem Ent
wurf von 1866, Seite 13, erfährt man, daß durchschnittlich
die Gemeinderäthe jährlich 12433 Prozesse zu entscheiden haben.
Das Verfahren, zu welchem keine Advokaten beigezogen werden
dürfen, ist rein mündlich. Alle anderen Streitsachen, deren
Werth die Competenz der Gemeinderäthe übersteigt, werden von
den Oberamtsgerichten (63 an der Zahl) in erster Instanz ent=
schieden; diese Gerichte sind auch Appellationsgerichte für die
von Gemeinderäthen entschiedenen Sachen. Die Oberamts=
gerichte bestehen aus einem rechtsgelehrten Oberamtsrichter,
einem Aktuar, als Stellvertreter des Ersten, einem Notar, und
12 von der Amtsversammlung aus den Einwohnern der Ober=
amtsstadt auf 2 Jahre gewählten Gerichtsbeisitzern, die regel=
mäßig keine Rechtsgelehrten sind. Diese Beisitzer haben eine
zweifache Stellung, indem sie theils als Scabinen und Urkunds=
personen der von dem Oberamtsrichter vorzunehmenden münd=
lichen Instruktion der Civil= und Strafprozesse beiwohnen
(es werden immer zwei beigezogen), dabei Erinnerungen machen
können, theils als Richter nach vorgängiger Instruktion des
Oberamtsrichters entscheiden (es müssen drei Beisitzer beigezogen
werden). Da sie die Mehrheit bilden, so können sie den rechts=
gelehrten Vorstand überstimmen. Die Zahl der von den Ober=
amtsgerichten jährlich entschiedenen Civilprozesse beträgt 16201.
(Dies war die Zahl im Jahre 1864,65.)

Ueber den Werth dieser volksthümlichen Justiz waren in
Würtemberg die Stimmen sowohl im Volke, als insbesondere
unter den Juristen getheilt; einer der ausgezeichnetsten Juristen

Würtembergs, v. Wächter[4]), erklärte sich entschieden dagegen; und in diesem Archive[5]) hatte ein würtembergischer
Jurist nachzuweisen versucht, daß nach den Erfahrungen diese
durch Gerichtsbeisitzer geübte Justiz sich nicht bewähre, daß
keine wahre Collegialjustiz dadurch gegeben sei, von diesen Beisitzern nicht die nöthige Rechtskenntniß erwartet werden könne, durch
welche nach dem heutigen Zustande des Civilrechts dem gestei-
gerten Bedürfnisse Genüge geleistet werden kann. Ein Widerstreit
der Ansichten war unvermeidlich. Je mehr durch Einführung
der Schwurgerichte und der in einigen Ländern mit gutem Erfolg für Entscheidung von Uebertretungen eingeführten Schöffen
die Vorliebe für die Benützung des volksthümlichen Elements
in der Rechtsprechung empfohlen wurde[6]), je mehr die öffentliche Stimme sich für Handelsgerichte mit dem Charakter des
bürgerlichen Elements aussprach, desto mehr fand die Ansicht, daß auch in Civilsachen Geschworene eingeführt werden
sollten[7]), Anhänger, während die Stimmen, welche ein öffentliches mündliches Verfahren auch für Civilsachen, eine wahre
Collegialjustiz und würdige Stellung der Advokaten forderten,
immer lauter wurden, eine den Fortschritten der Rechtswissenschaft entsprechende Rechtsprechung durch tüchtige rechtsgelehrte Richter verlangten und zeigten, daß die Gründe, welche
die gute Wirksamkeit der Schöffengerichte in geringen Strafsachen empfehlen, nicht auf Entscheidung der Civilsachen durch
Schöffen passen, indem man geltend macht, daß in der Eigenthümlichkeit der Verhandlung von schwierigen Civilprozessen
Gründe liegen, welche auch die Einführung von Geschworenen

---

4) v. Wächter in der Tübinger kritischen Zeitschrift **IV.** S. 38 u.
in seinem Privatrecht I. S. 293.

5) Breitling im Archiv, 46. Band (1863) Nr. **XIV.**

6) In diesem Archive Band 46 Nr. 2 hat Müller, ein sehr tüchtiger Amtsrichter, die Bedeutung der Schöffengerichte nachzuweisen gesucht.

7) Eine scharfsinnige Vertheidigung dieser Ansicht von Feder in
in seiner Schrift: Grundzüge einer volksthümlich deutschen Gerichtsverfassung. Offenburg, 1862 S. 81. Auch in Italien fordert der Appellationsrath de Honestis in seiner Schrift: Il Giuri civile Napoli 1864
die Civiljury.

in Civilsachen hindern 8). Es ist eine bedeutende Erscheinung, daß
in England, wo das Schwurgericht seit Jahrhunderten eine
volksthümliche Einrichtung ist, bei den Grafschaftsgerichten, in
denen es von den Parteien abhängt, ob sie einen Streitfall
durch Geschworene oder ohne sie entscheiden lassen wollen, die
Bürger so wenig für die Anwendung der Jury in Civilsachen sind,
daß 1865 in 433,160 Streitfällen ohne Geschworene entschieden
wurde und nur in 823 Fällen Geschworene verlangt wurden 9).

Bei der Vorlage des revidirten Entwurfs eines Gesetzes über
Gerichtsverfassung für Würtemberg i. J. 1863 siegte die Ansicht,
daß das volksthümliche Element für Rechtssprechung in Civilsachen
beseitigt werden soll. Die Justiz der Gemeinderäthe kommt darin
nicht mehr vor; dagegen soll nach §. 7 in jeder Gemeinde ein Orts=
friedensgericht bestellt werden, indem der Gemeinderath entweder
dem Ortsvorstande, oder einem Gemeinderath, oder einem andern
geachteten Einwohner das Amt übertragen kann, vermöge dessen
nach §. 8 das Ortsfriedensgericht das Vermittlungsamt ausübt,
aber auch befugt ist, im Falle des Mißlingens des Sühnever=
suchs auf Verlangen des einen oder andern Theils eine gut=
achtliche Entscheidung zu geben, welche, wenn nicht binnen drei
Tagen von einer Partei Einsprache erhoben wird, die Kraft
eines verbindlichen Schiedsspruchs erhält. Die bei dem Ober=
amtsgerichte nach dem jetzigen Gesetze vorkommenden bürger=
lichen Gerichtsbeisitzer des Oberamtsgerichts kommen im Gesetzes=
entwurf von 1863 nicht mehr vor; auch das Oberamtsgericht
ist nach §. 10 mit rechtsgelehrten Richtern besetzt und ent=
scheidet über Civilsachen bis 75 Gulden: Schöffen kommen nur
bei Entscheidung geringerer Straffälle vor. In einem anderen
Geiste ist der Entwurf von 1866 bearbeitet. Die Ortsgerichte

---

8) Der Verfasser des vorliegenden Aufsatzes hat in diesem Archive
Band XXXI. S. 388 nachzuweisen versucht, daß Schwurgerichte in Civil=
sachen nicht empfehlenswerth sind.

9) In manchen Grafschaftsgerichten, wo in 19722 Fällen keine Jury
beigezogen war, wurden nur bei 6 Fällen Geschworene begehrt. In den
Jahren 1859 bis 1863 war das Verhältniß durchschnittlich 428,279 Fälle
ohne Jury, 910 mit Jury. Merkwürdig ist auch hier der Aufsatz: Judge
or Jury in dem schottischen Journal of jurisprudence, Edinburgh 1860
Nov. p. 309.

der Gemeindebehörden sind beibehalten (2). Die Oberamtsgerichte haben einen rechtsgelehrten Vorstand oder mehrere
Justizassessoren, eine Anzahl Bezirksrichter, die unentgeltlich
ihren Dienst als Ehrenamt versehen und als wahre Richter
entscheiden, und Gerichtsbeisitzer (als Urkundspersonen). Die
Oberamtsgerichte entscheiden in erster Instanz über Civilsachen,
deren Gegenstand nicht über 300 Gulden Werth beträgt, oder
durch Prorogation der Parteien dahin gebracht werden (9). Die
Kreisgerichte (deren 4 sind) werden mit einem Präsidenten,
Direktoren, ständigen rechtsgelehrten Richtern und einer Zahl
von Kreisrichtern besetzt, und entscheiden in erster Instanz über
Civilsachen, die nicht zur gemeinderäthlichen noch oberamts-
gerichtlichen Competenz gehören, oder durch Prorogation an
das Kreisgericht gewiesen sind; ferner entscheiden sie in höheren
Instanzen die von den Oberamtsgerichten entschiedenen Streitigkeiten, wenn die Hauptsumme der Beschwerden 150 fl. übersteigt
(17). Das Obertribunal entscheidet in Civilsachen, als zweite Instanz, wenn die Hauptbeschwerde 500 fl. übersteigt und über Nichtig-
keitsklagen (23). Nach 37 können zu dem Ehrenamte eines
Kreisrichters oder Gerichtsbeisitzers alle würtembergische Staats-
bürger, die 30 Jahre alt sind, befähigt sein; nach 38 sind nur
einige Personen nicht befähigt erklärt, und nach 40 können
einige das Amt ablehnen. Die Wahl der Gerichtsbeisitzer und
Bezirksrichter (41) und in Strafsachen beizuziehenden Kreisrichter geschieht in der Amtsversammlung, die durch Obmänner
des Bezirksausschusses des Bezirks verstärkt werden. Ueber die
Wahl enthalten §. 42—52 ausführliche Bestimmungen; nach 51
hat der Oberamtsrichter die Liste der gewählten Gerichtsbeisitzer
und die für die Stelle von Bezirks- und Kreisrichtern Vorgeschlagenen an den Kreisgerichtshof mit seiner Aeußerung,
welche er für die Geeignetsten hält, einzusenden. Das Justizministerium ernennt dann die Bezirks- und Kreisrichter.

Das bürgerliche Element hat auf diese Art nach dem neuen
Entwurfe wieder eine große Bedeutung in Civilsachen[10] erhalten.
Die in den Motiven S. 12 dafür angegebenen Gründe verdienen

---

10) Nach dem Zwecke dieses Aufsatzes berücksichtigen wir nicht die
auf Strafsachen sich beziehenden Bestimmungen des Entwurfs.

allgemeine Beachtung. Es wird darin anerkannt, daß immer
mehr die Ueberzeugung verbreitet ist, nach welcher eine sichere
Bürgschaft einer guten Rechtssprechung nur in Collegien rechts=
gelehrter Richter zu suchen sei, und daraus, daß bei Handels=
gerichten das bürgerliche Element als zweckmäßig anerkannt ist,
kein Schluß auch auf andere Gerichte gezogen werden dürfe,
weil bei Handelsstreitigkeiten besondere Verhältnisse beständen.
Die Motive S. 12 widersprechen dieser Ansicht und behaupten,
daß die Berufung der Kaufleute in die Handelsgerichte der
Ueberzeugung zuzuschreiben ist, daß das Recht und seine Fort=
entwicklung den Kreisen, in denen es die Lebens= und Verkehrs=
verhältnisse bestimmt, wieder näher gerückt ist, daß eine volks=
thümliche Umgestaltung desselben angebahnt werden sollte. Nach
den Motiven sprechen in Civilsachen für die Beiziehung bürger=
licher Richter zur Beurtheilung der Beweisfrage die näm=
lichen Gründe, wie in Strafsachen, und die hier zu beurtheilen=
den Verhältnisse liegen selbst, nach der Behauptung der Mo=
tive, dem Gesichtskreise der Mitbürger meist näher und ihre
Beurtheilung bietet geringere Schwierigkeiten, daher man bei
den Oberamtsgerichten und den Handelsgerichten die Mitwir=
kung von Laienrichtern beibehalten hat. In Bezug auf die
gemeinderäthliche Rechtspflege führen die Motive für die Bei=
behaltung derselben an, daß man den dabei thätigen Mitglie=
dern weder die nöthige Unparteilichkeit noch die intellektuelle
Befähigung absprechen kann.

In Bezug auf die erste Eigenschaft wird bezeugt, daß ein
Uebergewicht einer Partei nicht zu besorgen sei, und daß Auf=
sicht des Oberamtsgerichts, die Gestattung von Rechtsmitteln und
Oeffentlichkeit gut wirken werden. In Bezug auf Befähigung wird
hervorgehoben, daß bei der Mehrzahl der Fälle kein hoher
Grad von Scharfsinn und tiefer juristischer Kenntniß nöthig
seien, daß aber in den bisherigen Einrichtungen Verbesserungen
möglich seien, nämlich die zweckmäßige Regelung des Verfahrens,
Gestattung, daß auswärtige Kläger, wenn sie es vorziehen,
sich unmittelbar an das Oberamtsgericht wenden können, und
Zulässigkeit von Rechtsmitteln. Als wichtige für eine solche Ge=
meindejustiz sprechende Gründe werden in den Motiven noch

angeführt, daß, wenn man sie nicht gestattet, eine wegen der großen Zahl der geringfügigen Fälle „drückende" Last für die Bürger begründet würde, an das oft sehr entfernte Collegialgericht sich wenden zu müssen. Gegen den Vorschlag, durch Einrichtung von Einzelrichtern Abhülfe zu geben, wird angeführt, daß das Volk nicht das nöthige Vertrauen zur Unbefangenheit eines inappellablen Einzelrichters habe, und es schwer halten wird, die erforderliche Zahl von befähigten Einzelrichtern zu finden. (Es drängt sich hier die Frage auf, warum man nicht durch die Einführung des Instituts des Mandatsprozesses ein kurzes und wohlfeiles Verfahren (nach der Erfahrung in Baden) gewähren will.)

Am schwierigsten bleibt für jede Gesetzgebung das Verhältniß der höheren rechtsgelehrten Richtercollegien zu regeln. In dieser Hinsicht enthalten die Motive viel Bemerkenswerthes (S. 13—16). Mit praktischem Sinn wird der Widerstreit von zwei Rücksichten hervorgehoben, welche der Gesetzgeber bei Entscheidung der Frage über Organisation der Gerichte beachten muß. Es ist klar, daß damit der gerechten Forderung der Rechtsuchenden nicht entsprochen wird, daß eine Mehrzahl von Männern, die sich den Titel: Juristen erworben haben, in einem Collegium vereinigt, angestellt sind; man fordert vielmehr ein Zusammenwirken vieler durch Geist, Kenntnisse, praktischen Sinn und Uebung ausgezeichneter Richter, die aber in sehr großer Zahl nicht zu finden sind. Während, wenn wenige Gerichtshöfe mit großen Gerichtssprengeln errichtet werden, dadurch der Forderung, nur tüchtige Richter zu gewinnen, Genüge geleistet wird, aber dann Klagen über große Kosten und Lasten für die Bürger, die weit vom Sitze des Gerichts entfernt sind, unvermeidlich sind, wird zwar für die Bequemlichkeit der Rechtsuchenden und für Wohlfeilheit der Justiz durch Errichtung vieler Gerichte mit kleinen Sprengeln gesorgt, aber die Erscheinung herbeigeführt, daß die Gerichte auch häufig mit mittelmäßigen Richtern besetzt werden müssen. Der Entwurf wählt nun den Ausweg, zweierlei Collegialgerichte zu errichten, nämlich die bisherigen Oberamtsgerichte, bei welchem die Mitwirkung des bürgerlichen Elements beibehalten werden soll, und Kreisgerichte, die nur mit rechts-

gelehrten Richtern besetzt werden. Die Ersten sollen in Sachen
bis 300 Gulden Werth entscheiden, und zwar in Sachen, die bis
150 fl. betragen, ohne Appellation, in Sachen über 150 bis
300 fl. mit Appellation. An die Kreisgerichte gelangen dann
alle Sachen über 300 fl. Die Motive führen für diese Einrichtung an, daß bei den Sachen von nicht sehr großem Werth
die Parteien großes Interesse haben werden, persönlich den
Prozeß zu führen, was leicht bei den nahegelegenen Oberamtsgerichten geschehen kann, während bei Sachen von sehr großem
Werth die Parteien regelmäßig Rechtsanwälte beiziehen und
dann wegen der bessern Besetzung des entscheidenden Gerichts und
gründlicherer Entscheidung lieber die größern Kosten tragen werden.
Wir besorgen, daß der gewählte Ausweg auf viele Schwierigkeiten stoßen wird. Die Größe der Streitsumme soll nach dem
Entwurf den Ausschlag geben, ob die Partei eine gründlichere
Verhandlung und Entscheidung als in anderen Fällen zu erwarten hat. Dies wird oft das Rechtsbewußtsein verletzen.
Der Zufall entscheidet häufig, ob eine Partei 290 oder 300 fl.
einklagen muß; die Frage, wie groß die wahre Streitsumme
ist, wird häufig sehr schwierig und Gegenstand langer Streitigkeiten. Auch in Sachen unter 300 fl. werden nicht selten die
schwierigsten Rechtsfragen vorkommen. Bei Sachen bis 300 fl.
sollen nach dem Entwurf auch bürgerliche Richter entscheiden.
Es ziemt uns als Ausländer nicht, darüber ein entscheidendes
Wort zu sprechen, ob in Würtemberg die Bürger das volle
Vertrauen zur Entscheidung durch nicht rechtsgelehrte Richter
haben werden. Alle Bedenklichkeiten [11]), welche in neuerer Zeit
gegen den Vorschlag, statt Geschworene auch über geringere Straffälle Schöffen entscheiden zu lassen, erhoben wurden,
werden auch gegen das bürgerliche Element in der Anwendung
auf Civilsachen angeführt werden können. Während bei Schwur-
gerichten Geschworene selbstständig die Schuldfrage entscheiden,
bilden die Schöffen mit dem Staatsrichter ein Collegium, in
welchem die Stimmen zusammengezählt werden und die Schöffen

---

11) Nachweisungen in meinem Werke: Erfahrungen über Wirksamkeit der Schwurgerichte S. 777, und in meiner Schrift: Das Volksgericht.
Berlin 1867, S. 85.

auch über Strafen entscheiden. Man muß besorgen [12]), daß in einer Zusammensetzung von rechtsgelehrten und nicht rechtsgelehrten Richtern in der Anwendung auf wichtigere Civilsachen, wo Rechtsfragen zu entscheiden sind, kein wahres Richtercollegium gegründet wird, die Beiziehung des bürgerlichen Elements kein Vertrauen gewährt und bewirkt, daß auch die beigezogenen Bürger keine große Lust haben werden, Zeit und Mühe da zu opfern, wo sie fühlen, daß sie eine sehr untergeordnete Rolle spielen. Ob die Benützung des bürgerlichen Elements eine heilsame wird, hängt freilich vorzüglich von dem Charakter der Civilgesetzgebung des Landes ab. Da, wo in dem Lande, wie in Würtemberg, das römische Recht (mit seinen Modifikationen durch canonisches, deutsches Recht und Statuten) das gemeine Recht bildet, darf man nicht erwarten, daß bei einem Rechtszustande, in welchem fast jede Rechtsfrage Gegenstand widersprechender Ansichten ist, wo zur Entscheidung der Streitfrage sorgfältige Benützung der in fremder Sprache geschriebenen Rechtsquellen und Kenntniß aller wissenschaftlichen Forschungen gehört, und so viel römische Bestimmungen entschieden dem Volksrechtsbewußtsein widersprechen [13]), kann vorhergesagt werden, daß die nicht rechtsgelehrten Mitglieder bald die Ueberlegenheit des redegewandten, durch Benützung aller Quellen und wissenschaftlichen Mittel unterstützten rechtsgelehrten Vorsitzenden fühlen und nur in der Zustimmung zu der Ansicht des rechtsgelehrten Richters den Ausweg finden, wenn auch die juristische Ansicht ihrem eigenen natürlichen Rechtsgefühl widerspricht. Dagegen sind wir überzeugt, daß das bürgerliche Element in einem Lande sich wohlthätig beweisen wird, in welchem ein in deutscher Sprache abgefaßtes klares Civilgesetzbuch gilt, welches mit den nationalen Rechtsanschauungen und anerkannten Bedürfnissen und Ge-

---

12) Ein Aufsatz im Schwäbischen Merkur vom 1. Nov. 1866, Beilage, macht auch manche gute Einwendungen gegen die Vorschläge des Entwurfs.

13) Wir bitten, an die römischen Ansichten über Erbrecht, insbesondere Transmission der Erbschaft, und an so viele römischen Ansichten im Obligationenrechte sich zu erinnern

wohnheiten im Einklang steht [14]). Möge die Zeit nahe sein,
wo Deutschland sich eines solchen Gesetzbuchs erfreuen kann!
Nicht unbemerkt darf bleiben, daß es eine Rechtslehre gibt,
in welcher die Entscheidung besser nicht rechtsgelehrten Richtern
anvertraut werden kann. Wir meinen die Lehre von dem
Schadenersatz. Die Art, wie in den deutschen Prozessen
in Bezug auf die Feststellung der Größe des behaupteten
Schadens das Beweisurtheil einen durch die Fassung des Be-
weisthema ebenso unbestimmten als schwierigen Beweis auflegt
und mühsam durch Zeugen und Sachverständige und den
höchst trüglichen Eid der Beweisführer die aufgelegte Thatsache
zu beweisen sucht, und am Ende der Richter äußerlich nach
den Ergebnissen der Beweisführung entscheidet, ist nicht geeignet,
Achtung vor der deutschen Justiz, wenn sie über Schadensklagen zu entscheiden hat, einzuflößen. Alles drängt auf die
Anerkennung, daß das französische System [15]) den Vorzug verdient, nach welchem die Richter ohne Beweisauflage nach den
vorliegenden Umständen des Falles die Größe des Schadens
festsetzen. Wir sind aber auch durch Erfahrung belehrt, daß
wenigstens in vielen Fällen die rechtsgelehrten, häufig mit den
Lebensverhältnissen weniger vertrauten Staatsrichter oft nicht
dem Vorwurfe entgehen können, daß ihr Ermessen leicht nur
als nicht gerechtfertigte Willkür erscheint, selbst, wenn noch so
sorgfältig das Gesetzbuch sich bemüht, das Rechtsverhältniß
wegen Schadensklagen festzustellen [16]). Hier dagegen würde das

---

14) Unsere sorgfältigen Erkundigungen in der Schweiz bei Bürgern
und Juristen begründen die Ueberzeugung, daß da, wo ein solches wahrhaft nationales klares Civilgesetzbuch gilt, z. B. im Kanton Zürich, auch
die nicht rechtsgelehrten Bürger, wenn sie über Rechtsfälle sprechen oder
selbst als Gerichtsmitglieder entscheiden, oft so treffend ihre Meinung begründen, daß auch der strengste Jurist Achtung fühlen muß.

15) Besondere Aufmerksamkeit verdient hier die Schrift von Zink
über die Ermittlung des Sachverhalts, München 1860 S. 569 ff. Gut
ist auch Lehmann: der Nothstand des Schadensprozesses und der sächsische
Entwurf, Leipzig 1865. Lehmann schlägt S. 33 eine in das Gesetzbuch
aufzunehmende Vorschrift vor und führt S. 65 ff. aus dem Werke von
Zink franz. Rechtsfälle an.

16) Einen allerdings beachtenswerthen Versuch, die Art der Entschädigung bei den verschiedenen Arten unerlaubter Handlungen zu regeln,

bürgerliche Element am besten wirken, wenn Männer, die alle
Verhältnisse und Anschauungen des Volkes, insofern sie für
richtige Würdigung der Schadensfrage einflußreich sind, genau
kennen, über die Größe des Schadens als Geschworene zu entscheiden hätten [17]).

Wir verweilen nun bei dem neuesten Civilprozeßgesetzbuch
und dem Gesetze über Gerichtsverfassung für den
Kanton Zürich [18]). Sie verdienen um so mehr die Aufmerksamkeit, als die Grundsätze, auf welchen die Civilprozeßordnung beruht, welche mit praktischem Geiste abgefaßt ist und
durch Einfachheit sich auszeichnet, vielfach von den Ansichten
abweichen, welche anderen neuen Gesetzgebungsarbeiten vorschweben.
Zürich kann sich rühmen, Juristen zu besitzen, welche mit praktischem Sinn und tüchtiger juristischer Bildung Kenntniß aller
ausländischen, insbesondere deutschen legislativen Leistungen verbinden, z. B. Rüttimann, Orelli, Treichler, Ulmer,
Dubs, Benz, Escher, Wyß, Sulzberger. — Nach dem
Gesetze über Gerichtsverfassung werden bestellt 1) Friedensrichter
in jeder Gemeinde; sie werden in der Gemeindeversammlung gewählt, sind aber nur Sühnebeamten (§. 88); 2) Kreisgerichte,
welche inappellabel alle Civilstreitigkeiten entscheiden, deren Betrag nicht 50 Franken überschreitet. In erster Instanz entscheiden sie über Streitigkeiten, deren Betrag aber nicht 250 Frk. übersteigt. Das Kreisgericht muß zur Fällung eines Urtheils mit
3 Richtern besetzt sein. Die Parteien können aber auch mit
Umgehung des Kreisgerichts die Sache sogleich an das Bezirksgericht bringen, und in einigen im Gesetze benannten Sachen
(Streitigkeiten zwischen Fabrikherrn und Arbeitern) steht dies
Recht auch dem Kläger allein zu; 3) Bezirksgerichte (aus Prä-

---

macht der Entwurf eines allgemeinen deutschen Gesetzes über Schuld-
verhältnisse (Ausgabe von Franke, Dresden 1866) §. 1001—1040. Das
privatrechtliche Gesetzbuch für den Kanton Zürich §. 1827—1897 (vergl.
mit dem Commentar von Bluntschli, III. B. S. 692), regelt sehr genau
die Entschädigungspflicht.

17) Am ausführlichsten ist die Lehre vom Schadensersatze im wahrhaft nationalen Sinne behandelt in dem neuesten Civil Code of the
state of Newyork 1865, Part. II. title II. art. 1832—1912.

18) Vom 30. Okt. 1866. Die Civilprozeßordnung besteht aus §§. 516.

fidenten, 4 Richtern und 4 Erſatzmännern). Die Präſidenten
entſcheiden in erſter Inſtanz ohne Rückſicht auf Streitwerth
über die in Art. 415, 507 der Prozeßordnung aufgezählten,
ſowie alle durch andere Geſetze zugewieſenen ſummariſchen Sachen
(§. 92). Die mit 5 Richtern zu beſetzenden Bezirksgerichte ent=
ſcheiden (§. 95) in erſter Inſtanz über Civilſtreitigkeiten, die
nicht ausdrücklich an andere Gerichte gewieſen ſind; in zweiter
und letzter Inſtanz über Berufungen gegen Urtheile der Kreis=
gerichte, deren Betrag 50, aber nicht 250 Franken überſteigt,
und endlich ohne Appellation in Sachen, welche mit Um=
gehung der Kreisgerichte an ſie gewieſen ſind; 4) Handels=
gerichte (aus 2 Mitgliedern des Obergerichts und 15 kauf=
männiſchen Richtern [19])); 5) das Obergericht, das aus mehreren
Abtheilungen beſteht und als letzte Inſtanz über alle Urtheile
der Kreis= und Bezirksgerichte entſcheidet, die ſich auf einen
Hauptwerth von mehr als 20,000 Franken beziehen, ſowie
über Nichtigkeitsbeſchwerden (117). Die Verhandlungen über
den Entwurf waren nicht tief eingehend[20]); einige Anträge,
z. B. ſtatt der Kreisgerichte Gemeindegerichte einzuführen, ſowie
der, die Sitzungen der Kreisgerichte an den Hauptorten ab=
wechſelnd halten zu laſſen, wurden abgelehnt. Der
wichtigſte Antrag war von Ulmer geſtellt, daß auch in
Sachen bis 50 Frk. Appellation geſtattet ſein ſolle. Es wurde
(wie wir glauben mit Recht) geltend gemacht, daß es bei Be=
urtheilung der Frage nicht blos auf den Koſtenpunkt ankomme,
daß ſchon wegen der kleinen Zahl der Richter keine Garantie
für gute Rechtſprechung vorliege und zahlreiche Rekurſe die
Nothwendigkeit zeigten, zwei Inſtanzen zu gewähren. Der
Antrag wurde abgelehnt, weil man ſich darauf berief, daß das
Volk in geringfügigen Streitfällen weniger Entſcheidung nach
haarſcharfen Rechtsnormen, vielmehr raſche Entſcheidung in
guter Treue fordere, und weil das Syſtem auch in anderen

---

19) Dieſe werden durch den großen Rath aus einer Vorſchlagsliſte
gewählt (53—59).
20) Wir beziehen uns auf die Mittheilung in der neuen Züricher
Zeitung 1866 vom 11. bis 13. Sept.

Ländern sich gut bewähre. Wir bedauern, daß bei den Be=
rathungen auf die Erfahrungen im Königreich Italien nicht
Rücksicht genommen wurde, in welchem schon durch das Gesetz von
1859 auch gegen alle Urtheile der Einzelrichter Appellation
zugelassen, und diese Einrichtung auch nach den Zeugnissen der
Generalprokuratoren in ihren Berichten allgemein gebilligt wurde,
weil oft für einen Rechtsuchenden der Verlust auch einer ge=
ringeren Summe bedeutend, oft es für einen Mann ein
Ehrenpunkt ist, daß er nicht, wenn auch die Summe gering
ist, als muthwilliger Streitender erscheine, und weil nach der
Erfahrung nicht selten Fälle vorkommen, in welchen eine
schwierige Rechtsfrage entscheidend ist.

Wir heben von der Civilprozeßordnung [21]) (mit Vorbehalt,
andere Bestimmungen über das Verfahren in späteren Auf=
sätzen mitzutheilen) nur diejenigen Vorschriften hervor, welche
das System des Gesetzbuchs in Bezug auf die Einleitung und
den Gang des Prozesses und die verschiedenen Arten des Ver=
fahrens betreffen. Einige allgemeine Vorschriften über Prozeß
als allgemeine Grundsätze sind (nach den Titeln über Gerichts=
stand, Parteien, ihre Bevollmächtigten, Kautionen, Kosten) [22])
in §. 58—74 aufgestellt. Nach §. 58 sollen die Parteien
wissentlich keinen ungerechten Prozeß anheben und sich zur Ver=
folgung ihres Rechts nur erlaubter Mittel bedienen; sie sind

---

21) Werthvolle Mittheilungen liefern die jährlich erscheinenden Rechen=
schaftsberichte des Obergerichts, worin die über einzelne Punkte gemachten Er=
fahrungen und oft gute Verbesserungsvorschläge mitgetheilt werden, z. B.
S. 72 ein Bericht über das Jahr 1861 in Bezug auf Mündlichkeit.

22) Nach §. 17 ist jeder Handlungsfähige befugt, seine Rechte vor
Gericht selbst zu wahren oder durch Andere wahren zu lassen. Handlungs=
unfähige werden durch ihre Vormünder vertreten, sind aber, wenn Ge=
fahr auf dem Verzuge ist, selbst zum vorläufigen Auftreten befugt. §. 18
bestimmt, welche Personen auch ohne Verbeistandung durch Vormünder bei
Gericht auftreten können. Nach §. 34 kann eine Partei bei Gericht durch
einen Verwandten (Gesetz bezeichnet, in welchem Umfang) oder durch einen
patentirten Rechtsanwalt ihre Sache vortragen lassen, nur in Sachen
bis 250 Franken sollen nach §. 347 die Parteien persönlich erscheinen;
wenn eine Partei offenbar unfähig ist, selbst ihre Sache gehörig vorzu=
tragen, kann sie nach §. 35 zur Bestellung eines Anwalts angehalten
werden.

9

dem Richter gegenüber zur Wahrheit verpflichtet (Strafe ist der muthwilligen oder böswilligen Prozeßführung gedroht). Nach 60 kann der einmal in das Recht berufene Beklagte fordern, daß der Kläger den angehobenen Prozeß fortsetze oder das Nichtbestehen des Anspruchs zur Zeit oder in der Art, wie er erhoben wurde, anerkenne. Die Zurückziehung der Klage wegen fehlerhafter Einleitung zum Zweck der Verbesserung und sofortiger Wiedereinbringung derselben ist vorbehalten. Nach 62 darf der Kläger oder Widerkläger gleichzeitig und im nämlichen Verfahren mehrere Ansprüche gegen seinen Gegner geltend machen, vorausgesetzt, daß sie zur nämlichen Prozeßart sich eignen und der gleiche Gerichtsstand begründet ist. Das Gericht kann jederzeit Trennung verfügen, wenn durch zu große Häufung Verwirrung entstehen könnte. Nach §. 64 darf der Richter Einreden und Gegeneinreden (mit Ausnahme derjenigen, deren Nichtbeachtung Ungültigkeit des Verfahrens zur Folge hätte) nicht von Amts= wegen ergänzen; wenn es aber den Parteivorträgen an der erforderlichen Klarheit, Vollständigkeit oder Bestimmtheit fehlt, so soll sich (65) der Richter bemühen, den Mangel durch ge= eignete Fragen zu heben. Der §. 66 bezeichnet den Umfang der Prozeßleitung. Nach §. 67 soll der Richter dem allgemei= nen Rechte widerstreitende Gewohnheitsrechte nur auf Anrufen der Partei und auf geleisteten Nachweis zur Anwendung brin= gen. Kommen fremde Gesetze zur Anwendung, so soll sie der Richter von Amtswegen beachten, so ferne er sichere Kenntniß von deren Inhalt besitzt; es ist Sache der Partei, welche sich auf ein fremdes Recht beruft, dessen Inhalt nöthigenfalls nach= zuweisen [23]). Nach §. 69 ist der Richter in der Würdigung der Beweise nur an seine Ueberzeugung gebunden, soferne ihn das Gesetz hierin nicht beschränkt. — Die Leser werden sich überzeugen, daß diese Bestimmungen geeignet sind, die Recht= suchenden über ihre Stellung in Prozessen zu belehren. Das Gesetzbuch handelt im zweiten Theil zuerst von dem ordentlichen

---

23) Der §. 68 setzt bei: Niemals kann ein rechtskräftiges Urtheil wegen Nichtbeachtung oder unrichtiger Auslegung fremder Gesetze angegriffen werden, wenn die Parteien versäumt haben, während des Prozesses sich auf dieselben zu berufen und dem Richter den Inhalt nachzuweisen.

Prozeßverfahren und im Titel III. von einigen besonderen Prozeßarten.

Nach §. 75 soll in der Regel der gerichtlichen Behandlung der Streitigkeiten ein Sühneversuch [24]) vor dem Friedensrichter vorhergehen. Die Parteien, die im nämlichen Wahlkreise wohnen, müssen persönlich und auf Verlangen des Richters gleichzeitig erscheinen (80) und die in ihren Händen befindlichen Urkunden, die sie im Rechtsstreite geltend machen wollen, dem Friedensrichter vorlegen (81). Die außer dem Wahlkreise wohnenden Personen können auch durch einen Bevollmächtigten sich vertreten lassen, auch die Klage schriftlich anhängig machen. Der Friedensrichter, der das Vorbringen der Parteien gewissenhaft zu prüfen hat, kann auch den Streitgegenstand in Gegenwart der Parteien besichtigen, er darf aber nicht Zeugen oder Sachverständige abhören (85) [25]). Besondere Vorschriften bezwecken die Fälle, in denen die Klage nicht unmittelbar auf eine bestimmte Summe Geldes geht und es darauf ankommt, die Erklärung der Parteien zu erhalten, welchen Werth (ob mehr als 250 oder 50 Franken) sie dem Streitgegenstand beilegen. Die Bestimmungen über die Einleitung des Prozesses enthalten viel Eigenthümliches. Nach 100 wird der Prozeß durch Einreichung der Weisung eingeleitet, d. h. die von dem Friedensrichter, wenn kein Vergleich zu Stande kömmt, deswegen ausgestellte schriftliche Erklärung [26]). Steht kein Hinderniß im Wege, so erläßt der Präsident die Ladung zur Hauptverhandlung. Ist der Werth streitig, so entscheidet das Gericht über seine Kompetenz (103). Wenn ein Augenschein nothwendig

---

24) Im Rechenschaftsbericht über 1859 S. 22 sind wichtige Erfahrungen über die Fälle mitgetheilt, in denen eine Partei zum Zwecke des Vergleiches, Geständnisse macht, die später, wenn kein Vergleich zu Stande kömmt, nicht anerkannt werden.

25) Ausführliche Vorschriften enthalten §. 86—93 über die Behandlung der Sache, je nachdem ein Vergleich zu Stande kömmt oder abgelehnt wird.

26) Nach §. 92 muß die Weisung auch enthalten: Bezeichnung der Parteien, des Streitgegenstands und seines Werths, Verzeichniß der produzirten Urkunden.

erscheint, so verfügt der Gerichtspräsident, daß die Hauptver=
handlung auf dem Lokal entweder von dem ganzen Gericht
oder einer Abordnung desselben stattfinden soll ²⁷) (106). Jede
Partei kann verlangen, daß die Gegenpartei, wenn sie im Kan=
ton wohnt, zum Zwecke der Befragung (74) persönlich erscheinen
soll (106). Dem Instruktionsrichter ist gestattet, die Parteien
vor der Hauptverhandlung durch besondere Tagfahrt vor sich
zu laden und die Sache vorläufig anzuhören (107), wo dann
die Partei alle ihre Angriffs= und Vertheidigungsmittel vor=
zulegen hat. In der mündlichen Hauptverhandlung, die in der
Regel in einer Sitzung zu beendigen ist, haben die Parteien
ihre erheblichen, thatsächlichen und rechtlichen Verhältnisse speziell
vorzutragen, ihre Beweismittel vorzulegen, oder wenn dies
nicht möglich ist, genau zu bezeichnen (113), sich speziell und
bestimmt über die Anerkennung, das Begehren, die Behauptungen
und Beweismittel des Gegners zu erklären, wo der Richter zu
wachen hat, daß durch geeignete Fragen an die Parteien die
nothwendige Aufklärung erzielt wird. Ergiebt sich, daß in
Bezug auf einzelne Punkte bessere Aufklärung nothwendig ist,
kann das Gericht nach Entlassung der Parteien diese noch zur
Abgabe schriftlicher Erklärungen anhalten (115). Mit den in
der Schlußverhandlung nicht vorgebrachten Gesuchen, thatsäch=
lichen Behauptungen, Einreden und Bestreitungen wird die säumige
Partei ausgeschlossen (119) ²⁸). Ueber die Parteivorträge wird ein
genaues Protokoll abgehalten. Besondere Vorschriften beziehen
sich auf die Abfassung der Urtheile (119—129). Darüber
und über das Beweisverfahren sollen unten die geeigneten Mit=
theilungen gemacht werden. Das Gesetzbuch enthält ²⁹) noch

---

27) Die Leser werden bemerken, daß diese Einrichtung, die einst an
mehreren Orten der Schweiz üblich war, sehr wohlthätig wirken kann, z. B.
bei Streit über Dienstbarkeiten, Wasserbau, Bauprozessen.

28) Ausnahmen werden nach §. 119 zugelassen in Bezug auf Be=
gehren, die erst im Laufe des Prozesses veranlaßt werden, sowie bei Be=
hauptungen, Bestreitungen, Einreden, deren Richtigkeit sich ohne Beweis=
verfahren aus den Prozeßakten oder Lokalverhältnissen ergiebt.

29) Wir halten es für zweckmäßig, hier vorerst nur die Vorschriften
über das erste Verfahren mitzutheilen.

Vorschriften über besondere Prozeßarten und zwar in §. 294 über schriftliches Vorverfahren mit mündlicher Schlußverhandlung. Wenn es wahrscheinlich ist, daß eine Prozeßsache wegen allzugroßer Ausdehnung oder Verwicklung der thatsächlichen Verhältnisse durch die §. 109 vorgeschriebene Hauptverhandlung nicht genügend aufgeklärt werden könne, so kann der Gerichtspräsident statt derselben von Amtswegen oder auf Antrag einer Partei ein schriftliches Vorverfahren anordnen. Wenn beide Parteien auf ein solches Verfahren antragen, kann der Präsident ohne weitere Nachweise dem Gesuche in der Regel entsprechen (296). In diesem Verfahren sind die thatsächlichen Verhältnisse mit Weglassung aller unerheblichen Umstände darzustellen, und dürfen rechtliche Gesichtspunkte nur soweit angedeutet werden, als es zum Verständniß des Rechtsstreits unumgänglich nöthig ist. Die Leitung dieses Vorverfahrens steht dem Präsidenten zu, welcher die Fristen zur Einreichung der Schriften setzt und diese mittheilt [30]. In Streitigkeiten, deren Betrag 250 Franken nicht übersteigt, enthält das Gesetzbuch von §. 376 an besondere Vorschriften mit der Erklärung, daß bei Streitigkeiten, deren Betrag den Werth von 50, jedoch nicht den von 250 Franken übersteigt, die Parteien mit Umgehung des Kreisgerichts die Sache sogleich dem Bezirksgericht vorlegen können [31]. Nach 377 sollen die Parteien sowohl bei der Instruktion des Prozesses als bei dem Schlußverfahren persönlich erscheinen, oder durch Verwandte vortragen lassen, nur wenn der Kläger außer dem Bezirke wohnt, kann er sich eines Anwalts bedienen; bestreitet eine Partei die Competenz des Kreisgerichts, so wird dieser Punkt vorerst erledigt; außerdem ladet der Präsident die Parteien vor sich oder einen bestellten Referenten wegen Instruktion des Prozesses zur mündlichen Verhandlung vor (382). Die

---

30) Das Gesetzbuch enthält nach §. 304—45 besondere Vorschriften über das Verfahren bei Klagen aus Verlöbnissen, Ehescheidungs- und Vaterschaftsprozeß, bei Bevogtigung und in Handelsstreitigkeiten.

31) Nach §. 376 werden einige Arten von Streitigkeiten bezeichnet, in welchen das Recht, die Sache an das Kreisgericht zu bringen, auch dem Kläger allein zusteht.

Instruktionsverhandlung bezweckt die Darlegung der Begehren, der thatsächlichen und rechtlichen Verhältnisse und Vorlegung oder Benennung der Beweismittel, wobei jede Partei schuldig ist, sich bestimmt zu erklären, was sie von dem Vorbringen des Gegners anerkennt, und wo der Richter durch Fragen für Vollständigkeit und Bestimmtheit zu sorgen hat; wobei auch eine persönliche Befragung der Parteien von Amtswegen oder auf Antrag einer Partei erfolgen kann (390). Ein Protokoll wird abgehalten. Der Instruktionsrichter ordnet alles Nöthige zur Vorbereitung des Schlußverfahrens an, entscheidet vorläufig, welche Beweise als erheblich zu betrachten und abzunehmen sind, bestellt Experten und ladet dann zur Schlußverhandlung in die Sitzung ein, bei der zur Fällung eines endlichen Urtheils 5 Richter gegenwärtig sein müssen. In der Schlußverhandlung wird das Protokoll abgelesen, und der Beweis aufgenommen, Zeugen und Experten werden vernommen. Nach der Beweisabnahme können die Parteien über die ganze Streitsache und Beweisführung sich aussprechen und Begehr um Vervollständigung der Akten stellen[32]), können aber auch (400) die Würdigung der Streitsache einfach dem Gerichte überlassen. — Nach Theil V. tritt noch ein besonderes Verfahren vor dem Präsidenten des Bezirksgerichts ein, so daß der Kläger ohne besondere Vorladung bei dem Präsidenten erscheinen und sein Gesuch mündlich oder schriftlich vorbringen, und der Präsident die mündliche oder schriftliche Vernehmung des Beklagten, auch das persönliche Erscheinen beider Parteien anordnen kann. Jede Partei hat sogleich ihre Beweismittel anzugeben und auf das Vorbringen des Gegners zu antworten, worauf der Präsident verfügt. Das Gesetz bezeichnet dann einige besondere Verfahrungsarten vor dem Präsidenten[33]); am wichtigsten ist das Befehlverfahren (423), welches zulässig ist, 1) zur schnellen Handhabung klaren Rechts bei nicht streitigen oder

---

32) Der §. 399 bezeichnet 4 Fälle, in welchen neue Gesuche, thatsächliche Behauptungen, Einreden und Beweise in der Schlußverhandlung noch zulässig sind.

33) Z. B. Vorlegung von Urkunden, Befehlverfahren, Bauinhibitionen, Arrest, von fraglichen Verfügungen.

sofort herstellbaren thatsächlichen Verhältnissen; 2) zur Erhaltung des bestehenden Zustandes gegen versuchte oder drohende unerlaubte Selbsthülfe, sonstige eigenmächtige Störungen, namentlich zum Schutze des Besitzes; 3) zur Wiedererlangung verlorenen Besitzes, wenn die Klage innerhalb 6 Monaten angebracht wird. Das Gesetz (424) bezeichnet die zu erlassenden Verfügungen nach kurzem Verfahren.

Eine Prüfung der bisher mitgetheilten Bestimmungen lehrt, daß der künftige Civilprozeß in Zürich auf folgenden das Verfahren wesentlich erleichternden Grundsätzen beruht. 1) Als Regel für die Behandlung aller Civilprozesse ist ausgesprochen, daß ohne ein vorausgegangenes Vorverfahren, sobald der Kläger, nachdem die Sühne versucht aber nicht zu Stande gekommen ist, das darauf sich beziehende Zeugniß dem Gerichte vorgelegt hat [34]), der Präsident die Sache zur Hauptverhandlung weist, in welcher mündlich beide Parteien vortragen, worauf das Gericht entscheidet. 2) Das Gesetz sorgt, daß, wenn wegen Verwicklung der Sache wahrscheinlich ist, daß durch die unmittelbare Verhandlung in der Gerichtssitzung die Sache nicht genügend aufgeklärt werden kann, ein schriftliches Vorverfahren unter Leitung des Präsidenten angeordnet werden kann. 3) Darüber, ob dies nothwendig ist, entscheidet der Präsident von Amtswegen, aber auch auf Antrag der Parteien. 4) Den Parteien ist durch die dem Präsidenten eingeräumte Befugniß [35]), in gewissen Fällen unmittelbar zu entscheiden, ein gutes Mittel gegeben, zur schnellen Entscheidung ihrer Streitsache zu gelangen. 5) Durch die Befugniß der Parteien, eine Streitsache mit Umgehung des Kreisgerichts sofort an das Bezirksgericht zu bringen, ist ein oft wünschenswerther Weg gegeben, für eine Sache, deren Betrag nicht die Kompetenz des höheren Gerichts begründet, den Vortheil einer gründlichern Justiz zu erhalten.

---

34) Wir bitten zu bemerken, daß in Zürich diese Weisung nach dem Gesetze §. 92 die thatsächlichen Verhältnisse des Streits enthält.

35) Schon nach dem bestehenden Gesetze erlassen die Präsidenten vielfach Verfügungen. Nach dem Bericht des Obergerichts über das Jahr 1865 kamen 454 solche Entscheidungen vor.

Wir können, wenn wir auch viele Vorzüge der Züricher=
schen Civilprozeßordnung anerkennen, einige Bedenklichkeiten
gegen manche Bestimmungen nicht unterdrücken und zwar 1) gegen
die Vorschrift, daß es nur von dem Präsidenten abhängt, ein
schriftliches Vorverfahren anzuordnen (294). Man muß be=
zweifeln, ob der Präsident im Stande ist, immer nur auf den
Grund der sehr unvollständigen Vorlage der Parteien zu ent=
scheiden, ob wegen Verwicklung der Verhältnisse das schriftliche
Vorverfahren nothwendig ist. Man muß besorgen, daß dabei
oft das schriftliche Verfahren nicht gestattet wird, wo es sehr
am Platze wäre. Nach der Fassung des §. 296 scheint selbst,
wenn beide Parteien auf ein solches Verfahren antragen, Alles
von dem Ermessen des Präsidenten abhängig zu sein. Wie oft
wird erst durch die Sitzung und auf Anträge der Richter sich
ergeben, daß ein schriftliches Vorverfahren am besten zum Ziele
führt? 2) Eine bedenkliche Einrichtung ist die Anordnung,
daß zur Vorbereitung des Schlußverfahrens der Präsident oder
ein von ihm ernannter Instruktionsrichter tief eingehende
Prozeßverhandlungen vornehmen kann (385—95). Es leuchtet
ein, daß dadurch die mündliche Hauptverhandlung einen sehr
untergeordneten Charakter erhält und der Instruktionsrichter
eine Stellung bekömmt, bei welcher er über seine Collegen ein
großes Uebergewicht gewinnt. Die Erfahrung einiger deutschen
Staaten, in welchen ein Instruktionsrichter als Art von Re=
ferent aufgestellt ist, lehrt, daß in der mündlichen Hauptver=
handlung dieser Richter, der mit vorgefaßter Meinung in die
Sitzung kömmt, den Fall am genausten kennt, ein gefährliches
Uebergewicht hat, unter dem das Prinzip der Mündlichkeit der
Hauptverhandlung leidet (31 [36]). Nicht befreunden können wir
uns mit der Vorschrift (377), daß die Parteien bei der In=
struktion des Prozesses und bei der Schlußverhandlung per=
sönlich erscheinen sollen. Abgesehen davon, daß dadurch den
Rechtsuchenden eine große Last aufgelegt wird, ist die Vorschrift

---

[36) Wir erinnern an die Erfahrungen in Preußen, wo früher
nur auf persönliches Auftreten der Parteien alles berechnet wurde. Meine
Schrift, der gemeine deutsche Prozeß, I. S. 142.

bedenklich, weil dadurch die Bedeutung des Advokatenstandes herabgewürdigt wird. Nur durch Beiziehung der Anwälte wird die sonst eintretende gefährliche Ungleichheit der Kräfte der Rechtsuchenden beseitigt und es möglich gemacht, daß die mündliche Verhandlung in der Sitzung einen würdigen Charakter erhält, weil man nicht erwarten kann, daß jede Partei die nöthigen Eigenschaften besitzt, um geordnet, klar und mit gehöriger Geistesgegenwart und Rechtskenntniß ihre Sache in der Sitzung erfolgreich vorzutragen.

Eine reiche Quelle bedeutender Leistungen und Erfahrungen öffnet die neueste Gesetzgebung des Königreichs Italien. Wir wollen vorerst die einzelnen bedeutenden Gesetze bezeichnen: 1) Gesetz über administrativ contentiöse Sachen v. 20. März 1865[37]), wodurch die bisherigen (der franz. Gesetzgebung nachgebildeten) Administrativgerichte aufgehoben, und diese Sachen an die gewöhnlichen Gerichte, andere an die Verwaltungsstellen gewiesen wurden. Höchst bedeutend sind die Verhandlungen über dies Gesetz in der Kammer der Abgeordneten, wo die Mängel des französischen Systems und die Erfahrungen trefflicher als in irgend einem Werke, insbesondere von Mancini dargestellt sind[38]). 2) Gesetz vom 6. Dez. 1865 über Gerichtsorganisation (292 §§. enthaltend)[39]). 3) Reglement zur Vollziehung des vorigen Gesetzes vom 10. Dez. 1865, aus 407 §§. bestehend und beachtenswerth, weil darin zum Behufe der Gleichförmigkeit genaue Vorschriften über die Anordnung der gerichtlichen Handlungen gegeben sind[40]). 4) Das Civilprozeßgesetzbuch von 1865, von welchem wir bereits früher in dieser Zeitschrift, ebenso wie von anderen für die Beurtheilung des Gesetzbuchs wichtigen Verhandlungen, Nachricht gegeben haben[41]). Eine genaue Mittheilung der Ergebnisse der Verhandlungen, soweit sie

37) Abgedruckt in der mit dem **Monitore dei tribunali** erscheinenden Cronaca legislativa 1865 pag. 103. Das Gesetz besteht aus 16 §§.

38) Die Verhandlungen sind gesammelt in dem Bande mit dem Titel: **Abolizione del contenzioso aministrativo, Torino** 1864.

39) Abgedruckt in der Cronaca 1865 p. 384.

40) In der Cronaca pag. 414

41) Archiv, Band 48, S. 439, Band 49, S. 439.

auch für den ausländischen Juristen wegen belehrender Erfah=
rungen wichtig sind, sowie der Inhalt der oben angeführten
Gesetze, soll in unserm folgenden Aufsatze folgen. Wir wollen
nur auf ein italienisches wichtiges Werk von Maltini[41]) auf=
merksam machen, das auch jedem Juristen, welcher mit der
großen Frage der Verbesserung der Civilprozeßgesetzgebung sich be=
schäftigt, hohen Werth hat, da der Verfasser, ebenso mit der
französischen Gesetzgebung, als mit allen deutschen legislativen
und wissenschaftlichen Leistungen vertraut, mit Offenheit die
in Italien gemachten Erfahrungen über die dem französischen
Code nachgebildeten Gesetzbücher mittheilt und eine vergleichende
Civilprozeßgesetzgebung liefert. In dem eben erschienenen zweiten
Hefte behandelt der Verfasser 1) die Fragen über den Einfluß
der Trennung der That= und Rechtsfragen und über die zu
erstrebende Gewißheit (S. 9) über die Beweislast (S. 39) 2) über
interlokutorische Urtheile (wichtig auch wegen der geschichtlichen
Nachweisungen S. 72) in vier Abhandlungen, 3) über die Be=
weise und ihre Benützung, über Zwangsvollstreckungen.

Die Bedeutung der neuesten Leistungen auf dem Gebiete
der Civilprozeßgesetzgebung hat durch die im Jahre 1866 bewirkte
Erschütterung der Gestaltung Deutschlands eine neue Wendung
erhalten. In dem Vorwort zu dem neuesten Bande der Ver=
handlungen des deutschen Juristentags[1]) gibt das Schriftführeramt
den Gefühlen, welche die Brust eines jeden wahren Vaterlands=
freundes bewegen, in Beziehung auf das Fortwirken der deut=
schen Juristenversammlung einen Ausdruck. Das, wenn auch
lose Band, welches seit einer Reihe von Jahren Deutschland
umschloß, ist zerrissen; Deutschland erscheint zur Zeit in drei Theile,
die nicht mehr zusammenhängen, zersplittert. Der deutsche Bund,
der zwar in politischer Beziehung höchst mangelhaft war und
vielfach selbst ein Hinderniß der Fortschritte der Freiheit und
Einführung freisinniger Einrichtungen in einzelnen Staaten
wurde, hatte dennoch in Bezug auf die Verwirklichung der

---

42) Studi intorno alla iforma dell processo civile dall' avocato
Maltiui vol. I. 1865, vol. II. 1866.

1) Verhandlungen des sechsten deutschen Juristentags, II. Band,
1866, S. 5.

Idee einer gemeinsamen Gesetzgebung für Deutschland einen wohlthätigen Einfluß. Das Bewußtsein der Zusammengehörigkeit aller deutschen Staaten wurde dadurch festgehalten, und zwar 1) in so ferne dies Bewußtsein eine Vereinigung aller deutschen Juristen (Praktiker und Theoretiker) in das Leben rief, um auf den regelmäßigen Versammlungen wichtige Fragen des Rechts zu berathen in der Richtung, auf diesem Wege eine gemeinsame Verbesserung der Gesetzgebung in den deutschen Staaten zu bewirken; 2) der deutsche Bund war es aber auch, welcher den Anstoß gab, durch Ernennung einer aus allen deutschen Staaten beschickten Commission tüchtiger Juristen und ihre Berathung eine gemeinsame Civilprozeßgesetzgebung für Deutschland vorzubereiten. Wenn auch die Germanistenversammlung in Frankfurt und Lübeck ebenso, wie der jährlich versammelte Juristentag, als freiwillig gebildete, mit keiner gesetzlichen Autorität versehene Vereinigungen nur eine berathende Stimme hatten, so durften doch jene Versammlungen als ein Vorparlament bezeichnet werden, in so ferne eine geistige Macht geschaffen wurde, indem durch die Vereinigung der Kräfte einer großen Zahl tüchtiger Juristen aus allen Theilen Deutschlands in Bezug auf wichtige Fragen Erfahrungen mitgetheilt, Meinungen ausgetauscht, Vorschläge geprüft und durch eine Abstimmung [2]) Beschlüsse gefaßt wurden, welche in gewisser Hinsicht als Ausdruck der Ansicht der Mehrheit der Abstimmenden angesehen werden konnten. Die Verhandlungen des Juristentags wirkten ebenso auf wissenschaftliche Arbeiten, als auch mehr oder minder auf die Leistungen der Gesetzgebung in den einzelnen Ländern. Es ist leicht, aus den Verhandlungen deutscher Kammern über Gesetzgebungsfragen zu erkennen, daß die Beschlüsse des Juristentags auf die Entscheidung wichtiger Fragen wirkten. Selbst im Ausland bezog man sich oft auf Ve-

---

[2]) Der Verfasser, belehrt durch Erfahrungen, welche er auf verschiedenen Congressen in Brüssel, Frankfurt, Lübeck und in Italien machen konnte, kennt die Macht solcher Beschlüsse (bei denen freilich die Form des Aufhebens der Hände, oder des Aufstehens oft ein trügliches Ergebniß liefern konnte) und weiß, wie häufig die durch solche Beschlüsse ausgesprochenen Ansichten auf die Abstimmung in legislativen Versammlungen wirkten.

schlüsse des deutschen Juristentags. Das Schriftführeramt spricht die Ueberzeugung aus, daß der deutsche Juristentag an der äußersten Gränze seiner Wirksamkeit angelangt sei und seine Auflösung gerechtfertigt werde, weil man nicht hoffen könne, unter den neuen Verhältnissen für die Schaffung einer gemeinsamen gesetzgeberischen Gewalt für Nord- und Süddeutschland wirken zu können, da auf jeden Fall, wenn auch eine Vereinigung der nord- und süddeutschen Juristen gelänge, der Einfluß des Juristentags durch das allgemeine deutsche Parlament absorbirt würde, so daß ihm nur die rein theoretische Aufgabe, die Förderung der Rechtswissenschaft übrig bliebe.

Wir können diese Ansichten nicht theilen, und müssen an der in sehr trüber Zeit Trost gewährenden Ueberzeugung festhalten, daß Deutschland allen Versuchen, die Zerrüttung des deutschen Vaterlandes zu fördern, trotzend, in einem geistigen Bande vereinigt bleibt, und Alle, welche noch einen Rest von Vaterlandsliebe bewahrten, sich innerlich für verbunden ansehen müssen, dahin zu wirken, daß die zu Norddeutschland Gehörigen ebenso, wie die Bewohner der süddeutschen Staaten und die Deutschen in Oesterreich als deutsche Brüder sich betrachten und durch Vereinigung aller Kräfte eine geistige Einheit zu bilden streben. Vorzüglich müßten die Juristen aller dieser Länder, wie sie bisher auf den Juristentagen erschienen, anerkennen, daß das Recht das Kleid des Volkes ist und ein gemeinsames Recht in gewissen Verhältnissen am meisten die Gemeinsamkeit des Lebens und Verkehrs begründet und durch Theilnahme an einem deutschen Juristentage, durch Vereinigung der Kräfte des Südens und Nordens (die Geschichte der Wissenschaften und Künste lehrt, daß die Leistungen des Südens tiefeingreifend die Fortschritte Deutschlands förderten), durch die Mittheilung der vielfach sehr abweichenden Erfahrungen und Austausch der Ansichten[3]) eine Ver-

---

3) Wie verschieden die mit Verschiedenheit der Sitten und Anschauungen des Lebens zusammenhängenden Rechtsansichten in Bezug auf wichtige Fragen unter den nord- und süddeutschen Juristen waren, zeigte sich besonders bei den Berathungen in der Nationalversammlung in Frankfurt von 1848 und 1849.

ständigung über die beste Bearbeitung wichtiger Gesetze gesichert
werden kann. Die Macht des Geistes wird dem künftigen
Juristentage zur Seite stehen, wie den bisherigen; die Wirk=
samkeit der künftigen Vereinigung wird die nämliche bleiben
und dadurch sich geltend machen, daß die von einer großen
Zahl deutscher Juristen energisch ausgesprochenen Beschlüsse mit
der Kraft der Wahrheit die gesetzgebenden Versammlungen der
einzelnen Staaten zur Anerkennung nöthigen. Die nord= und
süddeutschen Juristen müssen anerkennen, daß eben jetzt, wo
durch die neuen politischen Ereignisse der Rechtssinn im Volke
sehr erschüttert und die Achtung des Rechts gefährdet ist, es
daher verstärkter Eintracht und Kraft der Juristen bedarf, um
dem Rechte gegenüber der Politik und ihren Täuschungen zum
Siege zu verhelfen.

Blicken wir auf die Aussichten, welche dem Zustandekom=
men einer gemeinsamen Civilprozeßgesetzgebung für Deutschland
sich eröffnen, so richtet sich die Prüfung theils auf das Schicksal
des von der bisher in Hannover berathenden Commission be=
schlossenen Entwurfs einer deutschen Civilprozeßordnung, theils
auf die Ansichten und Hoffnungen, welche sich auf eine zu
schaffende deutsche Gesetzgebung über Civilverfahren beziehen.
In der ersten Beziehung wird allerdings durch die neueste Zer=
splitterung von Deutschland die Bedeutung des in Hannover
bearbeiteten Entwurfs vermindert. Preußen hatte von Anfang
an von der Theilnahme an den Arbeiten der Commission
sich ferne gehalten und selbst einen in dieser Zeitschrift vielfach
besprochenen, der Beachtung würdigen Entwurf veröffentlicht.
In Preußen selbst erhebt sich in neuester Zeit die Stimme eines
Praktikers [4]) gegen den preußischen Entwurf, von welchem be=
hauptet wird, daß er in Bezug auf Form, Kürze, Präcision
des Ausdrucks sowohl der hannover'schen Prozeßordnung, als
der deutschen Civilprozeßordnung nachsteht; es wird erklärt, daß
die im preuß. Entwurf angenommene Beschränkung der richter=
lichen Prozeßleitung nicht zu billigen sei, da sich bisher in Preu=
ßen diese Prozeßleitung gut bewährt habe. Es wird der Vor=

---

4) Silberschlag in der preußischen Anwaltzeitung, 1866, Nr. 43,
S. 672.

schlag gemacht, daß man entweder die hannoverische Prozeß=
ordnung oder den deutschen in Hannover bearbeiteten Entwurf
annehme, weil dafür auch der politische Grund spreche, daß am
meisten Hoffnung vorhanden und dies selbst wünschenswerth
sei, daß diese deutsche Prozeßordnung nicht blos im Norden,
sondern auch in Süddeutschland und in den deutschen Provin=
zen von Oesterreich als Gesetz angenommen werde. In einem
neuen Aufsatz, worin der gegenwärtige Stand der Civilprozeß=
gesetzgebung geschildert ist [5]), wird der Umstand, daß vorläufig die
Hoffnung, ein allgemeines deutsches Prozeßgesetz zu erreichen,
aussichtslos geworden ist, in so ferne als ein Glück betrachtet,
als hiemit der Unentschlossenheit und Unproductivität der Vor=
wand genommen ist, die Einführung der neuen Principien im
Wege der Particulargesetzgebung zu verzögern.

Auf diese Art ist die Lage der Dinge für die Hoffnung,
eine gemeinsame deutsche Civilprozeßgesetzgebung zu erhalten
keine günstige, und wir sind wieder auf die Thätigkeit der Par=
ticulargesetzgebung angewiesen. Seit der fast allgemeinen Um=
gestaltung des Strafverfahrens und der immer mehr anerkann=
ten Vortheile des neuen, auf Mündlichkeit, Anklageprincip und
Oeffentlichkeit gebauten Verfahrens darf zwar immer allgemei=
ner auch die Ueberzeugung als feststehend angenommen werden,
daß der bisherige schriftliche gemeine deutsche Prozeß nicht mehr
den gerechten Forderungen entspricht, und öffentliches münd=
liches Verfahren auch in Civilstreitigkeiten nothwendig ist. In
den deutschen Ländern, in welchen seit 1849 ein solches Ver=
fahren eingeführt ist, z. B. in Hannover, Braunschweig, Ol=
denburg, Baden, ist ebenso wie in den Schweizerkantonen die
öffentliche Meinung dem neuen Verfahren günstig; es würde
aber ein großer Irrthum sein, wenn man eine Uebereinstim=
mung des Civilverfahrens als vorhanden annehmen wollte, da
vielmehr in jedem der zuvor genannten Staaten in wichtigen
Einzelnheiten ein besonderes Verfahren gilt. Aber auch keiner
der neuesten Entwürfe in Baiern, Preußen, Oesterreich stimmt
mit den andern überein. Der fortdauernde Streit betrifft vor=

---

5) Beilage zur allgemeinen Zeitung, 1867, v. 20. Febr. S. 839.

züglich die Vorfrage, ob die neue Gesetzgebung mehr das fran=
zösische Verfahren und die dortige Rechtsübung zum Vorbilde
nehmen oder das neue mündliche Verfahren möglichst mit Be=
stimmungen des bisherigen Verfahrens verbinden soll. Die
Verhandlungen der Commission, welche in Hannover den Ent=
wurf einer deutschen Prozeßordnung zu berathen hatte, und
der Umstand, daß viele der wichtigsten Beschlüsse nur mit ge=
ringer Stimmenmehrheit zu Stande kamen, oft selbst Stimmen=
gleichheit vorhanden war, lehren, daß unter den Juristen, welche
aus den verschiedenen Staaten abgeordnet waren, in wesent=
lichen Punkten sehr verschiedene Ansichten obwalteten. Noch
bedenklicher wird es, daß in dem nämlichen Staate, in welchem
ein Entwurf vorgelegt wurde, die Stimmen der Juristen ge=
theilt sind. In Preußen hat ein angesehener Jurist, v. Krävel,
gegen den preußischen Entwurf 6) sich erklärt, weil er den fran=
zösischen Code als Vorbild nahm, und nach unserer obigen
Mittheilung hat ein anderer Praktiker die Ansicht ausgesprochen,
daß dieser Entwurf der hannover'schen Prozeßordnung und dem
deutschen Entwurfe vielfach nachstehe. In Baiern lehren die von
uns mitgetheilten Verhandlungen des Ausschusses der zweiten
Kammer, daß unter den Mitgliedern verschiedene Ansichten ob=
walteten, vorzüglich vielfach Widerstreit zwischen den rheinischen
am französischen Code und der Rechtsübung festhaltenden Ab=
geordneten und den Mitgliedern des Ausschusses, die in den
alten Provinzen als Praktiker thätig waren, Statt fand. In
neuester Zeit hat selbst eine aus der Rheinprovinz erhobene
Stimme 7) es für ein Unglück erklärt, wenn der baierische Entwurf
insbesondere in der Rheinprovinz eingeführt würde, weil der
dort seit langer Zeit in Uebung befindliche Code de procé=
dure eine Gesetzgebung gewährt, welche allgemein als gut und
vorzüglicher anerkannt wird, als der neue Entwurf sie gewähren
würde, daß aber auch voraussichtlich eine für ganz Deutschland
gemeinsame Civilprozeßgesetzgebung zu Stande komme, und es
dann nachtheilig sein würde, wenn jetzt der neue baierische
Entwurf und bald darauf die für ganz Deutschland bearbeitete

---

6) Darüber dies Archiv, Band 49, S. 121.

7) Im Pfälzer Curier vom 13. Febr. 1867.

Civilprozeßordnung eingeführt würde. Man überzeugt sich
leicht, daß bei dem ersten dieser Gründe übersehen wird, daß
in Frankreich selbst von ausgezeichneten Praktikern, wie Bor=
deaux, Regnard, Seeligman, Lavielle eben der
Code de procédure als dasjenige Gesetzbuch nachgewiesen
wird, welches am dringendsten einer Revision bedarf, daß auch
die französische Regierung selbst eine aus vorzüglichen Juristen
bestehende Commission zu dieser Revision niedergesetzt hat und
ebenso in Belgien, wo dieser Code gilt, eine ähnliche Commission
ernannt ist, daher wohl angenommen werden darf, daß auch
die Juristen der baierischen Rheinprovinz nicht die Nothwendig=
keit einer Revision des Code verkennen sollten. In Bezug
auf den zweiten Grund muß jeder Unparteiische, mit der po=
litischen Lage Deutschlands Vertraute anerkennen, daß die Hoff=
nung auf das Zustandekommen, auf jeden Fall auf baldige
Einführung einer Civilprozeßordnung für ganz Deutschland eine
sanguinische ist.

Der Verfasser dieses Aufsatzes hat seit 1818 in einer
Reihe von Arbeiten die Ueberzeugung ausgesprochen, daß der
gemeine deutsche Prozeß den gerechten Forderungen der Recht=
suchenden nicht mehr entspreche, und wenn das neue Verfahren
auf Mündlichkeit und Oeffentlichkeit gebaut werden soll, jeder
Gesetzgeber mit dem Studium der französischen Gesetzgebung,
vorzüglich wie das Verfahren in der Rechtsübung nament=
lich in den Rheinlanden sich entwickelt, sich vertraut
machen soll; der Verfasser hat aber immer einzelne Fehler des
Code hervorgehoben und die Beachtung der durch die Genfer
Gesetzgebung eingeführten Verbesserungen und die wichtigen
Erörterungen von Bellot empfohlen. Der Verfasser gesteht
aber auch, daß er immer mehr von der Anfangs von ihm fest=
gehaltenen Ansicht, daß ein umfassendes, schon das ganze Streit=
material sammelndes, die mündliche Verhandlung vorbereitendes
schriftliches, unter Leitung des Gerichts geführtes Vorverfahren
nothwendig werde, zurückgekommen ist, je mehr genaue Beob=
achtung der Rechtsübung, insbesondere in den Rheinprovinzen,
ihn belehrte, daß eben durch jene Rechtsübung manche Fehler
des Code geheilt werden. Der Verfasser hat in neuester Zeit

in dieser Zeitschrift zu zeigen versucht 8), daß die von Kräwel gegen den französischen Civilprozeß erhobenen Einwendungen vielfach auf irrigen Auffassungen französischer Bestimmungen und auf Mangel der Beachtung des wirklichen Rechtszustandes beruhen. Es liegen nun viele Gesetzgebungsarbeiten vor, worin bereits in einzelnen deutschen Staaten Civilprozeßordnungen mit der Grundlage der öffentlichen mündlichen Verhandlungen einge= führt oder vorgeschlagen sind; allein man bemerkt bei Vergleichung der verschiedenen Gesetzesarbeiten, daß über wesentliche Punkte keine Uebereinstimmung besteht, und zwar 1) über das Verhältniß des der mündlichen Verhandlung vorausgehenden Verfahrens, insbeson= dere wie darin ein gesetzlich geregeltes schriftliches Verfahren so an= geordnet werden soll, daß das Gesetz eine gewisse Zahl der Schriften und ihren Inhalt vorschreibt, und in wie fern die Einreichung der sogenannten conclusions motivées und mit welchem In= halt vorgeschrieben werden soll; 2) in wie fern für dies schrift= liche Vorverfahren eine Prozeßleitung durch das Gericht Statt finden soll; 3) in welchem Verhältniß das schriftliche Verfahren zu der mündlichen Hauptverhandlung stehen soll, und zwar ob dies Vorverfahren nur den Charakter einer Vorbereitung in der Art an sich tragen soll, daß die mündliche Verhandlung die einzige Grundlage für die Urtheilsfällung bildet, und die Parteien in ihren Vorträgen in der mündlichen Verhandlung unbeschränkt sind, oder ob das Vorverfahren die Grundlage für die mündliche Verhandlung so bilden soll, daß die Parteien an den Inhalt ihrer Vorträge im schriftlichen Vorverfahren gebunden sind; 4) welche Bedeutung die Einbringung der con= clusions in der Sitzung haben soll, insbesondere ob erst durch Gerichtsbeschluß zur Hauptverhandlung eine nachfolgende Si= tzung zu bestimmen, und ob an die Einbringung der conclu- sions die Wirkung zu knüpfen ist, daß wenn eine Partei in der nachfolgenden Sitzung nicht erscheint, das Urtheil als con= tradictorisches zu betrachten ist; 5) welches Verfahren für so= genannte Incidenzpunkte Statt finden soll; 6) wie die Bestim= mungen über den Beweis zu erlassen sind, ob der Grundsatz

---

8) Archiv, Band 49, S. 125—140.

der freien Ueberzeugung ohne gesetzliche Beweistheorie zu ent=
scheiden hat, ob gegen das Beweisurtheil Rechtsmittel zuzulassen
sind, ob das Fragerecht der Parteien aufzunehmen, ob der
Zeugenbeweis zu beschränken, ob der Gebrauch des Schiedseids in
der bisherigen Weise zu gestatten sei; 7) in wie ferne eine
Unterscheidung von ordentlichem und summarischem Verfahren,
insbesondere wie weit für die Rechtsverfolgung einfacher Sachen
ein rasch zum Ziele führendes Verfahren einzuführen ist. Ehe
unsere Gesetzgeber sich nicht darüber verständigen, auf welche
Weise die eben bezeichneten Punkte 9) entschieden werden sollen,
wird auf das Zustandekommen einer gemeinsamen deutschen
Civilprozeßgesetzgebung nicht gerechnet werden können. Nicht
genug kann aber hervorgehoben werden, daß über die Art der
Behandlung und Entscheidung einzelner Punkte des Verfahrens
nach der französischen Gesetzgebung nur der Gerichtsgebrauch
maßgebend ist, dieser aber sehr verschieden in Frankreich,
Belgien 10), den deutschen Rheinprovinzen ist, ungeachtet in
allen drei Staaten der nämliche Code gilt; daß aber selbst in
dem nämlichen Staate, z. B. in Frankreich der Gebrauch eines
Gerichts oft wesentlich von dem eines andern Gerichts abweicht,
daher der Gesetzgeber wohl prüfen muß 11), ob er die Einzel=
heiten und möglichen Streitfragen durch feste Regeln im In=
teresse der Gleichförmigkeit ordnen soll, oder ob er es vorzieht, dem
Pflichtgefühl und der Klugheit tüchtiger Anwälte und dem Er=
messen verständiger, gewandter Präsidenten die zweckmäßigste
Behandlung der einzelnen Fragen zu überlassen.

Wir hoffen zur Verständigung beizutragen, wenn wir, wie in
unsern früheren Mittheilungen über neue Leistungen auf dem
Gebiete der Civilprozeßgesetzgebung, bei den neuesten Arbeiten
verweilen und zwar der Gesetzgebung für das Königreich Ita=

---

9) Der Verfasser hat in dem Archive Band 49, S. 140 noch andere
Punkte bezeichnet, über welche die Juristen sich verständigen müssen.

10) Ein bedeutendes Werk, weil es die neueste Rechtsprechung in
Frankreich und Belgien in Bezug auf den Code de procédure civile ent=
hält, ist: Supplément aux lois de la procédure civile de Carré par
Chauveau Adolphe. Bruxelles 1866.

11) Dies Archiv 49. B., S. 132, 140.

lien, dem neuen Entwurf des Civilverfahrens für Oesterreich
und dem Fortgange der Berathungen des Ausschusses der zweiten Kammer über den baierischen Entwurf. Wir empfehlen die
italienischen legislativen Arbeiten der Aufmerksamkeit umsomehr,
als eben für die Frage des Tages: wie weit die französische
Civilprozeßgesetzgebung Nachahmung verdient, die Gesetzgebung von
Piemont seit 1859, sowie die von 1865 für das Königreich Italien
ein reiches Material liefern, indem schon 1854 ein im wesentlichen
dem franz. Code nachgebildetes, aber vielfach davon abweichendes Civilprozeßgesetzbuch verkündet wurde, die darüber gesammelten Erfahrungen die Verkündung einer Revision des Gesetzbuchs 1859 veranlaßten und 1863 ein neuer Entwurf der Kammer
mit einer tief eingehenden Denkschrift vorgelegt und im Interesse der Einheit der Gesetzgebung der Code von 1865 für
alle Provinzen verkündet wurde. Die in der angeführten
Denkschrift enthaltenen Erörterungen sind häufig wichtiger, als
die meisten neueren Verhandlungen, weil die bedeutendsten
italienischen Juristen ihre Erfahrungen über die wichtigsten
Bestimmungen der französischen Prozeßordnung und der in
den italienischen Gesetzbüchern versuchten Verbesserungen mit-
theilten.

Ehe wir über die Einzelheiten des neuen italienischen Prozeß-
gesetzbuches unsern Lesern Bericht erstatten, dürfte es zweckmäßig
sein, bei der neuen Gesetzgebung über die sogenannten admi-
nistrativ-contentiösen Sachen zu verweilen. Der Gegenstand
ist um so wichtiger, je mehr er in neuester Zeit vielfache Verhandlungen hervorgerufen hat. Unsere Zeitschrift hat seit ihrem
Beginne gegen das Streben gekämpft, das zuerst in Frankreich
sich äußerte, durch die Aufstellung einer Klasse von Rechtsstreitigkeiten, bei denen die Regierung ein Interesse hatte, ihre
Entscheidung den ordentlichen Gerichten zu entziehen, unter
dem Ausdruck: administrativ-contentiöse Sachen eine Art von
Gericht zu schaffen, welches, mit juristischen Formen thätig, eigentlich eine von der Regierung mehr abhängige Verwaltungsstelle
war. In neuester Zeit werden die Stimmen lauter, welche entweder die Verwaltungsrechtspflege ganz aufheben wollen, oder
in der Errichtung eines Verwaltungsgerichtshofs ein zweck-

mäßiges Mittel finden, alle Interessen zu vereinigen. In der letzten Beziehung war es die badische Gesetzgebung, welche 1864 einen solchen Gerichtshof ins Leben rief, von dem wir bezeugen müssen, daß, obwohl gegen das Institut manche Bedenklichkeiten sich erheben, die ergangenen Entscheidungen jenes Gerichts immer mehr Vertrauen genießen. Wir werden darüber und über die neuesten Anträge in Baiern auf Errichtung eines solchen Gerichts und über die daselbst gefaßten Beschlüsse wegen Aufhebung der Verwaltungsrechtspflege in diesem Archive besonderen Bericht erstatten. Das wichtigste Gesetz über den Gegenstand ist aber das im März 1865 für das Königreich Italien ergangene. Seine Bestimmungen sind folgende: Art. 1) Die besonderen bisher bestandenen Gerichte zur Entscheidung der streitigen Verwaltungssachen, sowohl in Civil- als in Strafsachen, werden aufgehoben und die Streitigkeiten werden entweder den ordentlichen Gerichten oder den Verwaltungsstellen zugewiesen. 2) An die Gerichte gehen über alle Streitigkeiten, welche entweder Uebertretungen oder Gegenstände betreffen, in welchen es auf eine Frage des bürgerlichen oder politischen Rechts ankömmt, wenn auch dabei die öffentliche Verwaltung betheiligt ist, selbst wenn bereits darüber Verfügungen der vollziehenden oder Verwaltungsgewalt ergangen sind. 3) Die im vorigen §. nicht begriffenen Sachen werden den Verwaltungsstellen zugetheilt, welche nach den eingebrachten schriftlichen Ausführungen der Betheiligten und nach eingeholten Gutachten der Verwaltungsräthe durch motivirte Decrete darüber verfügen. Der Recurs geht an die oberen Verwaltungsbehörden. Art. 4) Wenn ein Streit, worin eine Partei durch eine von einer Verwaltungsstelle ergangene Verfügung verletzt zu sein behauptet, sich erhebt, beschränkt das Gericht seine Entscheidung auf die Wirkungen jener Verfügung auf den in Streit gezogenen Gegenstand. Die Verwaltungsverfügung selbst kann nur auf Beschwerde bei der zuständigen Verwaltungsbehörde, welche nach der gerichtlichen Entscheidung erfolgt, aufgehoben oder modificirt werden. Art. 5) Die gerichtlichen Stellen wenden die Verwaltungsverfügungen und allgemeine Reglements so weit an, als sie den Gesetzen gemäß erlassen wurden. Art. 6) Ausgenommen von der Zuständigkeit gerichtlicher Behörden sind Fragen, welche sich auf Katastralschätzungen, Vertheilung der Quoten und directe Steuern beziehen. (Das Gesetz enthält besondere Vorschriften über Behandlung von Streitigkeiten über Steuern). Art. 7) Wenn in Fällen dringender Nothwendigkeit die Verwaltungsbehörde über Privateigenthum ohne Aufschub verfügen oder zur Vollziehung einer Verfügung, über deren juristische Wirkungen Streit entsteht, schreiten muß, so verfügt sie durch motivirtes Decret, jedoch unbeschadet der Rechte der Parteien. Art. 8) Bei Streitigkeiten über Verträge wegen Arbeitsunternehmungen oder Lieferungen ist der Verwaltungsbehörde vorbehalten, auch während des anhängigen Rechtsstreits mittelst motivirten. die Dringlichkeit aussprechenden Decrets für die Arbeiten oder Lieferungen zu sorgen. Art. 9) Auf die Forderung aus solchen Verträgen kann kein Beschlag gelegt oder dieselbe cedirt werden, wenn nicht die betheiligte Verwaltungsbehörde zustimmt. Art. 10) Bei Rechtsstreitigkeiten zwischen Privatpersonen und einer öffentlichen Behörde wird in den Formen festbestimmter Sitzungen verfahren. Art. 11) Die Art der Vertretung einer Verwaltungsstelle vor Gericht wird durch Verordnungen bestimmt. Art. 12) Das gegenwärtige Gesetz ändert nichts an den Gesetzen, die sich auf die Gerichtsbarkeit des Rechnungshofs und des Staatsraths beziehen. Art. 13, 14 haben nur besondere Bedeutung für das Königreich. [12]) Art. 15—16 beziehen sich auf Verhältnisse einzelner Provinzen.

Die Verhandlungen über das Gesetz enthalten ein reichhaltigeres Material über den Gegenstand, als die irgend einer anderen legislativen Versammlung; werthvoll sind insbesondere die Nachweisungen, wie das französische System in den einzelnen italienischen Staaten auf besondere Weise nachgeahmt wurde, immer mehr gegen die administrative streitige Justiz sich Stimmen erhoben, je mehr und fester das constitutionelle System in Italien zum Siege gelangte. Werthvoll sind viele geschichtlichen Nachweisungen, so wie über das Verhältniß der Justiz und

---

12) Sessione parlamentare 1863. 64. Abolizione del contenzioso amministrativo. Camera de deputati. Torino 1864.

Verwaltung. Alle Verhandlungen zeigen, daß die Feststellung einer bestimmten Gränze beider Gewalten schwierig ist und viele Abgeordnete durch vermittelnde Anträge helfen wollten, weil die Besorgniß vorschwebte, daß wenn man die Administrativ= gewalt zu sehr beschränke, durch die Hinweisung aller Sachen, die man bisher zu den administrativ=contentiösen rechnete, an die Gerichte, theils die Entscheidung in Fällen, welche dringende Erledigung fordern, oft zu lange verzögert werden, theils durch die starre nur juristische Auffassung eines Verhält= nisses leicht das öffentliche Interesse verletzt werden könnte. Sehr belehrend ist die neueste Arbeit in Italien [13]) über die Wirk= samkeit des neuen Gesetzes mit Beziehung auf die von bedeu= tenden juristischen Schriftstellern, z. B. Manna und Romagnosi, aufgestellten Theorien, nach welchen der Wirksamkeit der Admi= nistration eine sehr würdige Aufgabe zugewiesen wird. [14])

Zum Verstehen der übrigen Gesetze ist die Beachtung des neuen, sehr ausführlichen Gesetzes über Gerichtsverfassung vom 6. Dec. 1865 [15]) (aus §§. 292) mit dem aus 407 §§. bestehenden re= glement wichtig. [16]) Die Grundzüge sind im wesentlichen die näm= lichen, wie in dem französischen Gesetze (von dem Umfang der Com= petenz soll unten bei dem Proceßgesetze die Rede sein). Ein neues Institut, das der für den Sühneversuch bestellten Personen (conci= liatori) mußte besonders geregelt werden. — Nach dem Gesetz Art. 27 und reglement Art. 172—183 soll in jeder Gemeinde ein solcher conciliatore gewählt werden (in größeren Gemeinden mehrere). Ihre Verrichtungen sind 1) in Streitigkeiten auf Auf= forderung Sühne zu versuchen, 2) Streitigkeiten in Gemäßheit näherer Vorschriften zu entscheiden. Ernannt werden sie auf Vorschlag der Gemeindebehörden, welche drei Kandidaten aus der Liste der 25 Jahre alten in der Gemeinde wohnenden Wähler

---

13) Von Tiepolo in der Mailänder Zeitschrift Monitore dei tribunali 1867, Nr. 7 und Nr. 10

14) Ueber das Wesen der durch administrative Anordnungen begrün= deten Rechte fehlt es noch an wissenschaftlichen Arbeiten. Manches Gute enthält die Schrift von Scolari del diritto amministrativo. Pisa 1865.

15) Abgedruckt in der Cronaca legislativa vol. VII. p. 384.

16) In der Cronaca p. 417.

bezeichnen, von dem Könige. Ihr Amt, (sie werden auf 3 Jahre ernannt, können aber auf's neue gewählt werden) ist ein Ehrenamt.

Ein fortdauernd lebhaft geführter Streit in Italien betrifft den Cassationshof und zwar in zweifacher Beziehung, nämlich insofern überhaupt in Italien viele Stimmen gegen die Errichtung eines Cassationshofs sich erklären, und insoferne darüber Streit entsteht, ob der jetzige Zustand, nach welchem mehrere Cassationshöfe in verschiedenen Provinzen (daher in Turin, Mailand, Florenz, Neapel, Palermo) fortdauern oder ein Cassationshof für das ganze Königreich errichtet werden soll. In Bezug auf die erste Frage enthalten die juristischen Zeitschriften Italiens zahlreiche Abhandlungen über die Frage: ob nicht ein Gerichtshof der dritten Instanz, der in der Sache selbst entscheidet, einem Cassationshof vorzuziehen ist. In der Kammer der Abgeordneten in Turin wurde die Frage bei der Berathung des Gesetzentwurfs über Rechtseinheit in Italien Gegenstand langer Verhandlungen[17], die zwar vorzüglich auf den Vorschlag des Entwurfs, zwei bisher bestehende Gerichtshöfe dritter Instanz (in Florenz und Mailand) aufzuheben, sich bezogen, aber auch gute Erörterungen über den Werth eines Cassationshofs veranlaßten.[18] Am bedeutendsten von allen neueren Schriften Italiens über den Gegenstand (werthvoll auch für jeden ausländischen Juristen) ist die Schrift von Carcano[19] der, vertraut mit den französischen Schriften, unparteiisch die Vortheile eines Cassationshofs anerkennt, ebenso gegen einen Gerichtshof dritter Instanz vorzubringende Einwendungen prüft, aber die mancherlei irrigen Voraussetzungen nachweist, von denen die Vertheidiger des Cassationshofs bei ihrer Anpreisung eines solchen Gerichts ausgehen. Die von Carcano angeführten Gründe gegen den Cassationshof stimmen mit den von dem Verfasser dieses Aufsatzes

---

17) Relazioni e discussioni fatte alla camera dei diputati intorno all' unificazione legislativa. Torino 1865, vol. I. p. 324 bis 406.

18) Einer der geistreichsten toskanischen Juristen Panattoni sprach damals (p. 325) aus, der Cassationshof ist eine dritte Instanz unter dem schönen Namen: Rechtshülfe bei Gesetzesverletzung.

19) Sul quesito: cassazione o terza istanza Relazione letta dall' avv. Carcano. Milano 1866.

in diesem Archive[20]) erörterten Ansichten überein. Schon die Voraussetzung, daß ein Gerichtshof bestehen soll, der die reine abstracte Rechtsfrage entscheidet, ist eine irrige; alle Praktiker, welche während langer Zeit den Gang der Rechtsübung eines Cassationshofs beobachten, müssen gestehen, daß in vielen an den Cassationshof gebrachten Fällen die That- und Rechtsfrage nicht getrennt werden kann, daß unwillkürlich thatsächliche Verhältnisse des Falls auf den Geist des entscheidenden Richters einwirken. Die Erfahrung lehrt, daß in vielen Fällen die Urtheile[21]) des Cassationshofs über die sogenannte Rechtsfrage eigentlich Tendenzurtheile sind, indem unter gewissen Zuständen auf die Richter unbewußt politische Verhältnisse, bekannte Wünsche der Regierung[22]), daß in einem gewissen Falle die einschlägige Rechtsfrage auf bestimmte Weise entschieden werde, einwirken. Die Meinung, daß diese Verhältnisse auf die Entscheidung mehr oder weniger Einfluß hätten, war wenigstens in Frankreich, als die Frage: ob noch Injurie gegen Verstorbene strafbar sei, und in einem deutschen Staate, als über die Grenzen parlamentarischer Rede-Freiheit zu entscheiden war, allgemein verbreitet. Es kann auch nicht verkannt werden, daß ein Cassationshof leicht die Freiheit und Unabhängigkeit, sowie den mächtigen Einfluß der Wissenschaft auf die Fortschritte der Rechtsentwickelung gefährden kann,[23]) weil die Art der Entscheidung einer Rechtsfrage vielfach von der herrschenden wissenschaftlichen Ansicht abhängt, das Festhalten an dem Ausspruch des Cassationshofs, dem man eine Art zwingender Autorität beilegt, leicht ein

---

20) Archiv, Band 49, S. 286, 310. Spätere Erfahrungen in einem Aufsatz in dem Archiv von Goltdammer für preuß. Strafrecht, X. S. 593.

21) Die in dem Archiv S. 291 angeführten Fälle gehören hierher.

22) Wir bitten die Leser sich zu erinnern, daß in Frankreich selbst vorzügliche Redner bei der Frage: ob der Cassationshof am Sitze der Regierung sein sollte, geltend machten, daß für die Verneinung der Umstand spricht, daß das Gericht von dem Einfluß der executiven Gewalt entfernt sein soll.

23) Als in England die Frage sich erhob, ob man einen Cassationshof errichten solle sprach sich einer der bedeutendsten englischen Juristen in den Papers of the juridical society. Vol. II. S. 351 gegen einen solchen Hof aus.

Stillstehen des Rechts begründet, und den Einfluß der Fort=
schritte der Wissenschaft, welche eine scharfe Kritik über die
Rechtsprüche üben muß, hindert. Diejenigen, welche die durch
einen Cassationshof zu erlangende Rechtseinheit [24]) anpreisen,
vergessen, daß in jedem Lande der Cassationshof in Bezug auf
wichtige Fragen selbst seine Ansicht ändert, dazu durch die
laute Stimme der Presse und selbst durch die Aussprüche
der Kammer genöthigt wird, und daß die Ansicht des Cassations=
hofs die untergeordneten Gerichte nicht bindet, ein gesetzlicher
Zwang aber, sich für alle Zukunft dem Ausspruch zu unter=
werfen, sehr nachtheilig sein würde. [25])

Verweilen wir nun bei dem neuen 1865 verkündeten
Civilprozeßgesetzbuch, so verdient vorerst der Vortrag des damaligen
(1863) Justizministers Pissanelli Beachtung. Die ital. Regie=
rung befand sich in der Lage, daß, nachdem neue Länder er=
worben waren, und in den Marken und Umbrien, Parma und
Modena schon das sardinische Gesetzbuch von 1859 eingeführt
war, noch außer dem eben erwähnten Prozeßcodex besondere
Gesetzbücher in der Lombardei, in Toskana und Neapel galten,
deren vielfache Abweichungen manche Verwirrung im Rechts=
leben herbeiführten, daher die Regierung veranlaßten, Rechts=
einheit durch Verkündung eines allgemeinen Gesetzbuchs zu be=
gründen. Es kam nun darauf an, ein wahrhaft verbessertes
Gesetzbuch einzuführen und dabei das Gute, was die bisherigen
Gesetzbücher enthielten, zu benützen. Wichtig wurde es dabei, die
im wesentlichen auf den franzöf. Code gebauten Erfahrungen über
die Wirksamkeit bestehender Prozeßvorschriften aus den verschie=

---

24) Wir bitten zu beachten, was der ausgezeichnete baierische Jurist
v. Arnold im Gerichtssaal, 1858 S. 98, und der geachtete preußische
Jurist v. Tippelskirch im Archiv für preuß. Strafrecht, IX. S. 793,
in Bezug auf Rechtseinheit und Cassationshof bemerkt.

25) Wir dürfen nicht verschweigen, daß in dem neuesten Rechen=
schaftsberichte der Cassationshöfe in Italien, vorzüglich in dem Berichte
des Präsidenten Vacca: della unificazione legislativa. Napoli 1867, von
Conforti, Generalprocurator in Florenz, rendiconto. Firenze 1867
viele geistreiche Bemerkungen über Cassationshöfe vorkommen. Die neueste
geistreiche Schrift für den Cassationshof ist vom Appellationsrath Borto=
tolucci: della cassazione e terza istanza. Modena 1867.

11

benen Ländern und die Vorschläge bedeutender Juristen zu
sammeln. [27]) Das Ergebniß der Vorarbeiten war ein den
ausgearbeiteten Entwurf des Prozeßgesetzbuchs begleitender,
auch für jeden ausländischen Juristen wichtiger Vortrag [28]) zur
Rechtfertigung vorgeschlagener Verbesserungen mit eingehender
Erörterung über wichtige Fragen der Gesetzgebung. Bei der
Verkündigung des Prozeßgesetzbuchs veröffentlichte der Justiz=
minister eine Relation, in welcher er die bedeutendsten Verän=
derungen, welche das Gesetzbuch enthält, mit Beziehung auf die
in der Commission stattgefundenen Verhandlungen rechtfertigt.
Wir wollen unsere Leser auf die bemerkenswerthesten Verbesse=
rungen aufmerksam machen. Es ist von Werth, einige Stimmen
über die Aufnahme des neuen Gesetzbuchs zu hören. [29]) Der
Generalprocurator Mirabelli in Neapel erklärt in seinem Jahres=
bericht vom 8. Jan. 1867 [30]), daß allerdings die Meinungen
über den Werth des Gesetzbuchs getheilt seien, was aber be=
greiflich sei, da ein neues Prozeßgesetzbuch mehr als jedes andere
Gesetzbuch mit Gewohnheiten und Interessen der Bürger und der
Rechtsübung, an welche die Advocaten gewohnt sind, [31]) in
Widerspruch kömmt. Mirabelli erklärt, daß das franz. Pro=
zeßgesetzbuch das unvollkommenste der Gesetzbücher war und
große Mängel hatte [32]) und der 1859 in Neapel eingeführte

27) Aus den Mittheilungen in den Relazioni e discussioni fatte
alla camera dei deputati 1865 p. 32 ergibt sich, daß 52 tüchtige Ju=
risten aus verschiedenen Landestheilen ihre Erfahrungen und Vorschläge
einreichten.

28) Unter dem Titel Relazione sul progetto del codice di procedura. 26. Nov. 1863. Der Vortrag enthält 227 Seiten.

29) Ein sehr empfehlenswerther Commentar zu dem Prozeßgesetzbuch
ist der von Borfari (Professor in Bologna und Mitglied des Cassations=
hofs). Il codice italiano di procedura civile annotato. Torino 1866.

30) Intorno all' aministrazione della giustizia nel anno 1865 nel
distretto della corte di apello di Napoli 1866 pag. 20.

31) Merkwürdig ist in dieser Hinsicht die Erklärung eines lombardi=
schen Advocaten in Eco dei tribunali. Venezia 1867 vom 3. Januar und
der in der österreichischen Gerichtszeitung 1867 Nr. 20 S. 81 abgedruckte
Brief, welcher zeigt, daß in der Lombardei die neue Gesetzgebung nicht
allgemeine Anerkennung findet.

32) Mirabelli pag. 21 sagt davon, daß der französische Code
durch Mangel der Methode, durch Nutzlosigkeit und Complication vieler
Förmlichkeiten den bösen Willen und den Betrug begünstigt.

Prozeßcoder zuviel an den französ. Code sich anschloß, während manche bedenkliche Uebelstände in der Praxis von Neapel sich einschlichen. [33] Andere dem Verfasser vorliegende schriftliche Mittheilungen erfahrener ital. Juristen bezeugen zwar, daß viele neue Bestimmungen des ital. Code sich gut bewähren, aber nach der Erfahrung bedeutende Mängel wegen Unklarheit vieler Vorschriften sich zeigen, vorzüglich die Unterscheidung von dem ordentlichen (formellen) und summarischen Verfahren sich sehr nachtheilig zeigt. (Wir werden dieß unten näher mittheilen.) Eine völlig neue Einrichtung ist die Einführung der conciliatori, von deren Erwählung oben die Rede war. Sie haben eine zweifache Stellung 1) insoferne sie in allen Sachen den Vergleich versuchen sollen, wenn sie von den Parteien, welche frei über ihr Vermögen verfügen können, dazu aufgefordert werden (Codice Art. 1), 2) insoferne sie als wahre Richter in Sachen, deren Werth nicht 30 Lire übersteigt, und in Streitigkeiten über Miethe und Pacht zu entscheiden haben (70). Außerdem enthält das Gesetzbuch (417) noch die Bestimmung, daß der Einzelrichter (pretore genannt) in den vor ihm verhandelten Sachen den Vergleich versuchen soll. Wenn die Vermittler nur auf Ersuchen handeln (nach Art. 5 kann eine Partei auch einen Bevollmächtigten senden) und der Gegenstand 30 Lire übersteigt, hat die Vergleichsurkunde nur die Kraft einer gerichtlich anerkannten Privaturkunde, im 2. Fall (wenn die Sache nur 30 Lire beträgt) hat ihr Ausspruch die Kraft eines richterlichen Urtheils, ohne daß Appellation statt hat. Dies Institut ist insoferne neu, als in Piemont die französische Einrichtung des gezwungenen Vergleichsversuchs vor dem Friedensrichter nicht aufgenommen war. In einzelnen jetzt mit dem Königreich vereinigten Provinzen, insbesondere in Neapel bestand das Institut der conciliatori. In Bezug auf seine bisherige Wirk-

---

33) Mit Recht hebt Mirabelli pag. 23 den auch von dem Verf. dieses Aufsatzes oft beobachteten Uebelstand hervor, daß die in Neapel feststehende lange Zwischenzeit von der Vorlesung der Conclusionen in der Sitzung bis zur Entscheidung die Sitte erzeugte, daß die Advocaten Privatinformationen den einzelnen Richtern geben.

samkeit sind die Stimmen getheilt. Aus Rechenschaftsberichten[34])
bemerkt man, daß in manchen Bezirken das Institut noch nicht
in das Leben trat und die Erwählung von Männern, welche
das volle Vertrauen genießen, Schwierigkeiten hat. Es zeigt
sich auch, daß es an Streitfragen, die das Gesetz veranlaßt, nicht
fehlt, auch finden ehrenwerthe Juristen in dem Institute eine
Verletzung des in der Verfassung festgehaltenen Grundsatzes
der strengen Trennung der richterlichen und administrativen
Gewalt, da man diese conciliatori nicht als wahre Richter an=
erkennen kann. Neu ist das Capitel über Schiedsrichter (Art.
8—31). Die Bestimmungen finden allgemeinen Beifall. In
Bezug auf die Zuständigkeit der Einzelrichter, welche (71) über
alle Klagen urtheilen, deren Betrag nicht 1500 Lire übersteigt, wird
bestimmt, daß sie auch über Immobiliarklagen entscheiden sollen[35]).
Schon die bisherige Gesetzgebung kannte zwei Arten von Vorla=
dungen: 1) die einfache durch Zettel (biglietto) ohne Stempel, 2) die
förmliche. Bei der ersten Form forderte man nicht die Angabe
des Streitgegenstandes, was (mit Recht) in dem neuen Gesetze
Art. 133 geändert wurde. Die erste Formel als weniger kostspielig
soll zulässig sein bei Vorladung vor den Vermittler und vor
den Einzelrichter in Sachen bis 100 Lire. Bei der förmlichen
Ladung kannte das bisherige Recht die Vorschrift daß die
Ladung zwei Theile enthalte, einen, welcher eigentlich die Klage=
schrift enthält und Werk des Procurators ist, den andern, wel=
cher die Ladung enthält, als Werk des Gerichtsvollziehers, der
dazu keine Rechtskenntnisse braucht. Das neue Gesetz macht
keine Abtheilung[36]). In Ansehung des Gangs des Verfahrens
bemerkt man mit Bedauern, daß auch die neue Gesetzgebung
die getrennte Thätigkeit des Procurators und des Advocaten

---

34) Z. B. dem Berichte von 1867 über Justizverwaltung (im Monitore 1867 Nr. 2 pag. 27).

35) Eine beachtenswerthe Ausführung enthält die Denkschrift von
Pisanelli pag. 52 über Recusation der Richter, insbesondere über die
Frage, ob nicht auch peremtorische Recusationen zugelassen werden sollten.
Das Gesetz gestattet eine solche nicht, erweitert aber den Kreis der mo=
tivirten Ablehnungen.

36) Borsari Coment. pag. 138, der zeigt, daß das Gesetz nicht gut
abgefaßt ist.

beibehält, ungeachtet Maltini in Uebereinstimmung mit der deutschen Ansicht [37]) die Unzweckmäßigkeit dieses Systems sehr gut nachgewiesen hatte. [38]) Neuerlich ist wieder [39]) die Zweckmäßigkeit der Aufhebung dieser Unterscheidung gut begründet worden. Bei der Revision des Gesetzes von 1859 mußten ernste Vorfragen erledigt werden, und zwar schon die: ob in dem der mündlichen Verhandlung vor dem Collegialgericht vorausgehenden Verfahren die Leitung desselben den Parteien selbst überlassen werden kann oder die Thätigkeit eines Anwalts gefordert werden muß. Die Denkschrift von Pisanelli [40]) entwickelt gut die Gründe, welche für die zweite Annahme sprechen, zeigt aber auch, daß dann das Gesetz (abweichend von dem bisherigen französ. System) von dem Anwalte die Vorlage einer Vollmacht fordern muß, um nachfolgende Streitigkeiten, insbesondere das widerliche désaveu zu beseitigen. Das neue Gesetz verlangt daher von dem Anwalte die Vorlage der Vollmacht auf der Kanzlei. (Art. 158). Eine andere Frage war, ob die Intervention des Gerichts in Bezug auf die Schriften nöthig ist, welche im Vorverfahren vorkommen. Die Denkschrift [41]) zeigt, daß eine solche Intervention unnöthig sei, eine blose Formalität begründen und die Kosten vermehren würde. Gut wird nachgewiesen, daß die Mittheilungen in dem Vorverfahren nur zwischen den Anwälten statt finden sollten. Die wichtigste Berathung fand statt in Bezug auf die Unterscheidung von ordentlichem und summarischem Verfahren. Die Denkschrift von Pisanelli (p. 81) gründet sich auf die Nothwendigkeit, für manche Fälle, bei welchen die Merkmale der Dringlichkeit und Einfachheit vorliegen, ein rascheres Verfahren zu begründen, es wird aber zugegeben, daß es schwierig ist (p. 89), im voraus ein bestimmtes Kennzeichen aufzustellen, ob ein Fall ordentliches oder summarisches Verfahren begründen soll. Das Gesetzbuch Art. 155

---

37) Dies Archiv, Band 45 S. 399, Band 46, S. 302.

38) Maltini studi intorno alla riforma del processo civile nr. III. pag. 57—68.

39) Im Monitore dei tribunali 1867 pag. 94.

40) Relazione pag. 73.

41) Relazione pag. 83.

stellt nun den Satz auf: das Verfahren ist entweder formelles oder summarisches. Das erste findet Statt bei den Collegial=gerichten, den Handelsgerichten und den Appellationsgerichten, das zweite bei den conciliatori und den Einzelrichtern, kann aber auch vor den Civilgerichten erster Instanz und Appella=tionsgerichten Statt finden in den gesetzlich bestimmten Fällen. Auf diese Art wird das Verhältniß, ob summarisches Verfahren eintreten soll, bestimmt [42]) 1) durch die Beschaffenheit des ent=scheidenden Gerichts, 2) durch die besondere Beschaffenheit der Sachen (Art. 386), 3) durch besondere Umstände. [43]) Nach §. 391 kann in Fällen [44]), in denen das summarische Verfahren einge=leitet ist, das Gericht anordnen, daß im formellen Verfahren die Sache fortgesetzt wird, wenn die Natur und besonderen Um=stände der Sache dies fordern. Wenn beide Parteien überein=stimmen, kann auch der Präsident selbst dies verfügen. Es er=gibt sich, daß im formellen Verfahren die Sache durch das Vorverfahren geschlossen sein muß, ehe sie in die Sitzung kommt, im summarischen Verfahren aber erfolgt die Vorladung immer, um in der festbestimmten Sitzung zu erscheinen, so daß ohne vorausgegangene Schriften oder Conclusionen in der Sitzung die Sache instruirt werde. Unsere Leser werden sich überzeugen, daß die italienische Gesetzgebung von der Unterscheidung in ordentliches und summarisches Verfahren sich nicht losmachen kann, unge=achtet Maltini trefflich [45]) die Grundlosigkeit derselben nachgewiesen hat. Man darf zwar nicht verkennen, daß die Gesetzgebung von 1865 wesentliche Verbesserungen enthält und daher die neuesten Rechenschaftsberichte der Generalprocuratoren [46]) die

---

42) B o r s a r i, Coment. pag. 168.

43) Nach Art. 389 soll summarisch verfahren werden: 1) bei Klagen und Gesuchen nur conservatorischer Maßregeln, 2) bei Berufung gegen Ur=theile der Einzelrichter, 3) in anderen Sachen, wo das Gesetz es vor=schreibt oder der Präsident es anordnet.

44) Hieher gehört Art. 389, Nr. 3 und Art. 154 wegen Sachen, welche rasche Erledigung fordern.

45) Studi intorno alla riforma del processo civile per Maltini. Milano 1865 pag. 87—99.

46) Z. B. in dem von V a c c a (ehemaliger Justizminister, jetzt Ge=neralprocurator am Cassationshof in Neapel) in dem Bericht von 1867

Unterscheidung rühmen und besonders hervorheben, daß die Bestimmung sich gut bewährt, nach welcher bei dem summarisch eingeleiteten Verfahren das Gericht und auf Antrag der Parteien der Präsident wegen Schwierigkeit des Falles verordnen kann, daß die Sache im ordentlichen Verfahren geführt wird; allein eben jene Berichte gestehen, daß viele Stimmen noch die Einrichtung tadeln. Nach den uns vorliegenden schriftlichen Mittheilungen vorzüglicher Praktiker Italiens erkennt man, daß der Gesetzgeber die natürliche Ordnung befolgen, mithin das einfache Verfahren zur Regel machen, und nur wie in Genf gestatten soll, daß das Gericht, wenn es die Sache so geeignet findet, daß ein mehr förmliches Verfahren eintreten soll, dies anordnen kann, während das italienische Gesetz das formale Verfahren zur Regel und das summarische Verfahren zur Ausnahme macht [47]). Ohnehin bemerkt man in der Praxis, daß das formelle Verfahren zu viel Formalitäten und das summarische zu wenig gewährt. Wir wollen andere Verbesserungen des neuen italienischen Gesetzbuches im nächsten Aufsatz darstellen, indem wir es für Pflicht halten, auf die neueste d e u t s c h e legislative Arbeit über Civilprozeß, nämlich den ö s t e r r e i c h i - s c h e n Entwurf aufmerksam zu machen.

Die Motive [48]) zu dem Entwurf gehen davon aus, daß durch die letzten politischen Ereignisse, durch das Ausscheiden Oesterreichs aus Deutschland [49]) der Standpunkt, nach welchem der in Hannover für Deutschland bearbeitete deutsche Entwurf für Oesterreich zu verwerthen ist, wesentlich verrückt wurde, daß aber bei Bearbeitung einer Prozeßordnung für Oesterreich doch der deutsche Entwurf als Leitfaden, als Grundlage genommen

---

della unificazione legislativa pag. 52, Bericht von Generalprocurator M i r a b e l l i am Appellationshofe in Neapel intorno all' amministrazione 1866 pag. 24.

47) Nach den neuerlich in Genf eingezogenen Erkundigungen zeigt sich das Genfergesetz als völlig dem Bedürfnisse entsprechend.

48) Unter dem Titel von erläuternden Bemerkungen zu dem Reformentwurf einer Civilprozeßordnung, Wien 1866.

49) Glücklicherweise gibt es noch viele, welche überzeugt sind, daß die jetzige p o l i t i s c h e Ausscheidung von Oesterreich nicht die dauernde g e i s t i g e erfolgreiche Verbindung dieses Staats mit Deutschland aufhebt.

werden muß, weil jener Entwurf das Resultat der gründlichsten
Arbeit und eingehender Berathung erfahrener Männer ist
und, wenn er auch nicht die Aussicht hat, Gesetzeskraft in
Deutschland zu erlangen, doch ein Muster für die künftigen
Legislationen bilden wird. Nach den Motiven kam es nur dar=
auf an, bei dem österreichischen Entwurf Ergänzungen durch
Bestimmungen, welche der deutsche Entwurf der Landesgesetz=
gebung vorbehält, Aenderungen in Bezug auf Verhältnisse,
Anschauungen Oesterreichs, Vervollständigung und termino=
logische Aenderungen aufzunehmen. [50]) Die Motive rechtfertigen
es, warum der Entwurf die Mitwirkung der Staatsanwaltschaft
in Civilsachen nicht aufnimmt. Es wird gezeigt, daß der deutsche
Entwurf selbst nur begutachtend und nur facultativ diese
Mitwirkung aufgenommen hat, aber auch eine solche nicht empfeh=
lungswerth ist,[51]) da die Anhänger dieser Institution selbst ver=
sichern, daß die Staatsanwälte nicht auf die meritorischen Ent=
scheidungen und auf das Ineinandergreifen der verschiedenen Räder
mit Erfolg und Nachdruck einwirken.[52]) Der österreichische Entwurf
nimmt überall auch auf den preußischen Entwurf Rücksicht, er
folgt auch nicht unbedingt dem deutschen Entwurfe, und die in den
Motiven dafür angegebenen Gründe verdienen Beachtung, z. B.
zu §. 128, welcher vorschreibt, daß die Parteien in ihren Vor=
trägen die Beweise, deren sie sich zum Nachweis oder zur Wider=
legung der vorgebrachten Thatsachen bedienen wollen, anbieten
und sich über die vom Gegner angebotenen Beweise erklären
sollen (im Gegensatz von §. 119 nr. 4 des deutschen Entwurfs).
Vorzüglich eingehend und scharfsinnig ist zu §. 208—15 die Nach=

---

50) Der Entwurf hat bereits in Oesterreich treffliche Erörterungen
über einzelne wichtige Lehren in das Leben gerufen, z. B. von Glaser
in der Gerichtszeitung von 1867 Nr. 15—19 über den Haupteib. Die
Arbeit verdient die Beachtung auch aller ausländischen Juristen. Würdig,
damit verglichen zu werden, ist ein geistvoller Aufsatz über den Eid in der
Belgique judiciaire 1866 nr. 92.

51) Auch Keller in seinem Werke: die Staatsanwaltschaft in Deutsch=
land, Wien 1866 führt S. 219—237 die Gründe für und wider die
Staatsanwaltschaft in Civilsachen an, erklärt sich aber dagegen.

52) Darüber **Maltini** studi intorno alla riforma cap. 2, pag. 43
und meine Ausführung in dem Archiv, Band 46 Nr. 18, S. 416.

weisung der Gründe der Bestimmung in Bezug auf die in Hannover von der Commission so sehr bestrittene Frage: ob das Gesetz
gegen Versäumungserkenntniß Wiedereinsetzung oder (nach franz.
Vorbild) Einspruch zulassen soll. Der österreichische Entwurf
zieht das bisher in Oesterreich geltende erste System vor. Der
Verf. des gegenwärtigen Aufsatzes ist unbedingt (durch Erfahrung
belehrt für den französischen Einspruch[53]). In Bezug auf den
schwierigen Punkt der Regelung des Vorverfahrens vor der mündlichen Verhandlung erklären sich die Motive S. 44 ff. für die
Annahme des im deutschen Entwurf angenommenen Systems, so
daß sofort nach eingereichter Klagschrift die Tagfahrt zur mündlichen
Verhandlung angeordnet wird.[54] Der complicirte Mechanis-
mus des französischen Rollenwesens selbst, der künstliche und
weitläufige Apparat der Einleitungsformen des preußischen und
baierischen Entwurfs gehen, wie die Motive befürchten, über
das Bedürfniß hinaus, welches für eine große Anzahl von
Prozessen besteht. Wir wollen in dem folgenden Aufsatze bei
den Einzelheiten des österreichischen Entwurfs näher prüfend verweilen, bemerken hier nur vorläufig, daß nach unsern Erkundigungen weder in Frankreich und Belgien, noch in den Rheinlanden erfahrene Männer als Heilmittel von Uebelständen,
die allerdings bestehen, die Prozeßleitung durch das Gericht im
schriftlichen Vorverfahren wünschen.

Einer besonderen Aufmerksamkeit empfehlen wir den von dem
Advocaten-Collegium veröffentlichten Entwurf über Friedensgerichte.[55] Nach dem aus 72 §§. bestehenden Entwurf sollen in
jedem Bezirk eines Einzelngerichts Friedensgerichte bestellt werden

---

53) In der österreichischen Gerichtszeitung, 1867, Nr. 5, 6 u. 7 findet
sich ein Aufsatz, dessen Verfasser unfehlbar einer der ausgezeichnetsten
Juristen ist und worin unwiderleglich der Vorzug des französischen Systems des Einspruchs vertheidigt wird.

54) Der Verfasser der Motive beruft sich darauf, daß nach der französischen, bairischen und preußischen Einleitungsform die Thätigkeit der
Anwälte sich jeder Ueberwachung, Kenntniß und Einsicht der Parteien
entzieht.

55) Schon Glaser hatte in seiner Schrift über Friedensgerichte
in geringfügigen Rechtssachen, Wien 1859, die Wichtigkeit der Friedensgerichte gezeigt.

In ihren Wirkungskreis sollen gehören 1) der Vergleichsversuch in allen Civilrechtsstreitigkeiten, 2) Vergleichsversuch in allen Straffällen, die nicht von Amtswegen verfolgt werden, 3) Verhandlung und Entscheidung der Civilrechtsstreitigkeiten von geringerm Belange; 4) Erlassung von Mahnzetteln in den Rechtssachen Nr. 3, 5) Vornahme von Erbtheilungen; 6) Vorsitz im Familienrath. Die Friedensrichter werden vom Ausschuß der Gemeinde gewählt und von der Regierung bestätigt, auf 3 Jahre. Zu den Streitigkeiten von geringem Belang gehören (nach 29) solche, deren Betrag nicht 25 fl. übersteigt (in größeren Gemeinden kann die Summe bis 100 fl. erhöht werden); ebenso entscheiden sie Streitigkeiten über andere bewegliche Sachen und persönliche Leistungen, sofern alternative Gesuche gestellt werden. Wegen höherer Geldsummen können (30) Friedensrichter entscheiden, wenn beide Parteien durch Vereinbarung dies ihnen übertragen. Das (einfache) Verfahren ist in §§. 35 bis 59 geregelt. Die Leser werden sich überzeugen, daß diese Vorschläge bedeutend sind, weil durch sie die Forderungen erfüllt sind, daß in einfachen Fällen der Rechtsuchende auf die schnellste und wohlfeilste Weise zu seinem Rechte gelangen kann. Alles wird davon abhängen, ob in allen Gemeinden sich Männer finden, welche alle Eigenschaften besitzen, die ihnen das volle Vertrauen der Bürger sichern (auch bei Entscheidung von Sachen unter 25 fl. können schwierige Rechtsfragen vorkommen), und ob den dazu geeigneten Personen zugemuthet werden kann, die Wahl anzunehmen (§. 7 ist zu beschränkt). Daß nach §. 47 Berufung an das Einzelngericht gestattet wird, ist zu billigen. Mit Unrecht aber ist das so wohlthätige Institut der bedingten Zahlungsbefehle auf Sachen unter 25 fl. beschränkt; die Erfahrung in Baden, wo auch in Sachen von hohen Summen diese Zahlungsbefehle zulässig sind, bezeugt, daß diese vielfach angewendeten Befehle häufig treffliche Mittel sind, die Schuldner zur Zahlung anzuhalten oder schnell die Vollstreckung möglich zu machen.